/ 当代世界农业丛书 /

巴西农业

王　晶　聂凤英　主编

中国农业出版社

北　京

当代世界农业丛书编委会

主　任：余欣荣

副主任：魏百刚　唐　珂　隋鹏飞　杜志雄　陈邦勋

编　委（按姓氏笔画排序）：

丁士军　刁青云　马学忠　马洪涛　王　晶

王凤忠　王文生　王勇辉　毛世平　尹昌斌

孔祥智　史俊宏　宁启文　朱满德　刘英杰

刘毅群　孙一恒　孙守钧　严东权　芦千文

苏　洋　李　岩　李　婷　李先德　李春顶

李柏军　杨东霞　杨敏丽　吴昌学　何秀荣

张　悦　张广胜　张永霞　张亚辉　张陆彪

苑　荣　周向阳　周应恒　周清波　封　岩

郝卫平　胡乐鸣　胡冰川　柯小华　聂凤英

高　芳　郭翔宇　曹　斌　崔宁波　蒋和平

韩一军　童玉娥　谢建民　潘伟光　魏　凤

巴 西 农 业

当代世界农业丛书

本 书 编 写 组

主　　编：王　晶　聂凤英

副 主 编：李　俊　焦　点　时　凌　胡华梦

编写人员（按姓氏笔画排序）：

王　晶　刘潇钰　许怡然　李　俊　时　凌

邹孟岐　张云婧　张笑羽　陈　琰　胡华梦

顾亚丽　梁利群　程思梦

序

| Preface |

    2018 年 6 月，习近平总书记在中央外事工作会议上提出"当前中国处于近代以来最好的发展时期，世界处于百年未有之大变局"的重大战略论断，对包括农业在内的各领域以创新的精神、开放的视野，认识新阶段、坚持新理念、谋划新格局具有重要指导意义。农业是衣食之源、民生之基。中国农业现代化取得举世瞩目的巨大成就，不仅为中国经济社会发展奠定了坚实基础，而且为当代世界农业发展提供了新经验、注入了新动力。与此同时，中国农业现代化的巨大进步，与中国不断学习借鉴世界农业现代化的先进技术和成功经验，与不断融入世界农业现代化的进程是分不开的。今天，在世界处于百年未有之大变局、世界经济全球化进程深入发展、中国农业现代化进入新阶段的重要历史时刻，更加深入、系统、全面地研究和了解世界农业变化及发展规律，同时从当代世界农业发展的角度，诠释中国农业现代化的成就及其经验，是当前我国农业工作重要而紧迫的任务。为贯彻国务院领导同志的要求，2019 年 7 月农业农村部决定组织编著出版"当代世界农业丛书"，专门成立了由部领导牵头的丛书编辑委员会，从全国遴选了相关部门（单位）负责人、对世界农业研究有造诣的权威专家学者和中国驻外使馆工作人员，参与丛书的编著工作。丛书共设 25 卷，包含 1 本总论卷（《当代世界农业》）和 24 本国别卷，国别卷涵盖了除中国外的所有 G20 成员，还有五大洲的其他一些农业重要国家和地区，尤其是发展中国家和地区。

在编写过程中，大家感到，丛书的编写，是一次对国内关于世界农业研究力量的总动员，业界很受鼓舞。编委会以及所有参与者表示一定要尽心尽责，把它编纂成高质量权威读物，使之对于促进中国与世界农业国际交流与合作，推动世界农业科研教学等有重要参考价值。但同时，大家也切实感到，至今我国对世界农业的研究基础薄弱，对发达国家（地区）与发展中国家（地区）的农业研究很不平衡，有关研究国外农业的理论成果少，基础资料少，获取国外资料存在诸多不便。编委会、各卷作者、编审人员本着认真负责、深入研究、质量第一的原则，克服新冠肺炎疫情带来的诸多困难。编委会多次组织召开专家研讨会，拟订丛书编写大纲、制订详细写作指南。各卷作者、编审人员千方百计收集资料，不厌其烦研讨，字斟句酌修改，一丝不苟地推进丛书编著工作。在初稿完成后，丛书编委会还先后组织农业农村部有关领导和专家对书稿进行反复审核，对有些书稿的部分章节做了大幅修改；之后又特别请中国国际问题研究院院长徐步、中国农业大学世界农业问题研究专家樊胜根对丛书进行审改。中国农业出版社高度重视，从领导到职工认真负责、精益求精。历经两年三个月时间，在国务院领导和农业农村部领导的关心、指导下，在所有参与者的无私奉献、辛勤努力下，丛书终于付梓与读者见面。在此，一并表示衷心感谢和敬意！

即便如此，呈现在广大读者面前的成书，也肯定存在许多不足之处，恳请广大读者和行业专家提出宝贵意见，以便修订再版时完善。

宗锦荣

2021 年 10 月

前　言
|Foreword|

　　巴西经济总量位居世界第九，约占拉美国家经济总量一半，是拉美最大的经济体。巴西土地资源丰富，气候条件优越，适合农牧业发展。受益于政府主导的制度创新和研发投资，21世纪以来巴西农业技术、服务和管理不断升级，农业发展取得卓越成就。

　　巴西是农产品生产大国，大豆、甘蔗、香橙和咖啡产量位居世界第一，肉、蛋、奶产量均跻身世界前列，被誉为"21世纪的世界粮仓"。巴西农业以出口为导向，是仅次于欧盟和美国的第三大农产品出口方。农产品贸易顺差为巴西贸易平衡做出了较大贡献。巴西农业企业竞争力强，农业综合企业贡献了约五分之一的国内生产总值。农业还是巴西能源供应的重要来源，甘蔗生产支持了巴西三分之一的可再生能源产出。

　　目前，巴西是中国在拉美地区的最大的贸易伙伴，中国则连续十年为巴西在全球最大的贸易伙伴。在新冠肺炎疫情对全球贸易造成冲击的背景下，中巴双边贸易逆势增长，对巴西经济重振起到了重要作用。中巴农产品贸易规模持续快速增长，如今巴西已成为中国主要的农产品进口来源国，占中国农产品进口总额的近五分之一，其中大豆、牛肉、禽肉、棉花、糖等农产品的进口总额排名第一。

　　中国和巴西作为全面战略伙伴，虽地理相隔较远，但农业合作互补性强、潜力大。"万里不为遥"，两国在农业领域建立了良好的合作关系，签署了合作战略规划、行动计划和投资合作等多项协议，并依托中国—巴西高层协调与合作委员会、中国—拉丁美洲和加勒比农业部长论坛以及金砖国家农业合作等机制和平台，开展了广泛交流与合作。随着中国进一步开放市场，农产品需求强劲增长和消费结构不断升级，两国农业合作前景广阔。

本书共分为国家概况、农业资源、农业生产、农产品市场与贸易、政府管理与农业政策、农业科技与教育、公共服务与社会保障、中国和巴西农业合作八个章节。来自中国农业科学院、北京大学、北京交通大学、中国水产科学院和中国科学院的专家团队，通过查阅大量外文资料，引用巴西政府和国际组织公布的最新数据，力求以多维度的视角，客观、真实地呈现当今的巴西和巴西农业，以期为政府、科研机构和企业等相关部门人士提供有益参考和借鉴。

本书编写过程中，农业农村部领导和中国农业科学院国际合作局、中国农业科学院海外农业研究中心给予了大力支持和帮助。谨向所有关心本书出版的各界人士表示衷心感谢！

编　者

2021 年 10 月

目　录
| Contents |

序

前言

第一章　国家概况 ··· 1

　　第一节　国土资源 ··· 1

　　第二节　人口与社会经济 ······································· 6

　　第三节　基础设施 ··· 11

第二章　农业资源 ··· 16

　　第一节　气候资源 ··· 16

　　第二节　土地资源 ··· 17

　　第三节　水资源 ··· 20

第三章　农业生产 ··· 22

　　第一节　种植业 ··· 23

　　第二节　畜牧业 ··· 33

　　第三节　林业 ··· 40

　　第四节　渔业 ··· 45

　　第五节　食品加工业 ··· 51

第四章　农产品市场与贸易 ··· 63

　　第一节　农产品进出口贸易 ····································· 63

第二节　巴西农业贸易政策及演变 ………………………………………………… 78

第三节　中巴农产品贸易 …………………………………………………………… 83

第五章　政府管理与农业政策　…………………………………………………… 92

第一节　政府管理与服务 …………………………………………………………… 92

第二节　农业支持政策 ……………………………………………………………… 100

第三节　食品质量安全 ……………………………………………………………… 113

第四节　水资源政策与管理 ………………………………………………………… 119

第五节　林业政策及林业经济 ……………………………………………………… 125

第六章　农业科技与教育　………………………………………………………… 131

第一节　农业科技发展水平 ………………………………………………………… 131

第二节　巴西生物技术 ……………………………………………………………… 138

第三节　农业科研创新体系 ………………………………………………………… 151

第四节　农业技术推广体系 ………………………………………………………… 163

第五节　中巴农业科技合作 ………………………………………………………… 169

第七章　公共服务与社会保障　…………………………………………………… 175

第一节　医疗卫生服务体系 ………………………………………………………… 175

第二节　农村社会保障体系 ………………………………………………………… 186

第三节　巴西的减贫战略与社会平等 ……………………………………………… 192

第八章　中国和巴西农业合作　…………………………………………………… 198

第一节　中国和巴西的农业投资合作 ……………………………………………… 198

第二节　巴西的外商投资营商环境、法律和政策 ………………………………… 206

第三节　巴西参与多双边农业合作 ………………………………………………… 213

第四节　中巴农业合作政策建议 …………………………………………………… 217

参考文献 ……………………………………………………………………………… 222

第一章 CHAPTER 1

国家概况 ▶▶▶

一、地理区划

（一）地理位置

巴西联邦共和国，简称巴西，位于南美洲东南部，国土面积约 851.57 万平方千米，陆地面积约 835.81 万平方千米，海岸线长约 8 500 千米。巴西地理位置优越，陆地与多国接壤，临海区域广阔。北邻苏里南、圭亚那、委内瑞拉和哥伦比亚，南接乌拉圭、阿根廷和巴拉圭，西邻秘鲁、玻利维亚，东濒大西洋。领海宽度为 12 海里，领海外专属经济区 188 海里。

巴西是南美洲最大的国家，全境状如四边形，其国土面积约占南美洲总面积的 46%，是世界上第五大国家，仅次于俄罗斯联邦、加拿大、中国和美国。

（二）地域划分与行政区划

1. 地域划分

为更好地展示和总结国家领土特有的自然、文化、经济、社会和政治多样性，揭示巴西各城市之间的经济联系和城市结构，1970 年起，巴西政府将全国各州划分为五个大区，即北部地区（Região Norte）、东北地区（Região Nordeste）、中西部地区（Região Centro‐Oeste）、东南地区（Região Sudeste）和南部地区（Região Sul）（表 1‐1）。根据巴西地理统计局说明，大区的划分主要出于统计的目的，以便于政府资金的组织和分配。划分标准并不是基于地理、文化和经济因素，也未涉及政治影响力。

1

表 1-1　巴西五个大区与一级行政区划、州首府隶属关系

大区名称	州名称	首府
北部地区	阿克里州（Acre）	里奥布朗库
	亚马孙州（Amazonas）	马瑙斯
	罗赖马州（Roraima）	博阿维斯塔
	帕拉州（Pará）	贝伦
	阿马帕州（Amapá）	马卡帕
	托坎廷斯州（Tocantins）	帕尔马斯
	朗多尼亚州（Rondônia）	韦柳港
东北地区	马拉尼昂州（Maranhão）	圣路易斯
	皮奥伊州（Piauí）	特雷西纳
	巴伊亚州（Estado de bahia）	萨尔瓦多
	塞阿拉州（Ceará）	福塔莱萨
	北里奥格兰德州（Rio Grande do Norte）	纳塔尔
	帕拉伊巴州（Paraíba）	若昂佩索阿
	伯南布哥（Pernambuco）	累西腓
	阿拉戈斯州（Alagoas）	马塞约
	塞尔希培州（Sergipe）	阿拉卡茹
中西部地区	马托格罗索州（Mato Grosso）	库亚巴
	南马托格罗索州（Mato Grosso do Sul）	大坎普
	戈亚斯州（Goiás）	戈亚尼亚
	联邦区	巴西利亚
东南地区	圣保罗州（Prefeitura de St. Paul）	圣保罗
	米纳斯吉拉斯州（Minas Geras）	贝洛奥里藏特
	里约热内卢州（Rio de Janeiro）	里约热内卢
	圣埃斯皮里图州（Espírito Santo）	维多利亚
南部地区	巴拉那（Parana）	库里蒂巴
	圣卡塔琳娜州（Santa Catarina）	弗罗利亚诺波利斯
	南里奥格兰德州（Rio Grande do Sul）	阿雷格里港

资料来源：巴西地理统计局（IBGE）。

北部地区面积最为广阔，由 7 个州组成，占国土面积的 45.27％。尽管面积最大，但人口密度却仅有 4.6 人/平方千米。由于绝大部分被亚马孙热带雨林覆盖，本地区主要的经济活动是矿产开采和林业。

东北地区由 9 个州组成，历史悠久，是殖民地时期第一批被欧洲人发现和开拓的地区，也是外国移民最早定居的地区，目前是巴西的欠发达地区。该区

面积在五大区中位列第三，人口密度为 34 人/平方千米，人均 GDP 排在最末位。地区经济主要取决于可可、棉花、咖啡豆生产以及牲畜养殖和沿海渔业。景观差异很大，东部是绵延的大西洋海岸，西部和西北部有亚马孙盆地，南部有高地，圣弗朗西斯科河的流域也位于该地区。

中西部地区由 3 个州和巴西利亚联邦区组成，占国土面积的 18.86%。该区面积位列第二，人口密度为 10 人/平方千米，人均 GDP 排在第 2 位，其经济收益主要取决于畜牧业、采矿业和旅游业。

东南地区由 4 个州组成，是巴西最富裕的地区。该区面积位列第四，却是人口最多最密集的地区，人口密度达到 87 人/平方千米。该地区经济较为多样化，以机械、服务、航空、金融、汽车、商业和纺织等产业为主，GDP 约占巴西国内生产总值的三分之一。

南部地区由 3 个州组成，在五个大区中面积最小，人口密度为 50 人/平方千米，以文化、经济和旅游业为主，是犯罪率最低的地区。

2. 行政区划

行政区域划分上，巴西实行联邦制，一级行政区划包括 26 个州和 1 个联邦区（巴西利亚联邦区），各州下设一个首府和若干市镇，全国共设有 5 507 个市，主要城市集中分布在东南沿海地区。

首都巴西利亚是巴西的行政中心，位于中西部地区，包含新区（市区）、旧区和工人住宅区三部分，其城市规模在全国位列第四。新区（市区）建于人工湖帕拉诺阿湖半岛上，形如一架朝向东南方的飞机，机头部位有三权广场、议会、总统府、最高法院、外交部、司法部等，象征整个国家是正在起飞的发展中国家。巴西利亚是 20 世纪以后建成的现代化新兴城市，城市发展受到政府的严格管控，整体规划和设计富有特点，城内各行各业分区明确，行政管理区域和居民住宅区域布局对称，已被联合国教科文组织列为世界遗产之一。

第一大城市圣保罗是巴西最大的经济中心，一些国际著名银行驻巴西总部和国内各大银行的总部均设于此，银行体系发达完善。圣保罗同时也是巴西最大的工业城市，因地处主要农牧业产区，其工业有棉纺、粮食、咖啡加工等传统工业，同时逐渐发展了冶金、机械、汽车、电力等工业。

第二大城市里约热内卢是巴西的经济、文化中心和重要的工业基地，同时也是重要的交通中心和贸易口岸，拥有全国最大的港口——里约港。里约热内卢是世界著名的旅游胜地，在旅游产业的带动下，其服务业、信息通信、金融保险的发展迅速。该城曾是巴西的首都，自 1960 年后迁到新城巴西利亚。

此外，巴西在亚马孙州还建有本国最大的自贸区和唯一保税区——马瑙斯自由贸易区（Zona Franca de Manaus - ZFM）。该区是根据 1967 年第 288 号法令设立的，区内划分有工业、商业和农牧区。农牧区位于马瑙斯市以北的郊区，面积 589.33 公顷，主要种植橡胶树、蔬菜、可可树、果树等，用于满足该市的消费需求及出口。该自贸区的设立源于巴政府期望通过一些优惠政策吸引到更多投资者到当地投资，从而增加西北部地区的竞争力。

二、自然环境和资源

（一）地形地貌

巴西地貌景观丰富，主要由高原、平原、山脉、湿地和雨林组成。北部和西部是亚马孙平原，面积占陆地面积的三分之一，地势低平坦荡，平均海拔在 150 米以下，适合城市的发展。中部和南部是地势起伏较为平缓的巴西高原和圭亚那高原，约占陆地面积的三分之二，平均海拔 300～1 500 米。境内主要山脉有马尔山脉、阿曼拜山脉、皮拉山脉、杜拉达山脉等，境内最高的山峰是内布利纳峰，海拔 2 994 米。世界上最大的热带湿地——潘塔纳尔湿地大部分位于巴西，占地面积达 18 万平方千米。

（二）水系分布

亚马孙、巴拉那和圣弗朗西斯科是巴西境内的三大水系。

亚马孙河是巴西第一大水系。亚马孙河发源于安第斯山脉，分布在巴西、秘鲁、玻利维亚、哥伦比亚、厄瓜多尔等国，其中在巴西流域面积较大，约 390 万平方千米（占全部流域面积的 63.9%）。亚马孙河拥有迄今世界上最大的河流系统，支流众多，流域面积广，水量终年充沛且无明显汛期，河流含沙量小，主要流经北部平原地区。

巴拉那河（全称为拉普拉塔河—巴拉那河）是巴西第二大水系，发源于巴西高原东南部的曼蒂凯拉山脉，流经巴西西南部、巴拉圭后进入阿根廷境内，流域面积约 400 万平方千米，在巴流域面积约 280 万平方千米。巴拉那河分上、下两段，在巴西境内主要是上河段，有格兰德河、铁特河、巴拉纳帕内马河以及伊瓜苏河等主要支流，河流流经地区落差大（山地和平原），蕴藏丰富的水能资源。巴拉那河流域十分适宜种植业的发展，沿岸农作物丰富，盛产玉米、大豆、高粱和小麦。

圣弗朗西斯科河是巴西第三大水系，南美洲第四大水系，全长 2 900 千米，河流全部位于巴西境内。该河及其支流是连通欧洲的重要河流，流经干旱的东北部，是该地区主要的灌溉水源。河上中游流域为农业种植区，沿河两岸普遍种有水稻、玉米、大豆、棉花、凤梨、马铃薯等；下游流域较为干旱，多用于放牧牛、羊等家畜。

（三）气候特征

巴西全境纵跨 3 个气候带，其国土的五分之四位于热带地区，主要以热带雨林气候和热带草原气候为主，少部分地区属亚热带湿润气候。热带雨林气候主要呈现在北部亚马孙河流域和东南沿海地区，年平均气温 27～29℃；热带草原气候主要在中部巴西高原地区和中北部沿海地区，根据季节的不同，分为旱、雨两季，年平均气温 18～28℃；亚热带湿润气候主要体现在巴西最南部地区，年平均气温 16～19℃。

因位于南半球，巴西季节与北半球相反，热带气候特点较明显。夏季炎热潮湿、降雨较多（12月至翌年 2 月），里约热内卢和南部地区的温度可达 30～40℃；冬季时间较短且温暖（6—8月），每月温度平均为 13～18℃。

（四）矿产和能源

矿产资源。巴西高原地带蕴藏丰富的矿产资源，铌、锰、钛、铝矾土、铅、锡、铁、铀等 29 种矿物储量位居世界前列。铌矿储量已探明 520 万吨，产量占世界总产量的 90％以上。已经探明铁矿储量 333 亿吨，占世界 9.8％，居世界第五位，产量居世界第二位。以伊塔比拉为中心的"铁矿四角地区"是世界著名的优质大铁矿区。

油气能源。巴西油气能源储备丰富，94％以上的石油储量位于里约热内卢州和圣埃斯皮图州的附近海域。根据英国石油公司 BP 发布的《世界能源展望（2020 年）》，截至 2019 年末数据，巴西石油总探明储量 127 亿桶（18 亿吨），位居南美地区第二位，仅次于委内瑞拉；拥有已探明天然气储量约 3 681 亿立方米，位居南美第三，仅次于委内瑞拉和秘鲁。此外，2007 年底以来，巴西在沿海陆续发现多个特大盐下油气田，预期储量 500 亿～1 500 亿桶，有望进入世界十大储油国之列。

第二节　人口与社会经济

一、社会经济现状

（一）2015 年以来的经济增长

巴西属于拉丁美洲国家，按照世界银行分类，被列入世界中上收入水平国家。根据世界银行数据，巴西 2019 年的国内生产总值（GDP）达到了 1.84 万亿美元，在世界 GDP 排名中位列第九。2015—2019 年，巴西的 GDP 年增长率分别为－3.5％、－3.28％、1.32％、1.32％、1.14％，可见其在这五年内的经济水平在经历了 2015 年和 2016 年的严重下滑之后开始步入上升轨道。巴西 2017 年以来经济增长背后的主要推动力是农牧业的发展，2017 年最为显著，其农牧业的增长率高达 14％，2018 年和 2019 年也在原有基础上继续实现了 1％ 的增长。同时，巴西民众购买力的增加也对其经济起到了强劲的推动作用，数据表明，2017 年以来巴西家庭消费每年增长 1％ 左右，消费的复苏有助于工业和服务业的增长，从而推动经济的发展。

（二）收入两极分化

自 2015 年以来，巴西人均 GDP 除了 2017 年达到了 9 600 美元之外，其余年份一直在 8 000～9 000 美元浮动，水平基本维持在世界中等。但是其收入分配呈现了较为明显的两极分化——收入水平在前 20％ 的人所获得的收入占到总收入的比重将近 60％，而相反，收入水平在后 20％ 的人所获得的收入占总收入的比重却不足 4％；更进一步看，收入水平在前 10％ 的人所得收入占据了总收入的 40％ 左右，而收入水平在后 10％ 的人所得收入仅占总收入的 1％。这表明，在巴西，少部分富人占据了大部分的财富，而近两千万群众正落于低收入的陷阱之中。但是，从近五年巴西的收入分配情况与 2005 年及之前的收入分配情况看，收入水平前 10％ 和收入水平后 10％ 的人群之间的收入差距已显著缩小。

（三）失业率与通货膨胀率

巴西 2019 年的总失业率为 11.9％，相较于 2018 年的 12.3％ 和 2017 年的

12.8％有了显著的下降，这也与该时期 GDP 的增长息息相关。分性别观测，发现男性在 2017—2019 年的失业率分别为 11.3％、10.8％、10.2％，而女性失业率则为 14.6％、14.2％、14.1％，可见在巴西男性的就业情况略好于女性。分产业观测，在 2017—2019 年巴西的就业人口中，近 70％就业于服务行业，近 20％就业于工业行业，其余近 9％就业于农业产业。三年三大产业的就业占比变化不大，其中农业的就业占比有略微的下降，可见农业对巴西经济增长的推动作用并不是由投入到农业中的劳动力的增加带来的，而是由其他的因素带来的。巴西 2019 年的通货膨胀率为 4.2％，相较于 2018 年的 3.2％上升了 1 个百分点，可见通货膨胀与经济增长呈正向关系，与失业率呈负向关系。

（四）进出口贸易概况

从巴西的进口情况看，自 2017 年至 2019 年，巴西的进口总额呈上升趋势。2019 年，巴西的进口总额达到了 2 735 亿美元，占 GDP 的 14.6％。在进口商品中，食品的进口占比较少，为 5.6％；燃料的进口占比相对于食品较多，为 15.1％。从进口产品的来源来看，尽管近年来巴西从高收入经济体中进口额占到总进口额的比例逐年减少，但 2019 年该比例仍达 52.03％，超过 1/2。从巴西的出口情况看，自 2017 年至 2019 年，巴西的出口总额也呈上升趋势。2019 年，其出口总额达到了 2 807 亿美元，占 GDP 的 14.9％。在出口商品类别中，食品的出口占比高达 34.1％，约占总出口的 1/3，可见巴西是食品出口大国，而初级农产品的出口占总出口的 5.1％，因此其食品出口大多以加工后的食用产品为主。综合巴西的进出口情况，2019 年，出口略超过进口，即存在不甚显著的贸易顺差，而这种贸易顺差的主要推动力来自食品的进出口差异。这也从侧面体现了巴西农业发展对其贸易的影响。

二、人口状况

（一）总人口和人口分布

巴西人口众多，在全球人口数量排名中位于前十。根据世界银行的数据，2019 年巴西的人口数约为 2.11 亿，其中男性人口约 1.03 亿，女性人口数略高于男性，约 1.07 亿，男女比例较为均衡。2015—2019 年，巴西的人口数量分别为 2.04 亿、2.06 亿、2.08 亿、2.09 亿和 2.11 亿，人口总数呈现上升趋势，但上升幅度较小，这与其低出生率（巴西近五年的出生率 1.4‰，且有逐年递减的趋势）和低生育率（近五年，巴西妇女的平均生育孩童数约为 1.7 个，且生育率逐年下降）息息相关。从近五年的数据看，巴西的男女比例一直都稳定在 1∶1，女性人口数略高于男性，体现出性别上的相对均衡。反观其人口的城乡差异，2019 年，巴西的城镇人口数高达 1.83 亿，占总人口的 86.7%；而农村人口数仅有 0.28 亿，占总人口的 13.3%，从数据可知巴西的城市化进程已发展到一定阶段，绝大部分人口为城市居民。

（二）人口年龄和性别结构

巴西的人口以青壮年为主，少年儿童占比约 1/5，老年人占比约 1/10。各年龄段的人口数量和性别结构如表 1-2 所示。

表 1-2　巴西各年龄段人口数量和性别结构

年龄段	人数（亿）	占全国总人口比例（%）	男性人数（亿）	占全国男性总人口比例（%）	女性人数（亿）	占全国女性总人口比例（%）
0～14 岁	0.44	21.0	0.23	21.2	0.21	20.2
15～64 岁	1.47	69.7	0.73	70.6	0.74	69.4
≥65 岁	0.2	9.3	0.74	8.2	0.11	10.4

资料来源：世界银行。

具体说明如下：

（1）年龄 0～14 岁（少年儿童）：约有 0.44 亿，占全国总人口的 21.0%；其中男性人口数约为 0.23 亿，占全国男性人口总数的 21.2%；女性人口数约为 0.21 亿，占全国女性人口总数的 20.2%。

（2）年龄 15～64 岁（青壮年）：约有 1.47 亿，占全国总人口的 69.7%；其中男性人口数约为 0.73 亿，占全国男性人口总数的 70.6%；女性人口数约为 0.74 亿，占全国女性人口总数的 69.4%。该年龄段人口属于劳动力的主要组成部分，其占总人口比例的大小关系到国民经济的增速。

（3）年龄 65 岁及以上（老年人）：约有 0.2 亿，占全国总人口的 9.3%；其中男性人口数约为 0.74 亿，占全国男性人口总数的 8.2%；女性人口数约为 0.11 亿，占全国女性人口总数的 10.4％。根据联合国的统计标准，如果一个国家 60 岁及以上老年人口达到总人口数的 10％ 或者 65 岁及以上老年人口占人口总数的 7％ 以上，那么这个国家就已经属于人口老龄化国家。由以上数据可知巴西在 2019 年 65 岁及以上老年人占人口总数为 9.3％，远大于 7％，因此它已属于人口老龄化国家。

（三）人群死亡率

死亡率是指用来衡量一部分种群中，一定规模的种群大小、每单位时间的死亡数目（整体或归因于指定因素），其中 5 岁以下儿童死亡率（under - five mortality rate，U5MR）是指某地区一年内未满 5 岁儿童死亡人数与该地区该年内活产婴儿数之比，是反映母婴安全的关键指标，也是衡量一个国家和地区经济社会发展的重要指标。自 2015 年到 2019 年巴西的 5 岁以下儿童死亡率分别为 15.7‰、16.4‰、14.8‰、14.4‰、13.9‰，总体呈现波动下降的趋势，说明巴西的医疗水平（尤其是在母婴安全方面）在这五年间有所进步，但与美国、英国、日本等国家相比，巴西的 U5MR 仍处在相对较高的水平，由此可见巴西的医疗水平还有较大的提升空间。在巴西，心血管疾病、癌症、糖尿病或慢性肾病是引起非自然死亡的重要原因。根据世界银行的数据，巴西 2016 年30～70 岁人群由上述疾病引起的死亡率高达 16.6％，其中男性死亡率为 20％，女性死亡率为 13.5％。

（四）人均预期寿命及其性别差异

人均预期寿命（Life expectancy）是衡量人类健康水平及死亡水平的综合性指标，会受到诸如经济、教育、医疗、饮食习惯、社会环境以及个体遗传疾病等多种因素的影响。自 2015 年到 2019 年，巴西的人均预期寿命分别为 74.74 岁、74.99 岁、75.23 岁、75.46 岁和 75.67 岁，其中男性的人均预期寿命分别为 71.10 岁、71.35 岁、71.58 岁、71.80 岁和 72.02 岁，女性的人均预期寿命分别为 78.45 岁、78.70 岁、78.93 岁、79.16 岁和 79.36 岁。巴西 2015—2019 年这五年的预期寿命总体呈现增长的态势，但是增长的速度较慢，平均每年增长 0.2 岁左右。观察该五年间男女的人均预期寿命可以发现两者均在稳步增长且增长幅度与总体的预期寿命增长幅度相近，但这五年中女性的人均预期寿命远高于（高约 7 岁）男性的人均预期寿命。这一现象可以由以下因素解释：男女间不同的生活方式（如男性的吸烟和高脂饮食），不同的性激素的影响（雌激素可延缓衰老），男女间遗传结构具有差异，基因组的不稳定性（男性具有较高的基因突变率）。

（五）工作年龄与就业

在"失业率与通货膨胀率情况"中已经介绍了巴西失业率和就业人口的主要产业分布情况，这里，主要关注固定年龄段的就业状况。巴西2019年15岁以上的总就业人口比为55.14%，男性在15岁以上的就业人口比为65.18%，女性在15岁以上的就业人口比为46.54%，远低于男性。在巴西，也有相当一部分年龄在7～14岁的儿童参与就业市场，这是十分特殊的现象。根据世界银行提供的数据，从2011年到2015年，7～14岁的儿童就业率从4.2%降到了2.5%，这是一个向好的趋势，儿童参与就业比例的下降侧面说明了巴西政府对儿童问题的重视。巴西在2003年发起了儿童早期发展项目（Primeira Infancia Melhor），目的是有效保障儿童权利并促进儿童发展综合框架的形成，并在2007年建立了全国儿童早期网络（RNPI），致力于在儿童的早期监护和教育中发挥作用。这些政策的实施增加了社会对儿童的关注度，也为以上数据的改变作出了可能的解释。

（六）受教育情况及教育扶贫政策

教育是关系到社会进步、经济发展和人民福祉的重要环节，受教育情况也是体现某一种群人口素质的重要指标。当前，巴西教育主要分为学前教育（4～5岁）、初等教育（6～10岁）、中等教育（11～17岁）和高等教育（18～22岁）四大阶段，义务教育时长为14年（学前教育到中等教育）。根据世界银行提供的数据，2018年巴西25岁以上人群教育程度在完成初等教育及以上、初中教育、高中教育的比例分别为80.28%、60.01%、47.43%，同比2017年分别增长将近0.6个、0.9个和1.2个百分点；教育程度在获得本科学士学位及以上、硕士学位及以上、博士学位及以上的比例分别为16.54%、0.96%和0.26%，同比2017年增长约0.8个、0.15个和0.04个百分点。可见虽然巴西高等教育的普及率不高，但近年来国民受教育程度却逐渐上升，这得益于巴西政府在教育扶贫上的努力。

第三节　基础设施

一、交通运输

近年来，巴西政府通过加大投资力度、完善机制体制、改善投资环境等一系列举措，大力发展交通基础设施建设。

（一）交通基础设施

1. 铁路

巴西铁路运力居拉美首位，路网总长度约为 30 374 千米，主要分布在巴西南部、东南部和东北部。除少量旅游线路外，大多为运输铁矿石、农产品等的货运线路。

2. 公路

公路交通是巴西主要的运输方式之一，在政府推行优化国内交通战略中，一直将企业投资优先运用于优化公路交通。全国公路总长 180 万千米，承担全国逾 2/3 的货物运输量。

3. 港口

巴西全国共有港口 37 座，年吞吐量 7 亿吨。桑托斯港为巴西最大港口，吞吐量占全国 1/3，位于亚马孙河中游的马瑙斯港（Manaus）为最大内河港口，可停泊万吨级货轮。伊塔雅伊港（Itajai）为巴西第二大港口，位于圣卡塔琳娜州伊塔雅伊市（Santa Catarina，Itajai），主要以运输冷冻鸡肉为主，是巴西最大的对外港口。

4. 航空

巴西全国共有 2 498 个飞机起降点，居世界第二，其中国际机场 34 个，与世界主要地区有定期航班。2018 年航空旅客运量为 1.03 亿人次。圣保罗国际机场是全国航空枢纽，年运送旅客 3 500 万人次。巴西戈尔航空公司（GOL）是国内最大航空公司，市场份额占国内市场的 38.8%，占国际市场的 13.3%。巴西天马航空公司（LATAM）主要经营由圣保罗往返巴西各主要城市的国内航线，以及与部分南美洲邻国城市的短程国际航线。

11

（二）巴西主要运输公司

1. MRS 物流公司

MRS 物流公司成立于 1996 年，主要负责管理米纳斯吉拉斯州、里约热内卢州和圣保罗州长达 1 643 千米的铁路网，是世界上最大的货运铁路公司之一，承担了巴西出口货运的 20％以及国内铁路运输货物 1/3 的运载量。该公司运输的主要货物包括集装箱、钢铁、水泥、铝土矿、农产品、焦炭、煤炭和铁矿石等。铁路网络连接矿产和农产品生产地区、巴西主要工业园区和巴西东南地区主要港口。除了货物运输，该公司还提供定制铁路服务，在运输效率、时间和可靠性、安全性等方面可以与北美和欧洲最高效、最安全的铁路相媲美。

2. 科赞鲁莫物流公司

科赞鲁莫物流公司（Rumo）成立于 2008 年，隶属于巴西大型乙醇生产公司柯赞（Cosan）公司，从事多式联运货物运输业务，是巴西最大的独立铁路物流公司。该公司拥有从北到南横贯全国的 14 000 千米的铁路，将巴西的主要生产地区与三个主要港口相连，主要负责谷物、蔗糖等商品的运输。巴西有 26％的谷物出口由该公司负责。2019 年该公司运输货物超过 5 700 万吨。

3. 巴西航空工业公司

巴西航空工业公司（EMBRAER）是世界第三大民用飞机制造企业和巴西主要出口创汇企业之一，在生产 120 座以下支线飞机方面居世界领先地位。成立于 1969 年，1994 年实行私有化。目前国家持股 0.8％，但拥有否决权。2018 年，同美国波音公司达成并购协议。2020 年 4 月，波音以巴航未满足并购必要条件为由，宣布终止履行并购合同。主要产品为 ERJ－145 系列和 E170/190 系列支线喷气客机等。总部在圣保罗州的圣若泽多斯坎普斯市，同时在美国、法国、葡萄牙、中国和新加坡设有办公机构和客户服务中心。

二、能源基础设施

（一）可再生能源

巴西是使用可再生能源较多的国家，2017 年可再生能源在一次能源生产总量中所占比例达 42.1％，其中甘蔗制乙醇和水力发电分别占一次能源生产总量的 27.8％ 和 12.8％。乙醇、水电在可再生能源中占比分别为 66.1％ 和 30.4％。2018 年，可再生能源在一次性能源生产结构中所占比例达 42.9％，巴西有相对完善的核燃料循环工业，有铀矿采冶、纯化、铀转化、浓缩和核燃料元件生产能力。

（二）石油

成立于 1953 年的巴西石油公司（PETROBRAS），曾是巴西境内石油的垄断经营者。1997 年 8 月，政府颁布法令，允许私人和外资参与该公司经营，打破国家对石油领域垄断，但巴西石油公司仍为巴境内最大的石油企业。2019 年，公司拥有生产平台 113 个，炼油厂 13 个，输油（气）管道 1.69 万千米，各类油轮 123 艘，定点加油站 7 665 个，火力发电站 20 座，风力发电站 4 座，光伏电站 1 座，化肥厂 3 个。公司在世界 17 个国家经营业务，总部设在里约热内卢。

（三）矿业

巴西淡水河谷公司（VALE）是世界第二大矿业集团，世界最大铁矿石生产和出口商。公司成立于 1942 年，1997 年巴政府将其私有化。除传统的铁、铝、镍、锰、铜、黄金等矿产品外，还从事铁路、水路运输、热力发电和金融证券等。公司在中国上海设有办事处，同上海宝钢合资在巴西开发铁矿砂。

三、网络通信及多媒体

（一）网络通信基础设施

1. 基础网络设施建设

巴西的通信业被认为是非常垄断集中的。虽然宪法明令禁止同一公司拥有同一地区的报纸、电视和广播电台，但目前商业模式就是如此。最具代表性的案例为环球（Globo）集团，它拥有 Globo 电视广播公司在全国各地转播、CBN 电台、época 杂志、互联网门户 Globo.com、有线电视提供商 Net 和报纸 O Globo，议员和民间组织企图将宪法强加于这些群体，但屡次失败。

巴西的电信基础设施不足，服务产品也不足以满足人民日益增长的需求。目前，巴西移动手机用户中可使用 4G 网络的仅占 55.29％，大部分人使用 2G

和 3G 网络。巴西移动网络服务分析公司发布的调查数据，也印证了巴西移动网络发展落后于别国的事实。数据显示，巴西的手机网络在全球 141 个国家中位列第 73 位，速度为 29.05mbps，而排名第一的阿拉伯联合酋长国达到了 177.16mbps。不仅如此，巴西用户每月使用手机流量也处于垫底水平。全球网络供应商"思科"的调查数据预测，受到经济危机的影响，2021 年巴西人的手机流量使用量在 23 个国家和地区中排在倒数第三位，问题的关键在硬件不配套。巴西移动网络服务分析公司称，如果仅计算 4G 手机网络的数据传播速度，那么巴西的速度并不算差，但巴西国土面积大，要实现网络全覆盖非常困难，全球 4G 网络中网速快的国家，其基础设施以及科技发展水平都非常高，这是巴西无法与之相比的。反观巴西的邻居智利，在过去一年中，互联网基础设施建设出现了突破性的进步，最终凭借其网络带宽、4G 普及程度、光缆敷设范围及云战略的飞速发展，成为拉丁美洲互联网发展程度最高的国家之一。

全球互联网网站 Internet. org 曾发布调查指出，目前全球范围内，互联网使用率处于较低水平的有巴西、墨西哥、印度等国家。就巴西而言，需求充裕，但硬件不足，这种发展局面为有能力提供网络信息服务的国外公司提供了机遇。

2020 年 9 月 7 日，在中国新华社对巴西副总统莫朗的专访中，他表示 5G 将是通信领域的重要革新，有助于推动人工智能、互联网等行业的发展。中国企业华为公司在巴西市场经营多年，是重要通信设备供应商。华为在巴西经营 21 年来，同当地各大运营商均保持良好合作，巴西约 50% 通信网及 40% 的核心网均使用华为设备，网络覆盖巴西 95% 的人口，其产品与服务得到市场高度认可。

目前，中国已稳居巴西第一大贸易伙伴的地位，并且是对巴投资的主要来源国。除传统产业的合作外，中国互联网企业对巴西市场也极为关注。尽管眼下巴西的互联网市场发展水平受限，但因为其巨大的网民群体和旺盛的上网需求，巴西仍被视为具有巨大发展潜力和战略意义的互联网市场。

2. 政府网络设施建设

巴西因弗维亚（Infovia Brasil）开始于 2015 年，是为服务巴西多个城市政府机构而建立的城域光网络基础设施。除了基本的信息传输服务，因弗维亚允许接入互联网，并整合国家数据处理系统（Serpro）的服务和数字解决方案，如托管、主机托管、云接入、安全解决方案、视频会议和 IP 电话等。

因弗维亚彻底改变了政府的数据通信方式，该网络具有传输数据、语音和图像的能力，以满足各机构之间互联互通需求，并具有高质量标准，以传播信息和获得电子政务服务。除了为联邦政府服务外，还为行政、立法及联邦司法部门的 80 多个机构提供服务。

（二）多媒体

1. 电视台

巴西大型电视台共有 7 家，全国覆盖面达 99.77％，并通过卫星向美洲、欧洲主要国家和日本传送节目。由巴西环球集团控股的巴西环球电视网（Rede Globo），是全球第二大商业电视台，覆盖巴西领土的 98.56％，5 490 个城市，国内外日均收视达 2 亿人次。同时它也是世界上最大的电视剧制片商之一。环球电视网总部及新闻部位于里约热内卢，节目制作中心位于雅卡雷帕瓜（Jacarepaguá），是拉丁美洲最大的电视制作中心。该公司拥有 122 个分台，遍布巴西全国，另外拥有环球电视国际频道和环球电视葡萄牙频道两个国际频道。其他较大的私营电视台有"旗手"（Rede Bandeirantes，Band）和"纪录"（RecordTV）等。政府管理的有两家，即国家电视台和教育电视台。上述电台和电视台均使用葡萄牙语。

2. 报纸

巴西国内发行日报共 500 多种，发行量在 15 万份以上的主要报刊包括《圣保罗页报》（《Folha de São Paulo》）、《圣保罗州报》（《O Estado de S. Paulo》）、《环球》（《O Globo》）等。全国发行杂志共 3 000 多种，主要杂志包括《请看》（《Veja》）、《时代》（《Época》）、《这就是》（《Isto é》）等，均为周刊。

3. 广播

全国有广播电台 4 000 余家，大多为私人所有。巴西广播公司为官方电台。

第二章 CHAPTER 2

农业资源 ▶▶▶

一、气候条件

农业气候资源由光资源、热量资源、水分资源等组成，这些自然要素是农业生产的基本条件。

在热带气候的作用下，巴西全年气温较高，年平均气温为 27℃；全年日照充足，平均日照时长超过 12 小时，能够为农作物的持续生长提供充足的光照和热量。总体降水充沛，但干湿季分明，降水集中在夏季，大多数地区的年降雨量超过 1 200 毫米，为种植业和农牧业发展提供了良好的水分条件。这些气候资源为巴西农牧业发展创造了更大的可能性和潜力，既适宜种植大豆、玉米、水稻等粮食作物，甘蔗、咖啡、香蕉、柑橘、木薯、剑麻等热带经济作物，也适宜开展畜牧业。

二、区域气候特点

巴西境内不同区域显示出明显的气候多样性。巴西东北部、中西部和南部地区均分布着主要的作物。不同区域的气候特点使其农业生产活动和周期有所不同，尤其是降雨量有明显的季节性差异。

北部地区几乎覆盖了整个亚马孙雨林地区，气候炎热潮湿，平均温度为 24～26℃；降水充沛，年降雨量 1 500～3 000 毫米。

东北部地区受到半干旱气候带的影响，其年平均降雨量分布不均衡，多至

750 毫米或少于 250 毫米，周期性旱灾时有发生。

东南部地区夏季降雨量最多，年降雨量最高可达 4 400 毫米，冬季较为温和。

南部地区位于温带，冬季凉爽且相对干燥，夏季温暖且相对潮湿。有两个明显的特点：一是区域内降雨均匀；二是气候季节变化不明显，中间型气候普遍。

中西部地区年降雨量由西向东逐渐递减，西部最高可达 2 500 毫米，东部降雨量约 1 000 毫米。

第二节 土地资源

一、土地资源状况

（一）土地资源分布

巴西拥有平坦的亚马孙平原和巴西高原，耕地面积广阔。根据联合国粮农组织 2018 年数据，巴西土地面积为 85 157.67 万公顷，其中农业用地面积占 28.2%（约 24 014 万公顷），林地面积占 59.71%（约 50 848 万公顷），牧草地面积占 20.74%（约 17 662 万公顷）。农业用地中，可耕地面积占到 23.54%（约 5 653 万公顷），永久性作物面积占 3.27%（约 785 万公顷），农业灌溉面积占 2.94%（约 706 万公顷），有机农业面积占 0.5%（约 120 万公顷）。根据世界银行数据，2018 年巴西人均可耕地面积为 0.266 公顷，略高于世界 0.184 公顷的人均耕地面积（表 2-1）。

表 2-1　2018 年巴西土地资源状况

单位：万公顷

类别	面积
农业用地面积	24 014
林地面积	50 848
牧草地面积	17 662
可耕地面积	5 653
永久性作物面积	785
农业灌溉面积	706
有机农业面积	120

资料来源：FAOSTAT 2018。

巴西拥有较多的闲置耕地。据巴西出口投资促进局公布潜在可用耕地约3.88亿公顷，而目前投入农业生产的仅为5 000万公顷左右，尚有大片宜耕土地未被开发。

（二）土地资源利用

1. 各区域土地利用情况

北部地区：该区土地资源丰富，但绝大部分是亚马孙热带雨林区，主要被森林植被覆盖，以发展林木开采业为主。由于保护亚马孙生态环境的必要性，使得该地区的土地很难过多地用于农牧业生产。但从目前状况看，热带雨林的外沿区域农牧业开发较充分。除亚马孙州以外，靠北罗赖马州的稀树草原地带种植有水稻、玉米、木薯和大豆；阿马帕州种植木材、药材、橡胶等；东部的帕拉州种植胡椒和黄麻；南部朗多尼亚州种植水稻、玉米、木薯、甘蔗、香蕉等；托坎廷斯州主要发展菠萝种植业和畜牧业。

东北地区：该区域贫困农户和无地的人较多，许多农民为了生计而耕种。受到半干旱气候的影响，该区内陆地带干燥，灌溉条件不能得到保障。该地区仍是巴西种植业的主产区之一，主要种植可可、棉花、咖啡豆，同时也发展畜牧业和沿海渔业。

中西部地区：该地区大部分被稀树草原覆盖，约占全国土地面积的21%，草场面积广阔，通过政府投资改善土壤质量，加上人工草场的综合利用，该地区十分适宜畜牧业的发展，以放牧牛羊为主。该地区是巴西咖啡种植业的重点地区，其他作物还有水稻、玉米、豆类、木薯、棉花、甘蔗等。

东南地区：该地区土地资源利用充分合理。与南部地区相似，由于集中了先进的农业商业化生产技术，即使在冬季，利用灌溉技术也能够允许农民一年种植两季。该地区普遍在冬季播种小麦、豌豆或大豆，并在夏季进行棉花和甘蔗等雨养作物的轮作。

南部地区：该地区农业高度发达，农牧业是该区的经济支柱，大农场主和小农场主都参与其中。在大规模机械化的支持下，该区域的土地资源能够得到充分的利用，种植业与放牧活动相互结合发展。可种植的农产品十分丰富，包括咖啡、大豆、小麦、稻谷、花生、玉米、豆类、马黛茶、棉花、甘蔗、苎麻。

2. 土地利用变化

土地利用变化是人类活动与自然环境相互作用最直接的表现形式。土地利用的变化一般有两种可能性：一是受到自然环境的影响，土地利用类型与利用方式发生转换，如受到气候、地貌、土壤，以及原生土地覆被类型的作用影响。二是人类活动和人为因素的影响，如城市发展、人口迁移等改变了原有的土地利用方式。有不少研究认为，这两类因素都对巴西局部环境和土地利用的变化产生了直接或间接的影响，其中人为因素带来的变化更为直接。举例而言，1985 年新土地改革政策开始推行后，大量移民曾涌入中西部地区开垦或放牧，致使耕地和草地面积在 25 年间大量增加（分别增加了 22 万平方千米和 44 万平方千米）。此外，城乡建设带来的影响也不容忽视。建设用地面积扩张、道路交通建设等，一方面促进了周边农牧业的发展和贸易，但同时也加剧了建设过程中对森林的砍伐。

巴西政府关注土地利用和植被覆盖之间的联系。巴西国家地理统计局对本国土地利用和覆盖变化情况开展了长期监测，最近一次公布的数据反映，在 2000—2018 年，部分地区的自然保护区面积正逐步丧失，这一过程导致森林植被面积减少了 7.6%，农村自然植被减少了 10%。而相应地，这些减少的自然植被大部分转化成为牧场用地，促使这 8 年期间巴西牧场用地面积增长了 27%，尤其是亚马孙东部边缘的森林牧场区进一步扩大。

二、土壤条件

巴西的土壤总体是酸性、低肥力的热带土壤，适宜发展热带农业。东北部的土壤总体缺乏水分，较依赖于人工的灌溉。北部亚马孙热带雨林区植被覆盖非常茂盛，但并不十分适宜耕种。由于雨林土壤形成的年代久远，受到风化作用较强，使得土壤酸度高，养分贫乏（缺乏磷、氮和钾）。虽然砍伐和树木焚烧能够使土壤肥沃，但仅仅几个生长季节后，这些养分就会被淋溶作用带走，不能为作物提供稳定的生长环境。在巴西雨林区外的地区，帕拉纳州和圣保罗州一带的土壤较为肥沃，属于红色土壤（Terra roxa），具有较强的自然肥力。

值得一提的是位于巴西中西部的塞拉多（Cerrado）草原地区，这里土壤酸性高且贫瘠，曾被认为不适合农作物耕种。为了更好地开发热带稀树草原的农业生产，巴西投入巨资改善稀树草原地带的土壤质量。通过向土壤中倾倒大量的工业石灰（石灰石粉或白垩）降低酸度，以弥补部分地区的土地贫瘠。这类土壤的核心元素是生物炭（主要是木炭），可在地下长期保持稳定，并存储和保留营养物质和水，土壤中钙、镁、磷和钾的浓度比周围的土壤高得多。同时，巴西农牧业研究公司（Embrapa）还培育了变种根瘤菌，即一种可提高豆科植物固氮效果的细菌，以降低化肥的使用量。

第三节　水　资　源

一、水资源现状

（一）水资源分布

巴西拥有丰富的水资源储量，地表水和地下水均十分丰富，根据联合国粮农组织 2017 年数据，巴西境内地表水资源总量为 56 610 亿立方米，地下水资源总量达 6 456 亿立方米，可再生水资源总量达 86 470 亿立方米，水力蕴藏量达 1.43 亿千瓦/年。淡水资源约占世界的 12%，人均淡水拥有量 2.7 万立方米。

巴西水资源充足，但淡水资源空间分布极不均衡。亚马孙河流域拥有全国 70% 的淡水资源，但实际上这片区域遍布热带雨林，鲜有居住人口，充足的水资源无法得到有效利用，而人口稠密、经济发达的地区却经常面临淡水缺少的问题。如东北部各州大多处于半干旱情况，人口约占全国人口的 28%，但拥有淡水量仅为 4%；圣保罗州人口占巴西全国人口的 25%，但拥有淡水量仅为 1.6%，该州约一半供水来自于邻近的盆地地区。

（二）水资源利用

从整体用水构成看，巴西总取水量为 656.8 亿立方米，其中农业取水量占总取水量的 60.03%，工业取水量占 14.48%，城市取水量占 25.49%。农业取水量中包括灌溉用水和牲畜用水，其中灌溉取水量占绝大部分（86.66%）[1]。灌溉方式上，以局部灌溉的方式为主（包含滴灌和微喷灌），其次是地面直流灌溉。灌溉用途主要为一些临时性作物，如甘蔗、水稻、大豆等；少量用于灌溉永久性作物，如咖啡、柑橘。

水资源需求程度因不同地区而异，主要反映在气候状态和社会经济模式上

---

[1]　FAO 2017 年数据。

的差异。北部地区降雨量较高，灌溉用水需求较低，需要灌溉的区域主要是低地水稻区。东北部的半干旱地区对灌溉用水较为依赖，但也由此使部分地区的灌溉农业得以发展。位于巴伊亚州和伯南布哥州交界处的 São Francisco valley 就是灌溉农业成功的典范。同时，受到地形的影响，该地区的生活用水通常需要用抽水设备来提取。中西部和南部农牧业较发达，需要大量的水来灌溉水稻、玉米、大豆、甘蔗、水果等需水作物。东南部地区则由于近年来快速的工业和城市化发展，工业用水和生活用水需求激增，面临较大的水资源竞争问题。

巴西充分利用水资源发展水力发电，水力发电在全国发电量中所占比例较大（86.5%）。目前建成的大型水电站有伊泰普水电站、贝洛蒙特水电站等，其中伊泰普水电站是目前世界第二大水电站。

第三章 CHAPTER 3
农业生产 ▶▶▶

巴西农业早期受殖民时代影响深重，农业生产受宗主国需求支配，主要农产品是蔗糖、棉花和咖啡等出口至宗主国的经济作物，农业产业结构十分单一。独立后，巴西凭借丰富的土地资源、优越的气候条件，以及制度创新带来的技术、服务、管理升级，农业发展取得卓越成就，大豆、甘蔗、香橙和咖啡产量位居世界第一，牛肉、猪肉、鸡蛋、牛奶产量均跻身世界前列，被誉为"21 世纪的世界粮仓"。尤其是 2000 年以后，巴西农业迎来了快速增长期，2011 年第一产业（农林牧渔业）增加值达到历史最高值，首次突破 1 000 亿美元，达到 1 135.96 亿美元，较 2000 年增长 3.23 倍，较 1960 年更是增长41.40 倍；2011—2019 年，第一产业（农林牧渔业）增加值出现较大幅度的波动下降，2019 年降至 816.22 亿美元，较 2011 年最高值降幅 28.1%，较 2000年增长 1.62 倍，较 1960 年增长近 30 倍。1960 年以来，第一产业（农林牧渔业）占 GDP 比重总体呈明显波动下降趋势，并在 2010 年降至历史最低值4.1%，2011—2019 年占比有小幅回升，在 4.2%～4.9%之间徘徊（表 3-1）。

表 3-1　1960—2019 年巴西第一产业增加值及占 GDP 的比重

年份	第一产业增加值（亿美元）	占 GDP 的比重（%）
1960	26.79	17.7
1970	43.91	10.4
1980	233.85	9.9
1990	317.51	6.9
2000	311.35	4.8
2001	268.56	4.8
2002	278.12	5.5
2003	344.33	6.2

（续）

年份	第一产业增加值（亿美元）	占 GDP 的比重（%）
2004	379.19	5.7
2005	414.71	4.7
2006	484.04	4.4
2007	617.08	4.4
2008	774.63	4.6
2009	746.29	4.5
2010	909.12	4.1
2011	1 135.96	4.3
2012	1 027.57	4.2
2013	1 114.47	4.5
2014	1 062.37	4.3
2015	778.40	4.3
2016	878.34	4.9
2017	949.34	4.6
2018	833.11	4.4
2019	816.22	4.4

资料来源：世界银行。

第一节　种　植　业

巴西的粮食作物主要包括水稻、玉米、小麦等谷物类作物，以及木薯和大豆。经济作物主要有甘蔗、香橙、棉花、咖啡、烟草和可可等。

水稻、玉米和大豆是巴西三大主要农产品，合计占作物总产量的23.15%，占总收获面积的70.55%。近20年来，随着巴西国内畜牧业的发展以及海外市场的开拓，对谷物和饲料蛋白质粕类的需求不断增长，较高的市场价格促使巴西生产者增加了投资，尤其是玉米和大豆发展迅速，产量均增长2倍以上。水稻、木薯等作物则受到相应影响，收获面积和产量下降明显。巴西粮食作物种植面积近20年变化趋势见图3-1。

甘蔗（蔗糖）、棉花和咖啡是巴西的传统经济作物和重要出口产品。近20年来得益于单产水平的不断提升，产量均有大幅增长，甘蔗和棉花更是创下1960年以来的最高纪录。香橙、可可和烟草由于近年来缩减了种植面积，产量有一定下降，但仍位于世界前列。巴西经济作物种植面积近20年变化趋势见图3-2。

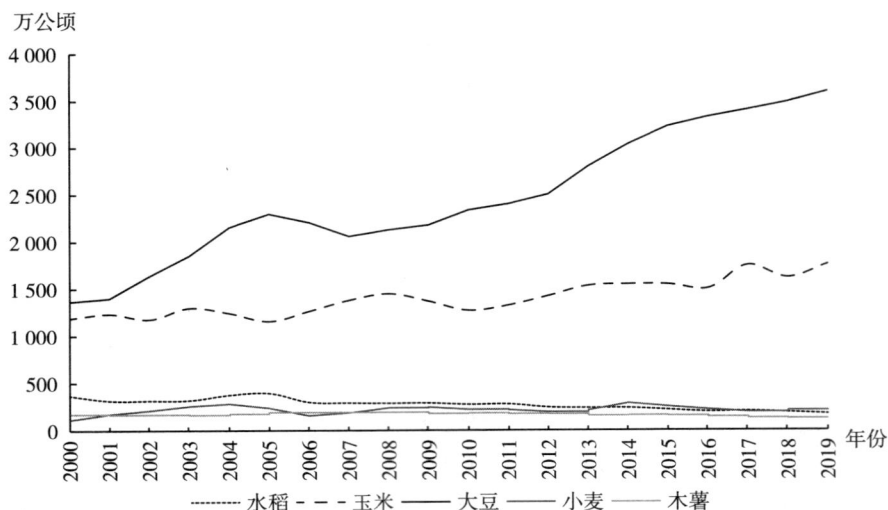

图3-1 2000—2019年巴西粮食作物种植面积变化
资料来源：FAOSTAT。

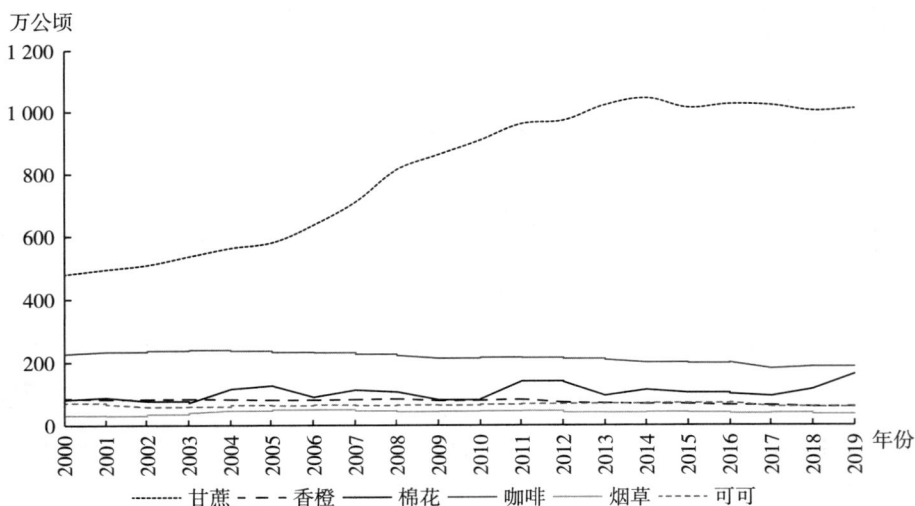

图3-2 2000—2019年巴西经济作物种植面积变化
资料来源：FAOSTAT。

巴西的种植业在全国均有分布。南部是传统农业区，水稻、小麦和烟草的生产高度集中在该地区，也是玉米和大豆的主产区。近些年，在政府的鼓励开发下，中西部的玉米、大豆和棉花产量超过了南部。北部地区木薯和可可的产量全国最大。东北部是可可和棉花的主产区之一。甘蔗、香橙和咖啡主要分布在东南部。表 3 - 2 为巴西主要农作物的种植分布情况。

表 3 - 2　巴西各大区主要农作物

大区	主要农作物
北部	可可、木薯、大豆、香橙、水稻
东北部	可可、棉花、大豆、香橙、甘蔗、咖啡、烟草、水稻
东南部	香橙、咖啡、甘蔗、二季玉米、全季玉米、小麦、木薯、大豆、可可、棉花
南部	烟草、小麦、水稻、大豆、二季玉米、全季玉米、木薯、香橙、甘蔗、咖啡
中西部	棉花、二季玉米、大豆、甘蔗、水稻

资料来源：FAOSTAT。

一、水稻

水稻作为巴西主要粮食作物之一，产量位居世界第 12 位，巴西是亚洲国家以外最大的水稻生产国。2019 年，巴西水稻产量为 1 036.86 万吨，约占世界水稻总产量的 1.37%，收获面积 171.00 万公顷，平均单产 6.06 吨/公顷。近年来，由于大米价格偏低，不少巴西农民改种其他农作物，尤其是回报率更高的大豆，导致水稻的播种面积不断缩减，自 2000 年以来降幅达 53.34%；不过，部分灌溉稻田通过引入豆类作物进行轮作，改善了土壤质量，提高了生产率，2019 年水稻平均单产与 2000 年的 3.04 吨/公顷相比翻了近一倍，大幅高于世界平均单产水平（4.66 吨/公顷）。因此，尽管播种面积缩减较大，总产量降幅相对较小，为 6.88%。

巴西水稻最主要的产区在南部，仅南里奥格兰德州 2019 年产量就达到 717.21 万吨，占全国总产量的 69.90%，其次是圣卡塔琳娜州，产量 106.23 万吨，占比为 10.35%。其他主要产区还有位于北部的托坎廷斯州，中西部的马托格罗索州以及东北部的马拉尼昂州，产量分别为 64.79 万吨（6.31%）、44.31 万吨（4.32%）和 15.71 万吨（1.53%）。上述五个州的产量之和占全国产量的 92.41%。

巴西稻作生产体系分为大规模机械化生产和非机械化小农生产，南部和东南部主要采用大规模的机械化生产，产量占全国产量的 82.10%，北部及东北部仍以小农生产为主，产量占 12.27%。南部低地种植灌溉稻，中西部、东北部和东南部种植的主要是旱稻。南部播种期 8—12 月，收获期 3—4 月；北部播种期 11—12 月，收获期 4—6 月；东北部播种期 3—5 月，收获期 8—11 月。

大米是巴西人的主食。由于水稻播种面积不断缩小，且红米杂草问题较为严重，巴西水稻育种方向主要是改善米质、提高单产和抗除草剂。

二、玉米

巴西是世界第三大玉米生产国，产量仅次于美国和中国。2019 年，巴西玉米产量 1.01 亿吨，占世界总产量 8.8%，收获面积 1 751.81 万公顷，平均单产 5.77 吨/公顷。过去 20 年，巴西玉米收获面积和单产都呈波动上涨趋势，尤以单产涨幅明显，2019 年的单产较 2000 年增长了 1.12 倍，接近世界平均水平（5.82 吨/公顷），收获面积较 2000 年增长了 47.3%，2019 年产量比 2000 年增长了 2.13 倍。

玉米产区按产量由高到低依次是位于中西部的马托格罗索州，南部的巴拉那州，中西部的戈亚斯州、南马托格罗索州，以及东南部的米纳斯吉拉斯州，2019 年产量分别为 3 150.59 万吨（31.19%）、1 658.40 万吨（16.42%）、1 160.06 万吨（11.49%）、998.33 万吨（9.88%）和 752.23 万吨（7.45%），五个州的产量之和占全国产量的 76.43%。

巴西玉米产量约四分之一是全季玉米（也称首季玉米），剩余四分之三是二季玉米。全季玉米于 9—10 月开始播种，于次年 3 月收获，主要产区是南部和东南部，2019 年第一大产区是位于南部的南里奥格兰德州，收获面积为 76.36 万公顷，产量是 573.86 万吨；第二大产区是位于东南部的米纳斯吉拉斯州，收获面积为 65.41 万公顷，产量是 453.26 万吨；其他重要产区还有南部的巴拉那州、圣卡塔琳娜州，以及东南部的圣保罗州。这些地区玉米品种较好，单产较高，主要是供应附近地区的饲料厂。二季玉米于 2—3 月开始播种，前茬大豆，2019 年位于中西部新开发农业区的马托格罗索州是第一大产区，该州生产的玉米 99% 都是二季玉米，收获面积为 497.84 万公顷，产量 3 122.60 万吨；第二大产区是南部的巴拉那州，收获面积为 223.64 万公顷，产量是 1 342.43 万吨；此外，中西部的戈亚斯州、南马托格罗索州，以及东南部的米纳斯吉拉斯州二季玉米产量也排在前列。由于全季玉米播种时的补偿价格低，加上效益更好的大豆争夺种植面积，近年来全季玉米产量呈下降趋势，生产者更偏爱种植二季玉米，2019 年全季玉米产量为 2 598.60 万吨，二季玉米达到有统计以来最高值 7 458.01 万吨。据巴西国家地理统计局报告，国内养殖业和海外市场对谷物需求增长，市场价格较高，推升了巴西生产者对二季玉米的热情。此外，由于产自中西部的二季玉米粉碎后可用于生产乙醇，这也为该地区的玉米生产者打开了新市场，提升了生产者的议价能力。

三、大豆

大豆是巴西的重要农产品，经历了杂交大豆、热带大豆和转基因大豆三次技术变革，产量持续增长。2019 年，巴西大豆产量超过美国成为世界第一，产量占世界大豆总产量的 34.25%，达 1.14 亿吨。2000 年之后，巴西国内畜牧业持续快速发展，同时受亚洲地区尤其是中国对大豆旺盛需求的拉动，大豆种植业发展明显加快，收获面积逐年扩大。2000 年为 1 365.68 万公顷，到 2019 年收获面积增长了 1.63 倍，达到历史最高值 3 588.14 万公顷，并成为巴西种植面积最大的作物，占到作物总种植面积的 45.23%；单产水平也有大幅提升，从 2000 年的 2.40 吨/公顷增至 2019 年的 3.18 吨/公顷，涨幅为 32.51%，比世界平均水平 2.77 吨/公顷高出 15.00%，但略低于美国的 3.19 吨/公顷；在收获面积和单产增长双重推动下，2019 年大豆总产量较 20 年前翻了 2.48 倍。

巴西大豆主要有三个主产区：最大的是中西部地区，2019 年收获面积 1 603.35万公顷，占全国大豆总收获面积的 44.68%，产量 5 202.71 万吨，占全国总产量 45.53%。该区域主要为稀树热带草原，地势平坦，适宜大规模种植和机械化收割，但土壤为强酸性，政府为发展该地的农业，推出草原开荒鼓励政策，改良土壤，并培育大豆新品种，因此这里成为巴西大豆的主要增长点，近 10 年收获面积增幅为 53.07%，产量增幅 64.69%。位于中西部的马托格罗索州 2019 年产量位居全国第一，为 3 225.08 万吨（占 28.22%），南马托格罗索州产量为 869.78 万吨（占 7.61%），排在全国第五。第二大产区是南部和东南部地区，这里一直是大豆的传统产区，以中小型家庭农场生产为主，潮湿的亚热带气候加上较为肥沃的土壤，适宜大豆生长。2019 年南部和东南部地区大豆收获面积 1 454.42 万公顷，占全国大豆总收获面积的 40.53%，产量 4 526.19 万吨，占全国总产量 39.61%。其中南部的南里奥格兰德州和巴拉那州产量为 1 849.52 万吨（占 16.19%）和 1 616.48 万吨（占 14.15%），排在全国第二或第三名，位于东南部的米纳斯吉拉斯州和圣保罗州产量是 516.63 万吨（占 4.52%）和 301.75 万吨（占 2.64%），分别排在全国第七、第八名。此外，由于巴西政府和科研单位组织研发出了适宜在热带和亚热带地区种植的大豆品种，大豆的种植区域不断向北扩展，在巴西东北部和北部也有种植，2019 年产量为 1 619.95 万吨，占全国总产量的 14.18%。主要包括东北部的巴伊亚州、马拉尼昂州、皮奥伊州，以及北部的托坎廷斯州和帕拉州。

巴西中西部地区的大豆一般在 11—12 月播种，次年 3—4 月收获。南部的大豆在 10—11 月播种，次年 3 月收获。

四、小麦

小麦是巴西主要的冬季作物。2019 年，巴西小麦产量 560.42 万吨，在美洲排名第四，世界排名第 23，收获面积 209.80 万公顷，平均单产 2.67 吨/公顷。2000—2019 年小麦收获面积和单产均波动上涨明显，收获面积比 2000 年的 113.87 万公顷扩大 84.25%，单产比 2000 年的 1.52 吨/公顷提高 76.25%，小麦产量翻了 2.25 倍。不过，目前巴西小麦的单产并未达到世界平均水平，仅为世界平均单产的约四分之三。

巴西是农业大国，但由于大部分地区属于热带气候，不适宜小麦生长，限制了其播种面积的扩大，因此小麦产区主要集中在亚热带气候的南部地区，和大豆进行轮作。2019 年南部地区小麦产量达 456.66 万吨，占全国总产量的 81.49%，其中南里奥格兰德州、巴拉那州和圣卡塔琳娜州产量分别为 228.67 万吨（占 40.80%）、213.29 万吨（占 38.06%）和 14.71 万吨（占 2.62%）。此外，东南部的圣保罗州和米纳斯吉拉斯州也有少量种植，产量分别为 26.34 万吨（占 4.70%）和 24.24 万吨（占 4.33%）。

五、木薯

木薯起源于亚马孙河流域，巴西的木薯群体遗传多样性水平十分丰富。2019 年，巴西木薯产量在美洲排名第一，世界排名第五，产量约占世界木薯总产量的 5.76%，为 1 749.71 万吨。2000 年之后，巴西木薯的收获面积总体经历了先升后降，于 2005 年达到 20 年来最高点 190.15 万公顷后一直缩减，直至 2019 年降至最低点 119.01 万公顷，比 2000 年减少 30.37％，比 2005 年减少 37.41％。尽管单产水平波动上升，到 2019 年增长了 9.05％，为 14.70 吨/公顷，且一直高于世界平均水平 3～4 吨/公顷，但受面积缩减影响，产量也大致呈先增后降的发展趋势，于 2008 年达到最高值 2 670.30 万吨，自 2014 年开始一路下滑，2019 年降至最低点，相较 2000 年降幅为 24.07％，相较 2008 年降幅 34.48％。据巴西地理统计局 2019 年 12 月报告称，由于没有价格补贴，生产者的积极性受到影响，减少了木薯播种面积和技术投入，并延迟收获时间，以期等待更佳的市场时机。

巴西木薯主要用于生产木薯淀粉和生物燃料等。主产区是位于北部的帕拉州、亚马孙州、阿克里州，南部的巴拉那州，以及东南部的圣保罗州，2019 年产量分别是 391.99 万吨（占 22.40％）、133.15 万吨（占 7.61％）、99.40 万吨（占 5.68％）、315.46 万吨（占 18.03％）和 139.42 万吨（占 7.97％）。五大产区产量之和占全国总产量的 61.69％。

六、甘蔗

巴西是世界第一大甘蔗生产国，也是重要的食糖出口国。2019 年产量达 7.53 亿吨，占世界总产量的 38.62％。甘蔗在巴西的种植始于葡萄牙殖民时代，生产的蔗糖销往欧洲，后成为巴西重要的经济作物之一。2000—2014 年，巴西甘蔗收获面积逐年递增，从 480.45 万公顷增至 1 041.97 万公顷，达到历史最高纪录，增幅 116.87％；之后，随着甘蔗收购价格逐渐稳定，播种面积开始小幅波动下降，2019 年收获面积为 1 008.12 万公顷。单产水平一直大幅高于世界平均水平，尤其是 2009 年攀升至最高点 8.03 万千克/公顷时，比世界平均单产高近万千克，相较 2000 年的 6.79 万千克/公顷增长 18.26％；此后略有下降，近年来由于巴西甘蔗主产区天气干旱、翻种率不高以及作物管理投资有限，2017—2019 年每公顷产量保持在 7.45 万～7.47 万千克，但仍高于世界平均水平 0.17 万～0.46 万千克。总体产量呈增长走势，2016 年达到历史最高点 7.69 亿吨，之后略有下降，在 7.5 亿吨左右浮动，2019 年较 2000 年增长 1.31 倍。

巴西的甘蔗基本实现了全程机械化生产。最大的产区是东南部，2019 年产量为 4.21 亿吨，占全国总产量的 55.91%，该地区以圣保罗州产量最高，为 3.42 亿吨（占 45.42%）。其次是中西部，年产量 1.51 亿吨，占全国总产量的五分之一，该地区的戈亚斯州产量 7 566.63 万吨（占 10.05%），南马托格罗索州 5 224.51 万吨（占 6.94%）。东北部产量 4 967.19 万吨，占全国总产量的 6.60%，该地区产量超过千万吨的有阿拉戈斯州和伯南布哥州。南部产量 4 090.06 万吨（占 5.43%），主要都集中在巴拉纳州（4 007.80 万吨，占 5.32%）。

巴西原料蔗主要用于生产食糖和乙醇燃料，而食糖和乙醇的生产比例，则根据每年榨季食糖与乙醇效益情况进行调整，且对国际市场具有重大影响。由于近几年国际糖价持续低迷，且自 2019 年初以来巴西汽油价格一直上涨，提高了生物燃料的竞争力，2019—2020 年用于生产乙醇的甘蔗比例都高于食糖，在 65% 左右。

七、香橙

巴西是香橙第一大生产国，加工后生产的冷冻浓缩橙汁也是巴西重要的出口产品。2019 年巴西香橙产量为 1 707.36 万吨，占全球产量的 21.69%。2000 年以后，柑橘的种植面积总体呈明显下降状态。香橙收获面积从 2000 年的 85.64 万公顷缩减至 2019 年的 58.96 万公顷，降幅高达 31.15%，由于单产水平在此期间提升了 16.27%，从 2.49 万千克/公顷增至 2.90 万千克/公顷，产量相较 2000 年的 2 133.03 万吨降幅仅为 19.96%。

巴西的柑橘园以大规模集约化经营为主，并采用地理信息系统（3S）技术对所有果园进行全面监控，可精确预测出每个果园的产量、质量和成熟期，为农户和加工企业安排生产计划提供有力依据。柑橘园主要集中在东南部，该地区 2019 年香橙产量高达 1 471.60 万吨，占全国总产量的 86.19%，其中圣保罗州产量就达 1 365 万吨（占 79.95%），这里具备非常适宜柑橘树生长的气候和土壤条件；米纳斯吉拉斯州产量 98.54 万吨（占 5.77%），排在全国第二。此外，南部产量为 119.69 万吨，占比 7.01%，主要产自巴拉那州，该州产量 81.20 万吨（占 4.76%）。东北部香橙产量 117.58 万吨，占比 6.89%，其中巴伊亚州 63.75 万吨（占 3.73%），塞尔希培州 37.76 万吨（占 2.21%），分列第四和第五位。

八、棉花

棉花是巴西传统农作物和传统出口大宗商品。2019 年籽棉产量达到 689.33 万吨，占世界总产量 8.35%，排在中国、印度和美国之后，位于世界第四。早在葡萄牙殖民时代，殖民者就利用巴西当地的野生棉发展了棉纺织业。工业革命后，棉花成为纺织品的主要原料，从而带动了巴西棉花种植业在 18—19 世纪的快速发展。20 世纪 60 年代末至 70 年代初，棉花种植面积猛增，曾连续多年超过 400 万公顷。之后逐渐缩减，90 年代最低时曾降至 60 多万公顷。2000 年之后，其收获面积总体呈波动上升状态，并于 2019 年达到近 20 年的峰值 162.72 万公顷，相较上一年增幅 41.49%，相较 2000 年增长近一倍。据巴西地理统计局 2019 年 12 月报告称，2019 年面积的巨大增幅主要得益于播种时补偿价格较高、来自中国的需求增加，以及上一年度棉花取得较好经济效益。此外，单产水平也取得较大提升，从 2000 年的 2 471.6 千克/公顷增至 4 236.4 千克/公顷，涨幅高达 71.40%。由此，产量总体也呈波动上涨趋势，并于 2019 年达到有记录以来的峰值，相较 2000 年增长近 2.42 倍。

巴西的气候及地理条件很适合棉花生长，是世界最大的雨养种植棉花生产国。日照充足，雨季和旱季区分明显，实行"雨季播种，旱季收获"的方式，大部分棉田无需人工灌溉，收获时也不会有雨水和霜降，对棉花的生长、品质以及采摘都非常有利。随着巴西对中西部地区稀树草原的利用开发，主产棉区逐渐转移集中到位于中部降水量充沛的塞拉多地区，并在此建立了国家核心棉区，减少甚至淘汰了南部和东北部的次宜棉区。同时，巴西棉田实行全程机械化管理，简化栽培，节约成本。2019 年中西部产量为 500.32 万吨，在全国产量中占比 72.6%，该地区的马托格罗索州产量就有 465.28 万吨（占 67.5%），全国排名第一；戈亚斯州产量排在第三，为 18.36 万吨（占 2.7%）。排名第二是东北部的巴伊亚州，产量 149.40 万吨（占 21.7%）。东南部也有种植，该地区的米纳斯吉拉斯州产量 16.90 万吨，占比 2.5%，排在第四。

九、咖啡

巴西咖啡产量排名世界第一，2019 年达 300.94 万吨，占世界总产量的

29.99%。2000年之后，巴西咖啡的收获面积总体呈先增后降态势，2000—2003年为增长阶段，从226.80万公顷升至239.55万公顷，达到近20年最高值；自2004年开始缩减，至2019年面积降至182.34万公顷，较2000年减少19.60%。巴西种植的咖啡树主要为阿拉比卡和中粒咖啡两个品种，且以阿拉比卡咖啡为主，其产量占比超过三分之二。而阿拉比卡咖啡树的一个特点是，产量有明显大小年规律，以两年为周期进行循环，受此影响，巴西咖啡豆的平均单产也有着大小年的特征。2000—2019年，巴西咖啡豆单产水平保持"一年高、一年低"的规律波动上升，且增幅很大，2018年达到最高纪录1 906.0千克/公顷，比2000年增长1.27倍，2019年受天气高温少雨和小年影响，单产比上一年下降13.41%，为1 650.4千克/公顷。得益于单产水平在过去20年中取得较大进步，2018年巴西咖啡产量达到最高值355.27万吨，2019年虽比上一年减产15.29%，但较2000年涨幅仍较大，为58.09%。

咖啡的种植主要集中在东南部地区，2019年该地区产量达257.52万吨，占全国产量的85.57%，米纳斯吉拉斯州是第一大咖啡生产州，产量150.07万吨（占49.87%），第二和第三名分别是圣埃斯皮里图州和圣保罗州，产量分别为78.88万吨（占26.21%）和26.52万吨（占8.81%）。东北部的巴伊亚州是第4大产州，产量18.05万吨（占6.00%）。此外，南部的巴拉那州也有种植，产量5.65万吨（占1.88%）。

以往，巴西咖啡豆的采摘采取整段树枝剥除的方式，或用机械摇下咖啡果，使得采收的咖啡豆中混入大量未成熟的果实，影响整体质量和风味。近年来巴西开始注重精细化管理，以求打造精品咖啡，从品种、种植、采摘到烘焙都有很高要求，经专业组织评定打分，咖啡品质有明显提升。

十、烟草

巴西是仅次于中国和印度的第三大烟草生产国。2019年产量76.98万吨，占世界总产量11.51%。2000年之后，烟草收获面积总体呈先增后降态势，2000—2006年是迅速增长期，从31.05万公顷扩大至49.57万公顷；2007—2011年有所下降，在43.22万~45.95万公顷间浮动；2012—2015年再次下降，在40.53万~41.58万公顷间浮动；2016—2019年继续缩减，2018年降至近20年最低点35.62万公顷，2019年小幅回升至36.18万公顷。每公顷产量有明显提升，从 1 867.3 千克/公顷增至 2 127.5 千克/公顷，增幅 13.93％。总产量经历先增后降、再增再降的过程，2000—2004 年，产量由 57.97 万吨增至第一次高峰 92.13 万吨，2005—2010 年波动下降至 78.78 万吨，2011 年猛增至历史最高位 95.19 万吨，之后又下落，2012—2019 年的平均产量为 71.78 万吨。

巴西烟草种植集中在南部，该地区 2019 年产量达 73.53 万吨，占全国总产量的 95.52％。其中，粮食大省南里奥格兰德州也是第一大烟草产州，产量为 37.34 万吨（占 48.51％），其次是圣卡塔琳娜州，产量 19.29 万吨（占 25.06％），排名第 3 的是巴拉那州，产量 16.89 万吨（占 21.94％）。此外，东北部也有种植，产量为 2.39 万吨，占比 3.10％。

十一、可可

巴西是美洲第二大、世界第七大可可生产国。2019 年产量为 25.94 万吨，在世界占比 4.64％。2000 年之后，可可的收获面积经历了先降后增再降的过程，2000—2002 年是快速下降时期，由 70.60 万公顷降至 58.23 万公顷；2003—2016 年总体呈平缓增长态势，在 2016 年达到近 20 年最高值 72.01 万公顷；2017—2019 年，可可收获面积在 57.72 万～59.08 万公顷间浮动。20 年间单产水平有较大提升，由 278.8 千克/公顷升至 445.8 千克/公顷，涨幅 59.90％，但一直与世界平均水平有所差距，直到 2019 年差距缩减至最小，为 11.6 千克。产量在这 20 年间的变化趋势和收获面积基本一致，先降后增再降，2003 年是最低点，为 17.00 万吨，2015 年达到最高点，为 27.83 万吨。

可可的种植主要集中在北部和东北部两个地区，东南部有少量种植。2019 年北部产量 13.59 万吨，占全国产量的 52.39％，其中帕拉州产量占比 51.21％，为 12.93 万吨，排在全国第一。东北部产量 10.50 万吨，占比 40.48％，全部产自巴伊亚州，排名第二。东南部产量较少，为 1.11 万吨，仅占 4.28％，主要集中在圣埃斯皮里图州，产量为 1.10 万吨，排名第三。

第二节 畜 牧 业

巴西是畜牧业大国。草原辽阔，水热条件良好，适宜牧草生长。巴西的牧场面积占农业用地总面积的 73.19%，是农田面积的 2.73 倍，为畜牧业的发展提供了优异条件。近年来，巴西扩大了大豆、玉米等大宗农作物的种植面积，部分牧场被开垦为耕地，以放牧为主的传统养殖业受到一定影响；同时，大豆和玉米的增产提供了更多高蛋白饲料，为发展集约化养殖创造了有利条件。总体看，畜牧业发展进一步加快。巴西畜牧业的主要品种有牛、猪、羊和鸡等。巴西牛、猪和鸡的养殖规模在近几年创下历史新高，位居世界前列。牛肉、猪肉、鸡肉和鸡蛋的产量于 2019 年攀升至历史最高点。绵羊和山羊的存栏量及肉产量也在 2019 年达到近 20 年的最高点。此外，巴西还有蜂蜜、羊毛和蚕茧等特色畜产品。其中蜂蜜产量也在 2019 年达到历史最高值，但羊毛和蚕茧产量在 20 世纪 90 年代后一直大幅缩减，羊毛产量甚至于 2019 年降至历史最低点（图 3-3）。

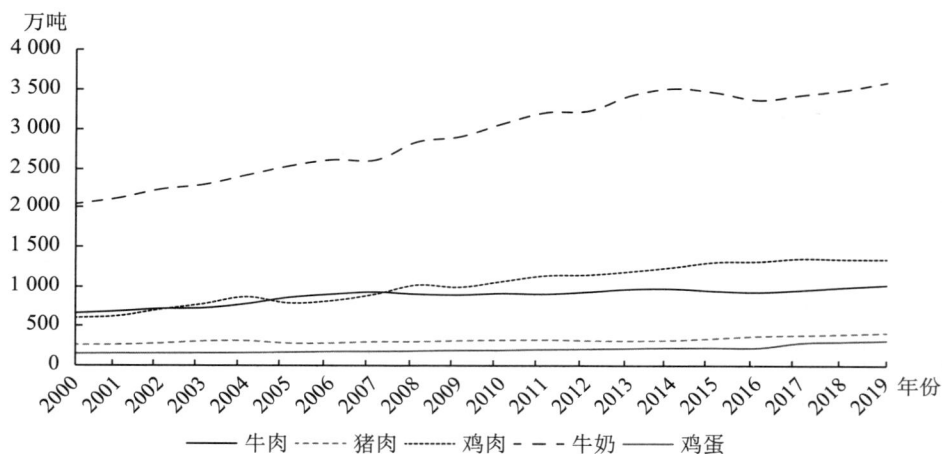

图 3-3　2000—2019 年巴西主要畜产品产量变化
资料来源：FOSTAT。

巴西的肉牛养殖主要分布在中西部和北部。生猪、奶业、肉鸡、蜂业和养蚕业分布在南部和东南部，其中南部地区还有绵羊养殖，是羊毛主产区，东南部是蛋鸡主产区，东北部是绵羊和山羊的主要养殖区域（表 3-3）。

表 3-3　巴西各大区主要畜产品

大区	主要畜产品
北部	牛肉
东北部	羊肉、蜂蜜
东南部	猪肉、牛奶、鸡肉、鸡蛋、蜂蜜、蚕茧

（续）

大区	主要畜产品
南部	猪肉、牛奶、鸡肉、蜂蜜、羊毛、蚕茧
中西部	牛肉、猪肉

资料来源：FAOSTAT。

一、肉牛

巴西是养牛业大国。2019 年，巴西的牛群存栏量为 2.15 亿头，位居世界第一位，占世界牛群总存栏量的 14.21%。2000—2019 年，巴西牛存栏量总体呈上涨状态，中间有三次短暂下降。2000—2005 年逐年增长，由 1.70 亿头增至 2.07 亿头，涨幅 21.76%；2006—2007 年连续下降，2007 年降至 2 亿头以下；2008—2016 年，除 2012 年外其余 8 年均保持正增长，2016 年增至历史最高值 2.18 亿头；2017—2018 再次连续两年下降，降至 2.14 亿头；2019 年回升，较上年增长 0.4%，较 2000 年增长 26.36%。

巴西养牛业主要分布在中西部和北部地区。2019 年中西部牛群存栏为 7 425.13 万头，在全国中占比 34.59%，排名第一，主要集中在马托格罗索州、戈亚斯州和南马托格罗索州。北部地区存栏量为 4 961.00 万头，占比 23.11%，主要面向国内市场，集中在帕拉州、朗多尼亚州和托坎廷斯州。此外，东南部和南部产区主要面向出口市场，占比分别为 17.26% 和 11.83%。

2019 年巴西肉牛屠宰量为 3 244.59 万头，位居世界第三，牛肉产量 1 020 万吨，位居世界第二，仅次于美国，占世界牛肉总产量的 14.93%。近 20 年，巴西牛屠宰量总体经历了先增后降，于 2007 年达到顶点 4 232.50 万头，较 2000 年增长 35.90%；之后开始波动下降，2019 年较 2000 年仅增长 4.18%。但得益于每头牛平均胴体重大幅提升，由 2000 年的 211.2 千克增至 2019 年的 314.4 千克，涨幅达 48.86%，牛肉产量增长明显，且于 2019 年达到历史最高值，较 2000 年增长 55.04%。

巴西的肉牛养殖主要采取放牧的方式，并已从传统的粗放模式转向较为精细的管理模式，注重草场改良，实施测土配方施肥等。养殖者自觉执行围栏放牧和以草定畜，不仅有效避免了草场退化，也实现了粪污的自然消纳，防止环境受到污染。由于旱季雨水较少，天然牧草质量不高，为弥补牧草不足，巴西积极推广饲草种植，如在牧场周边人工种植牧草或饲料作物，以青饲玉米、青饲高粱、青饲甘蔗等为主。另外，补充高蛋白高能量饲料进行育肥，通过提升肉料比来提高生产效率，使有限的饲料作物种植面积能够获得更多的畜产品。巴西高度重视育种和品种改良，利用杂交优势等措施来提高产量，同时保证品种的多样性，各个品种有专门协会进行育种，并由企业进行种牛培育与推广。巴西肉牛品种主要是瘤牛，能够适应热带和亚热带气候以及较粗放的饲养管理，且牛肉生产效率较高。此外，体外受精、胚胎移植等技术的广泛应用也推动了良种的选育和繁殖。2019 年巴西平均每头牛胴体重为 314.4 千克，高出世界平均水平（210.5 千克）二分之一，排在世界第 19 名。20 世纪 80 年代，巴西开始发展集约化养殖，推动了牛群规模进一步扩大。

二、奶业

巴西奶业也是畜牧业重要的组成部分。2019 年奶牛存栏量 1 627.07 万头，生产牛奶 3 589.03 万吨，是世界第三大牛奶生产国，在世界总产量中占比 5.01%。2000—2019 年，巴西奶牛存栏量总体经历先增后降的发展过程，前 10 年是增长阶段，于 2011 年达到最高值 2 322.72 万头；后 10 年波动下降，2019 年奶牛存栏量较 2011 年下降 29.95%，但该年产奶量却比 2011 年增长 11.82%，生产效率有明显提升，平均每头奶牛年产量达到 2.21 吨。

巴西杂交培育的奶牛品种不仅含瘤牛吉布（Zebu）基因，可以更好地适应巴西放牧式养殖和高温高湿的气候环境，还含有荷斯坦牛高产基因，提高了产奶效率，在降低饲养成本的同时，提高了效益。不过，2019 年巴西平均每头奶牛的年产奶量仍比世界平均水平低 0.49 吨，排在第 77 名，仍处在较落后位置，有很大发展空间。

东南部和南部是巴西主要的牛奶产区，产量分别占全国的 34.29% 和 33.43%。东南部的米纳斯吉拉斯州奶牛存栏量全国第一，为 313.67 万头，占全国存栏量近五分之一，同时也是巴西最大牛奶产地。此外，还有南部的巴拉那州和南里奥格兰德州也是产奶大州，产量占比为 12.45% 和 12.26%。

巴西的奶业管理制度较为合理，不设第三方经营的生鲜乳收购站，使得质量安全责任更加明确，即收购前的质量安全责任由奶牛养殖者承担，收购后的由乳品加工企业承担，很大程度上避免了责任不明导致的相互推诿。同时，省去中间环节，提高了生产者和加工企业的效益。巴西的牛奶经加工后主要作为巴氏杀菌奶、超高温灭菌牛奶，以及奶粉和奶酪出售。

三、生猪

巴西也是养猪业大国，生猪存栏量和猪肉产量均位居世界前列。2019 年巴西生猪存栏量为 4 055.69 万头，仅次于中国和美国，位居世界第三位，占世界生猪存栏量 4.77%。2000—2019 年，存栏量总体呈波动上涨状态，2017 年达到历史最高点 4 138.30 万头，较 2000 年涨幅为 31.12%，2018—2019 年略有减少，2019 年较 2000 年涨幅降至 28.50%；同期猪肉产量总体也呈上升发展状态，2009—2019 年生猪屠宰量实现"十一连增"，2014—2019 年猪肉产量实现"六连增"，2019 年受出口至中国等海外市场推动，巴西生猪屠宰量和猪肉产量突破历史记录，达到 4 635.64 万头和 412.57 万吨，均位居世界第五，在世界占比 3.52% 和 3.75%。能繁母猪数量持续三年增长，达到 479.31 万头，比上一年增长 0.5%，表明巴西的养殖场正在加大生猪养殖的投资。

20 世纪 90 年代初期巴西生猪仍主要是低质量的、肥肉型猪，养殖方式也相对原始。随着大型农商企业进入巴西市场，带来了现代的生产技术和生产方式，生猪产业的现代化水平不断提高。2019 年，巴西平均每头猪胴体重为 89.0 千克，略高于世界平均水平 83.6 千克，但和世界先进水平相比仍有不小差距，排在第 33 位。

巴西养猪业主要集中在南部，该地区 2019 年生猪存栏量占全国的 49.50%，能繁母猪数量排在全国首位，占比 41.68%，其中存栏量最大的州是圣卡塔琳娜州，在全国占比 18.72%。此外，东南部和中西部的生猪养殖业在全国也占较大比重，存栏量占比分别是 17.22% 和 15.13%，代表州是巴拉那州和马托格罗索州。南部地区大部分是小型养殖场，主要实行纵向一体化的生产方式，大型农商企业为养殖场提供猪苗、饲料及其他技术服务，并回收商品猪，产业链上下游联结较为紧密。东南部地区主要是中等规模的养殖场，独立经营。中西部以大型养殖场为主，较为独立，正处于较快发展期。

四、养羊业

巴西是美洲第一养羊大国。2019 年存栏量分别为绵羊 1 971.56 万只和山羊 1 130.15 万只，在世界排在第 19 和第 21 位。20 世纪 60—90 年代初，巴西绵羊和山羊的存栏量稳步增长，1991 年，两者存栏量均达到历史最高点，分别是 2 012.79 万只和 1 217.21 万只；1996 年后均下降明显。2000—2019 年，绵羊存栏量的发展经历了先降后升，2000—2002 年由 1 478.50 万只降至 1 427.71 万只，之后稳步攀升，2019 年达到近 20 年最高值，较 2000 年涨幅为 33.35%；同期绵羊肉产量也经历先降后升，2000—2003 年产量由 7.15 万吨减至 6.81 万吨，之后逐年递增，2019 年达到近 20 年最高值 9.75 万吨，较 2000 年涨幅为 36.43%。2000—2019 年，山羊存栏量波动明显，2012 年降至近 20 年最低值 864.65 万只，2019 年又攀升至最高值，较 2000 年 934.68 万只增长 20.91%；山羊肉产量经历先增后降再增，2009 年降至该时期最低点 2.85 万吨，2019 年为近 20 年最高点 3.59 万吨，较 2000 年增幅 22.56%。

绵羊和山羊的养殖都主要集中在东北部，2019 年该地区绵羊存栏量达 1 351.27 万只，在全国占比 68.54%，其中巴伊亚州、伯南布哥州、塞阿拉州和皮奥伊州存栏量分别是 449.63 万只（占 22.81%）、270.26 万只（占 13.71%）、238.05 万只（占 12.07%）和 167.05 万只（占 8.47%），分别位列全国第 1、3、4 和 5 位；2019 年该地区山羊存栏量在全国占比更是高达 94.57%，为 1 068.78 万只，集中在巴伊亚州、伯南布哥州、皮奥伊州、塞阿拉州和帕拉伊巴州，存栏量分别是 350.43 万只（占 31.01%）、259.69 万只（占 22.98%）、187.45 万只（占 16.59%）、113.19 万只（占 10.02%）和 69.24 万只（占 6.13%），居全国前五位。

此外，南部地区绵羊的存栏量也较多，是羊毛的主产地。2019 年，该地区绵羊存栏量在全国占比 20.08%，为 395.85 万只，主要集中在南里奥格兰德州，该州存栏量 305.79 万只（占 15.51%），排在全国第二位。

五、禽肉和禽蛋

巴西是养鸡业大国。2019 年，巴西鸡存栏量位居世界第四位，仅次于中国、印度尼西亚和美国，存栏量达 14.67 亿只，在世界占比 5.66%。20 世纪 70 年代初，巴西养鸡业迎来第一个发展高峰。80 年代受国内需求和出口刺激双重推动，一些大企业在巴西建立大型养鸡场，开始机械化大规模养殖，自此鸡存栏量大幅增长。2000—2019 年，仅 2012 年存栏量较上一年有所下降，其余年份均是正增长，从 2000 年的 8.9 亿只增至 2019 年的历史最高值，增幅为 66.11%。

　　鸡肉和鸡蛋产量也有很大增长，2000—2019 年鸡肉产量从 598.06 万吨增至 1 351.65 万吨，增长 1.26 倍；鸡蛋产量从 301.89 亿枚增至 554.06 亿枚，增幅 83.53%，2019 年鸡肉和鸡蛋产量均达到历史最高值。

　　巴西养鸡业主要集中在南部和东南部，南部地区以肉鸡为主，存栏量占全国的 45.99%，为 6.75 亿只，其中巴拉那州是全国第一养鸡大州；东南部存栏量占全国 25.37%，为 3.72 亿只，其中圣保罗州是全国第二养鸡大州，同时该州蛋鸡存栏量排名全国第一。此外，中西部地区近年来发展较为迅速，相较南部和东南部的传统产区，中西部具有区位优势，饲料供应足，可减少饲料运输成本。

六、其他畜产品

（一）蜂蜜

　　2019 年，巴西蜂蜜产量 4.60 万吨，是南美第二大蜂蜜生产国，位居世界第 12 位，占全球总产量 2.48%。20 世纪 80 年代之前，巴西的养蜂业发展停滞，甚至出现倒退，1967—1974 年连续减产；80 年代迎来了较为稳定的发展期，10 年间蜂蜜产量由 1980 年的 6 202 吨涨到 1.60 万吨，增长 1.58 倍；90 年代继续增长，首次突破 2 万吨。2000—2019 年，蜂蜜产量总体经历先增后降再增，2000—2011 年是增长期，由 2000 年的 2.19 万吨增至 2011 年的 4.18 万吨，首次突破 4 万吨，2012 年回落至 3.39 万吨，随后再次攀升，2018—2019 年连续创下新高，2019 年较 2000 年增长 1.10 倍。巴西蜂蜜的主产区是南部、东北部和东南部，南部 2019 年产量在全国占比 38.21%，排在首位，为 1.76 万吨；东北部占比 34.27%，为 1.58 万吨；东南部占比 21.40%，为 9 839.28 吨。排在前 5 名的蜂蜜生产大州分别是南部的巴拉那州、南里奥格兰德州，东北部的皮奥伊州，以及东南部的圣保罗州和米纳斯格拉斯州。

（二）羊毛

　　羊毛是巴西重要的畜产品之一，但近年来产量降幅很大。2019 年羊毛产量为 8 345 吨，排在美洲第四、世界第 33 名，占世界总产量的 0.49%。20 世纪 60—90 年代初，巴西羊毛产量在 2.5 万～3.7 万吨浮动，平均产量为 2.97 万吨，其间在 1972 年创下最高记录 3.71 万吨；1996 年断崖式下降，降到 1.50 万吨以下，1996—2005 年，产量继续下降至 1.08 万吨；2006—2013 年产量有所回升，由 1.09 万吨升至 1.20 万吨；2014—2019 年，产量再次下降，直至2019 年降至历史最低点，较 2000 年降幅为 37.26%，较 1972 年最高点降幅为77.51%，较 1961 年降幅为 66.04%。巴西的羊毛生产非常集中，98.99% 产自南部地区，2019 年该地区羊毛产量为 8 260.6 吨，南里奥格兰德州是第一大羊毛产州，产量为 7 838.7 吨（占 93.93%）。

（三）蚕茧

蚕茧是巴西主要畜产品之一，但近年来产量处于连续缩减状态。2019 年巴西蚕茧产量为 3 057 吨，位居美洲第一、世界第七，产量占全球蚕茧产量的0.45%。20 世纪 60 年代以来，巴西蚕茧产量总体呈先增后降发展状态，1961—1993 年是快速增长期，从 1 603 吨增至 1.88 万吨，产量足足翻了 10.74 倍，达到历史最高点；1994—2019 年是下降期，产量从 1.76 万吨回落至 3 057 吨，较 2000 年减少 62.96%，较 1993 年最高点减少 83.76%，但较 1961 年仍有较大幅度的增长，增幅为 90.70%。巴西养蚕业集中在南部地区，且集中在该地区的巴拉那州，2019 年该州蚕茧产量为 2 565.57 吨，在全国占比 83.92%。此外，东南部的圣保罗州和中西部的南马托格罗索州也有养殖，产量分别为360.11 吨（占 11.78%）和 131.46 吨（占 4.30%）。

第三节　林　　业

一、森林资源

巴西是世界森林资源最丰富的国家之一，拥有世界第二大森林面积，森林蓄积量全球排名第一。根据联合国粮农组织 2020 年全球森林资源评估报告统计，巴西森林面积为 4.97 亿公顷，森林覆盖率为 59.4%，巴西人均占有森林面积约 2.43 公顷，森林蓄积量 967 亿立方米，木材储量 658 亿立方米，占世界 1/5。树种以阔叶林为主，针叶林仅占 0.4%。

在巴西的森林中，天然林面积为 4.86 亿公顷，占森林总面积的 98%，蓄积量占森林总蓄积量的 97%。85% 的天然林分布在亚马孙地区，其余的天然林分布在帕拉州、朗多尼亚州、马托格罗索州等。亚马孙热带雨林是世界最大的雨林区，雨林面积达 3.4 亿公顷，占世界雨林总面积的 36%。雨林区树种组成极为复杂，已知的乔木树种有 2 100 多种，其中 400 多种具有商业价值，采伐量较大的有 24 种，如大叶桃花心木、绿心木、红木、维罗豆蔻、拉美香椿和角豆树等。

巴西的人工林面积为 774 万公顷，仅占森林总面积的 1.5%。据巴西人工林种植者协会（ABRAF）统计，巴西人工林中主要树种是桉树和松树，分别占 69.6% 和 23.4%。此外，柚木占 1%，相思、三叶胶、南洋杉、杨树等其他树种占 6%。桉树、松树和柚木的年生长量分别为 30～40 立方米/公顷、25～30 立方米/公顷和 15～20 立方米/公顷。

巴西人工林虽然只占森林总面积的 1.5%，但是地位十分重要，每年采伐的 1.5 亿立方米商品材中 70% 以上来自人工林。人工林包括工业原料林、能源林和果林，其中占主导地位的是工业原料林，面积 530 万公顷，占人工林总面积的 76%。为了满足多种木材用途的需要，巴西在北部、东北部、中西部、南部和东南部建立 5 个人工林培育区。桉树和松树是工业原料林中的主要树种，大部分生长在南部地区。

二、森林类型

据巴西政府统计，巴西森林类型主要分为亚马孙雨林、热带稀树草原林、卡丁加（caatinga）干旱林、大西洋雨林、湿地沼泽林和南美平原林，所占比例分别为 69%、14%、9%、5.6%、1.7% 和 0.7%。

（一）亚马孙雨林

分为浓密湿润森林和空旷喜雨森林两大类型。浓密湿润森林的主要特征是林木多为大中径级，林冠达 50 米，树高 40 米，林中有藤本和附生植物。在空旷喜雨森林中，林木稀疏，常见蔓生植物和竹类。

（二）热带稀树草原林

分布在巴西中部，有大面积草原，也有小面积的落叶和半落叶森林，乔木高仅 4～8 米，树干扭曲。

（三）卡丁加干旱林

分布在巴西北部，穿插分布干旱草原、落叶和半落叶森林群落，生长着树高可达 30 米、体内贮藏大量水分的纺锤树，以及众多的肉质植物，如仙人掌类、非附生的凤梨科和大戟科植物。

（四）大西洋雨林

由湿润和季节性森林组成，沿海岸线有大面积沼泽，近海岸线东北部有小面积的草原。

（五）湿地沼泽林

分布在巴西北部海岸线，有大面积的红树林，其面积占全球红树林总面积的 8.5％，仅次于印度尼西亚。

（六）南美平原林

以草地为主，或夹杂少量乔木。

三、森林用途和权属

巴西有近一半的森林（49％）没有明确的森林功能。具有明确功能的森林中，用于社会服务的森林所占比例最大，为 23％。剩余的森林 7％用于木材生产、8％用于水土保持、9％用于生物多样性保护、4％用于多功能开发。

（一）森林用途

巴西政府将森林按用途分为三类：永久保护的森林、严格利用的森林、非严格利用的森林。第一类森林实施严格保护，禁止任何形式的利用；第二类森林的资源利用在地点上或种类上受联邦法律规定的严格约束；第三类森林，林主可以自由利用森林，但采伐林木需得到政府的授权许可。

巴西有使用木炭炼铁的传统，其中 70％的木炭来自原始森林。为保护森林，在过去的 20 年间，巴西人工造林 500 万公顷，其中一半以上作为能源林用于木炭生产。政府还大力发展速生丰产林用于造纸。

在巴西有很大面积林地用作永久性森林资产，不允许改变土地利用方式。3.1亿公顷永久性森林地产中又分为保护区（1.18亿公顷）、原住民土地（1.06亿公顷）、私有林中的法定保留地和永久保护区（0.5亿公顷）、其他公有林（指国家登记在册、还没有赋予任何功能的公有林，分布在亚马孙雨林、大西洋雨林、稀树草原林、卡加丁干旱林，0.36亿公顷）。

（二）森林权属

巴西森林资源按所有权大致分为公有林和私有林，分别占80％和20％。公有林63％归公共部门管理，37％归社区管理；私有林归个人、企业、私营机构和原住民经营，比例不清。但是，按照巴西宪法规定，森林是所有公民的共同财产，所以没有严格意义上的公有林和私有林。巴西《森林法》第2条款规定，在私有林地上，必须保留一定面积的原生植被，作为法定保留地和永久保护区，其比例不得低于私人拥有林地面积的20％，最高达80％。在公有林中也有一部分可持续开发利用的保留地，可以进行一定范围的采伐活动。

四、巴西人工林

（一）人工林权属

巴西人工林全部为私有林，主要为大型私营企业或跨国集团所有。这些私有林主采用林工商一体化的经营模式，苗木生产者有明确的生产目的和培育方向，非常重视良种育苗，具有先进的育苗技术。苗木生产实现了容器化、机械化、规范化，从基质配料、装料、播种到水分和温度的管理，都实现了机械化操作，人均年生产容器苗20万～30万株。根据市场需求，选择优质遗传改良树种，建立苗木质量高、经济效益好的人工林基地。

（二）人工林经营

巴西是世界上经营人工林水平较高的国家之一，人工林经营技术十分先进，人工林年均生长量大体上逐年上升。桉树人工林年生产力高达每公顷40立方米。桉树造林采用最小耕作法，耕作中必须保留采伐剩余物。整地严格控制扰土面积，并有效施肥，以镶嵌式格局造林，控制病虫害，以萌芽更新为主。

目前，巴西基本上停止了大规模的天然林采伐，年采伐面积逐年减少，且多采用轻度择伐或卫生伐，保证采伐行为对环境的影响最小。对于非永久性保护的人工林，则允许自由采伐木材、其他林产品或生产木炭。每年种植用于生产纸浆的人工林约500万公顷。

机械化采伐每公顷森林最大允许采伐蓄积为30立方米，采伐周期35年；人工采伐每公顷森林最大允许采伐蓄积为10立方米，采伐周期10年。最小采伐直径为50厘米。每100公顷的采伐面积上要保留10%的林木作为母树。常见采伐树种有铁线子木（*Manilkara huberi*）、异味豆木（*Dinizia excelsa*）、毛药木（*Goupia glabra*）、南美红檀（*Hymenaea courbaril*）、独芯木（*Erisma uncinatum*）等。

在巴西，大部分木材采自亚马孙地区的帕拉州、马托格罗索州和朗多尼亚州，年采伐量约2 800万立方米，其中20%的木材供给圣保罗州。采伐木材有产销监管链跟踪系统，通过国家信息系统，即巴西环境和可再生资源管理局林产品原产地记录系统监控林产品运输情况，以及从采伐到市场终端产品的整个过程。整个供应和运输链在网上实时更新，该系统大大减少了巴西非法采伐状况。

五、毁林趋势

近20年，巴西森林面积呈逐年递减的趋势。根据联合国粮农组织2015年森林资源评估报告，1990—2000年、2000—2005年、2005—2010年和2010—2015年巴西森林面积年均分别减少了289万公顷、309万公顷、219万公顷和98.4万公顷，年均减幅分别为0.51%、0.57%、0.42%和0.2%。而巴西人工林面积却逐年增加。1990—2000年、2000—2005年、2005—2010年和2010—2015年巴西人工林面积年均分别增加了2万公顷、12万公顷、33万公顷和15.3万公顷，年均增幅分别为0.38%、2.18%、5.17%和2.1%。由此可见，近25年巴西森林面积减少主要是亚马孙地区天然林面积逐年减少造成的。

根据联合国粮农组织发布的《2020年全球森林资源评估》披露，2015—2020年，全球年毁林速度呈下降趋势。全球森林面积年均净损失最多的国家集中在森林资源丰富的发展中国家，巴西首当其冲。受新冠肺炎疫情影响，巴西某些林区管理跟不上，助长了毁林行为。巴西国家太空署（INPE）官方数据显示，2020年上半年，巴西境内亚马孙雨林砍伐面积较上年同期增加了25%，受到森林砍伐影响的面积达到3 069平方千米。

第四节 渔 业

一、渔业水域自然条件与资源

（一）水域自然条件

巴西地处热带和亚热带，东濒大西洋，拥有海岸线8 400千米，大陆架面积82.28万平方千米，1971年实施200海里专属经济区，其面积350万平方千米。巴西北岸的大陆架面积较东岸宽广，尤其是亚马孙河河口外海一带海域渔场自然条件极为优越，是巴西渔业生产最重要的海域。巴西是世界上河流较多的国家，拥有亚马孙河系、圣弗朗西斯科河系和托坎廷斯河系三大河系。境内河流、湖泊、水库（550万公顷）面积相当于巴西国土面积的1/3，占全球淡水资源的20%，拥有发展淡水渔业的优越条件。入海河流数量众多，携带大量泥沙和营养物质入海，使沿海河口一带水域有利于海洋生物的繁殖和生长，带来了丰富的鱼类资源。同时，巴西近海有巴西海流，沿海岸自北向南流动，厚度为200米左右，在巴西沿岸海域形成许多优良渔场。巴西渔业资源分布见表3-4。

表3-4 巴西渔业资源区划

区划	资源特点	年潜在渔获量
北部海区	（1）大陆架面宽广，海底较平坦 （2）依托亚马孙河和托坎廷斯河两大河流 （3）营养物质沉淀量极大，自然条件优越 （4）是渔业生产主要海域	38.5万～48.5万吨 （中上层鱼类23.5万吨； 底层鱼类15.0万～24.0万吨）
东北部海区	（1）大陆架狭窄 （2）水温高、盐度高 （3）渔业利用率较低	20.0万～27.5万吨 （中上层鱼类10.0万吨； 底层鱼类10.0万～17.5万吨）
东南部海区和 南部海区	（1）大陆架面积宽广 （2）依托巴西海流和福克兰海流 （3）渔业资源量大	55.0万～66.0万吨 （中上层鱼类19.5万～37.0万吨； 底层鱼类7.0万～29.0万吨）

资料来源：联合国粮农组织。

（二）渔业资源

巴西海域渔业资源富饶，分布有 2 500 多种鱼类资源，海洋资源的类型和资源量主要取决于巴西沿岸不同地区的自然、海洋和气候特点。从环境资料和最近的海洋渔业资源估算，200 米水深以内潜在渔业生产量为 1 400 万～1 700 万吨。巴西沿海的主要经济鱼类有沙丁鱼、鳕鱼、鲻鱼、鳔科鱼类、鲹科鱼类、鲣鱼、金枪鱼属、鲐鱼、鲷鱼、鳐鱼、鲨鱼等，主要的甲壳类有暖水虾、褐对虾、加勒比龙虾、蟹等。

巴西东岸北部沿海大陆架狭窄，底质由珊瑚和石灰岩组成，除龙虾外，主要鱼种有石斑鱼和金枪鱼等。巴西东岸中部和南部沿海，底质由砂质和黏土质组成，主要鱼种有石首鱼、无须鳕等主要底层鱼类，以及虾类和沙丁鱼。

二、渔业生产

（一）捕捞业

1. 主要捕捞鱼种及作业方式

巴西主要捕捞对象是鱼类和甲壳类，其中鱼类以沙丁鱼类和石首鱼类为主，甲壳类以海虾类为主。捕捞业主要涉及小沙丁鱼、金枪鱼、鲣鱼、笛鲷以及海虾产业。小沙丁鱼产业，其渔场主要分布于中、南部沿岸，捕捞所得的大部分沙丁鱼类加工成罐头制品以供出口创汇。随着捕捞强度的加大，小沙丁鱼种群数量逐年下降，至 2020 年已无法形成大捕捞群体；金枪鱼产业，渔场主要位于北部海域；鲣鱼作为重点捕捞对象，其产业管理及营销手段由政府渔业发展管理局、私营商社和信用贷款合作社三方共同决策；巴西笛鲷产业，受船队数量的不合理增长、陷阱网捕捞的不可持续性和刺网渔具的不可逆性等多重影响，导致捕捞种类、数量远低于计划量，产业前景令人担忧；捕虾业以捕捞巴西对虾、小褐对虾、南美白对虾、南方白对虾和圣保罗对虾等对虾产业为主；龙虾渔业遍布巴西全海域及其沿岸，为海洋渔业中主要收入来源。巴西主要捕捞种类占比情况见图 3－4。

2003 年，巴西小规模渔业拥有渔船近 5 万艘。在巴西东南和南部水域作业的拖网船队和围网渔船队，分别由 340 艘平均船龄 15 年的渔船和 335 艘平

万吨

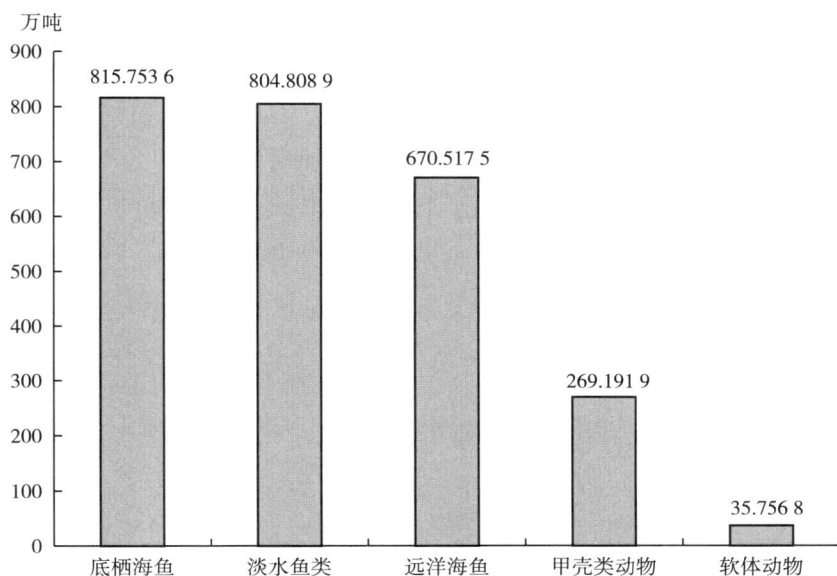

图 3 - 4 1980—2018 年主要捕捞种类占比情况

均船龄 20 年的船只组成，主要捕捞对象为石首鱼科、沙丁鱼、鲑鱼和虾类。在巴西北部水域作业的船队是巴西较为现代化的渔业船队，由 280 艘平均船龄为 6 年的渔船组成，主要渔获物是虾和鲶科鱼类；在巴西东北部水域作业的龙虾船队，由 280 艘平均船龄为 7 年的捕虾船组成；在巴西南部水域有延绳钓渔业，由 140 艘平均船龄 12 年的船队作业，主要捕捞优质鱼类。巴西海域内主要捕捞种类及作业方式见表 3 - 5。

表 3 - 5　巴西海域内主要捕捞鱼种类、作业方式

主要捕捞鱼种类	分布海区	主要捕捞方式
笛鲷	大洋浅滩 东北大陆架 北部大陆架	延绳钓、陷阱网、手钓作业
虾类 （小褐对虾、南方对虾、美洲剑对虾、桃红对虾、巴西对虾、美菲对虾）	巴西南部 巴西北部 北部沿岸大陆架 东岸中、南部大陆架	拖网、撒网、陷阱网
海鲶科鱼类 龙虾、鲷类、石斑鱼、金枪鱼 沙丁鱼、无须鳕	北部沿岸大陆架 东岸北部沿海大陆架 东岸中、南部大陆架及沿海地区	拖网、围网、延绳钓

2. 捕捞业的发展历程

巴西的捕捞业分为海水捕捞和淡水捕捞。1980—2018 年，捕捞业总产量约 2 930.30 万吨，其中海水捕捞量约为 2 101.90 万吨，占总产量的 72%，并连续多年捕捞量维持在 50 万吨以上，远洋海域捕捞量年均约为 17 万吨，总捕捞量为 670.5 万吨，占海水捕捞的 31.9%。其次为淡水捕捞，其捕捞量约为 828.40 万吨，占总产量的 28%，年均捕捞量常年维持在 18 万～25 万吨。

从图 3-5 数据来看，海水捕捞量显著高于淡水捕捞量。以 50 万吨年均捕捞量为界，可将巴西海水捕捞业分为四个阶段。

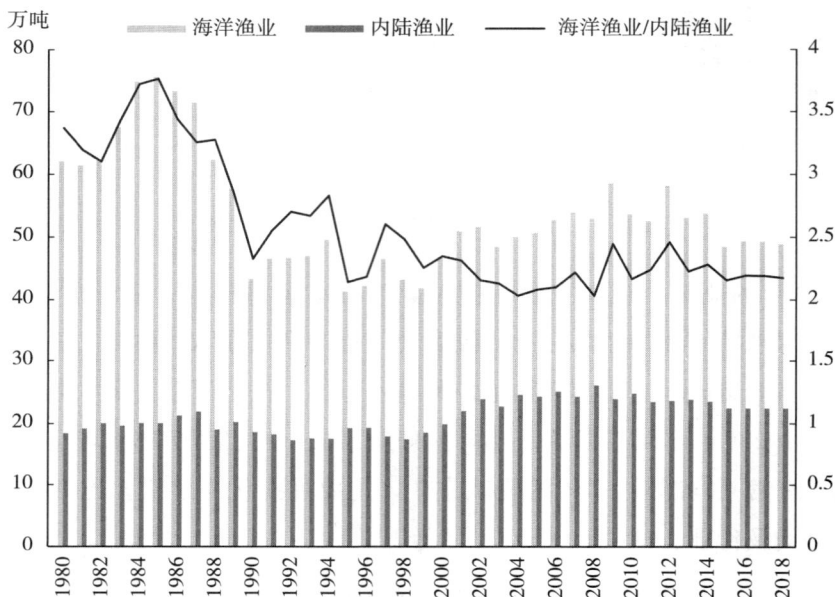

图 3-5　1980—2018 年海洋渔业、内陆渔业年均捕捞量

资料来源：联合国粮食及农业组织。

第一阶段为 1980—1989 年。海水年均捕捞量维持在 50 万吨以上，约三倍于其淡水年捕捞量。这是基于水产养殖行业发展初期受到管理制度不完善、政府扶持力度不够等客观因素影响，加之巴西渔业资源储备量较大，使得整个渔业捕捞量集中于海水。1985 年之后，海水捕捞量出现骤降，产量从 75.6 万（1985 年）吨降至 62.4 万吨（1988 年）。捕捞产量下降最多的种类是巴西小沙丁鱼。产量出现如此大的波动与气候异常有直接关系。在 1986—1987 年，出现了厄尔尼诺现象，这一反常的气象状况使大西洋水温出现异常，使正值产卵期的巴西小沙丁鱼的产卵数量大幅下降。厄尔尼诺现象对巴西小沙丁鱼产量的

影响一直持续到 1990 年。

第二个阶段为 1990—2000 年。海水捕捞量在 40 万～50 万吨。与上一阶段相比捕捞量已显著下降，1990 年的捕捞量不到 1985 年峰值捕捞量的 2/3。主要原因是巴西的渔业资源逐渐衰退。有报道称，巴西的深海捕捞处于过度开发状态，需要一个较长的时间才能恢复到生物学安全水平上。淡水捕捞量与上一阶段相比略有下降。

第三个阶段为 2001—2009 年。海水捕捞量上升至 50 万～60 万吨。2009 年达到 58.6 万吨，是 1990 年以来的最高捕捞产量。与此同时，淡水捕捞量也出现明显上升，在 2008 年达到了 26.13 万吨。

第四个阶段为 2010—2018 年。海水捕捞量在 45 万～60 万吨并出现逐年下降趋势。除 2012 年海水捕捞量突破 55 万吨，其余年份均在 45 万～50 万吨，特别是在 2015—2018 年间捕捞量均不足 50 万吨；同期，淡水捕捞量也呈下降趋势，与 2010 年相比，2018 年捕捞量下降了 2.32 万吨。

（二）水产养殖业

巴西水产养殖业近年来发展较快，2014 年主要水产养殖产量为 54.6 万吨，其中罗非鱼、巨脂鲤和白虾养殖占较大比重，已成为巴西水产养殖支柱产业（图 3-6）。

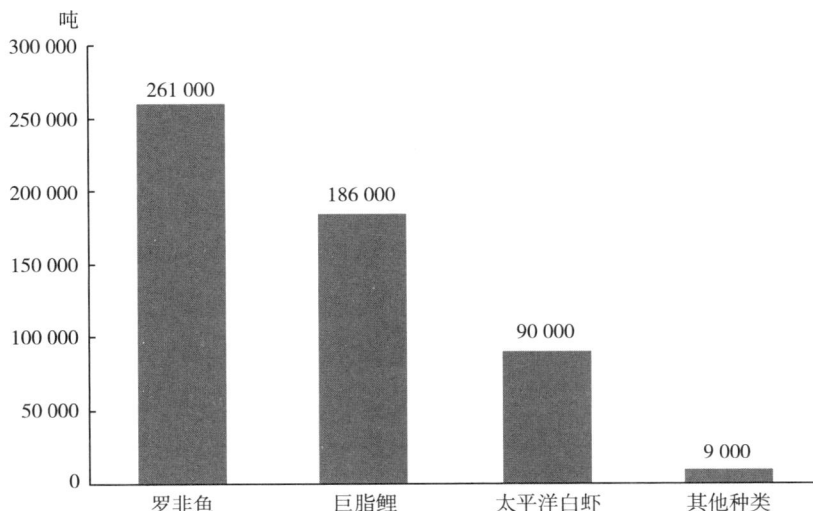

图 3-6　2014 年巴西水产养殖主要鱼种产量
资料来源：据联合国粮食及农业组织公开资料整理。

1. 巴西罗非鱼

罗非鱼作为巴西第一大水产养殖品种，是巴西水产养殖业的核心种质，2014 年产量约为 26.1 万吨，占全年水产养殖产量的 47.8%。其产区主要分布于巴拉那州和巴西东北部和东南部，分别以池塘养殖和水库网箱养殖为主。在巴西东南部，罗非鱼网箱养殖生产主要集中在里奥格兰德河、蒂耶特河和巴拉那帕内玛河等沿河的湖泊中，这些湖泊覆盖了圣保罗州、巴拉那州、南马托格罗索州和米纳斯吉拉斯州。然而受气候影响，降雨不足，使东南湖泊罗非鱼产业受到影响，干旱也导致东北地区的水库干涸，许多罗非鱼生产者停业或转移到其他地区进行养殖生产。

2. 巨脂鲤

巨脂鲤是巴西第二大水产养殖品种，2014 年产量为 18.6 万吨，占全年水产养殖总产量的 34.1%，比 2011 年的 9.7 万吨增加近一倍，发展迅速。巨脂鲤养殖集中在朗多尼亚州和马托格罗索州，约一半的巨脂鲤产自这里。这可能是因为上述地区是大豆和玉米作物的主要产区，饲料供应充足，池塘养殖具有一定的规模，运营企业为大型农业综合企业。近年来在罗赖马州、托坎廷斯州、马拉尼昂州和亚马孙州也有大生产商开始从事巨脂鲤养殖，产业发展潜力巨大。

3. 太平洋白虾

太平洋白虾是巴西第三大养殖品种。2014 年产量为 9 万吨，占当年水产养殖总产量的 16.5%。白虾生存范围较宽，在低盐度和淡水中都能够正常生长，产业发展前景较好，白虾成为巴西创汇品种。其养殖区主要分布在东北沿海的塞阿拉州、北里奥格兰德州、巴伊亚州和皮奥伊州。然而，巴西虾养殖产量受多种因素影响，包括贸易壁垒、汇率、病害以及主产区的自然灾害等，1994—2004 年年产量在 6.5 万～9.0 万吨之间波动。

巴西水产养殖品种还包括鲤、鲶、巨骨舌鱼和虹鳟、牡蛎、军曹鱼、罗氏沼虾和海藻，2014 年总产量约 9 000 吨，占巴西水产养殖总产量的 1.7%。

巴西主要水产养殖地区养殖的主要鱼种分布情况整理于表 3-6。

表 3-6　主要水产养殖地区主要鱼种分布

区域	主要州市	养殖品种
中西部	巴西利亚	吉富罗非鱼
北部（亚马孙河流域）	马瑙斯	巨骨舌鱼、大盖巨脂鲤（水果鱼）

（续）

区域	主要州市	养殖品种
高山地区	里约热内卢、圣保罗、南里奥格兰德州	罗非鱼、虾、虹鳟、扇贝、贻贝、藻、牛蛙、鲤科鱼类
南部、东北部、东南部		罗非鱼、鲤科鱼类

资料来源：据联合国粮食及农业组织公开资料整理。

三、水产品加工及就业

巴西的渔业船队有明确的职能划分。手工船队主要为国内市场提供新鲜或冷藏水产品。沿海工业船队主要提供水产品原材料，供出口企业生产鱼片、鱼罐头等产品，少量商品进入国内市场供居民消费。长距离工业车队用于运送生鲜、冷藏和冷冻出口水产品，在国内市场提供少量服务。

19世纪60—70年代，巴西渔业部门先后实施了一系列造船计划，使得造船业从业人员从1 000多人迅速增长到近4万人，船厂处理钢材能力提升了6倍，造船完工量由40万载重吨提升到260万载重吨，大大超过美国、苏联和英国，使巴西成为了排在日本之后世界第二造船大国，捕捞船队装备齐全，使得海洋渔业发展由此奠基。巴西海洋渔业的发展也带动了就业增长，专门从事海洋渔业生产的渔民从1980年的310万发展到2011年的560万，占全部从业人数的64%。

第五节 食品加工业

一、基本情况

巴西是拉丁美洲最大的经济体，也是世界十大经济体之一。2020年巴西的国内生产总值（GDP）为7.4万亿雷亚尔。作为巴西经济的重要组成部分，食品加工业是巴西国内产值最大的制造部门之一。2020年巴西食品加工业产值为0.79万亿雷亚尔，较上年增长了12.8%，占其国内生产总值的10.6%（图3-7）。食品行业出口总额为2 180亿雷亚尔，较上年增长了11.4%，食品行业贸易总额占巴西对外贸易总额的64.4%。食品加工行业的投资金额达212亿雷亚尔，主要用于并购、扩建生产工厂、投入研发、购置机械设备等，占该行业总收入的2.7％。在巴西食品领域中，58％的农产品、食品都是由食品加工业生产和加工的，食品加工行业具有机械化、规模化、产业链完善等鲜明特征。

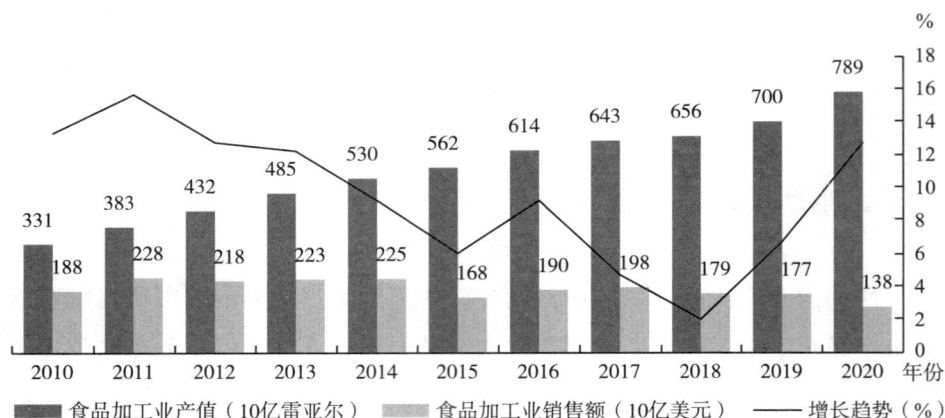

图3-7 巴西食品加工行业销售额及变化趋势
资料来源：美国农业部。

巴西食品工业协会（ABIA）成立于1963年，是巴西食品加工业最具代表性的商业协会之一。根据其统计数据显示，巴西食品加工行业注册企业达3.7万家，为国内创造了160万个直接就业岗位，雇佣了全国近19％的劳动人口。由此可见，食品加工行业对于巴西经济发展起到了至关重要的作用。

目前，巴西食品加工业的出口总量位居世界第二，出口额位居世界第五。从细分行业来看，巴西食品加工业的产品品类主要包括肉制品、豆制品、食糖、果汁饮料、茶叶咖啡和谷类、乳制品等。其中肉制品行业占食品加工业产值24％，是食品加工业最大的细分行业（表3-7）。

表3-7 2019年巴西食品加工行业细分和产值占比

行业细分	产值占比
肉制品行业	24％
饮料行业	20％
茶叶、咖啡和谷物行业	11％
乳制品业	10％
动植物油脂业	8％
小麦加工业	6％
副食业	6％

（续）

行业细分	产值占比
糖业	5%
脱水冷冻食品业	3%
巧克力业	2%
渔类加工业	1%

资料来源：美国农业部.2019。

从产量及出口贸易量来看，巴西既是农产品、食品生产大国，也是加工和出口大国，多个加工农产品的生产和出口量均位居世界前列（图 3-8、图 3-9）。巴西加工食品出口市场分布广泛，产品出口至全球逾 180 个国家和地区，其中36.8%出口至亚洲、18.8%出口至欧盟、14.3%出口至中东地区。

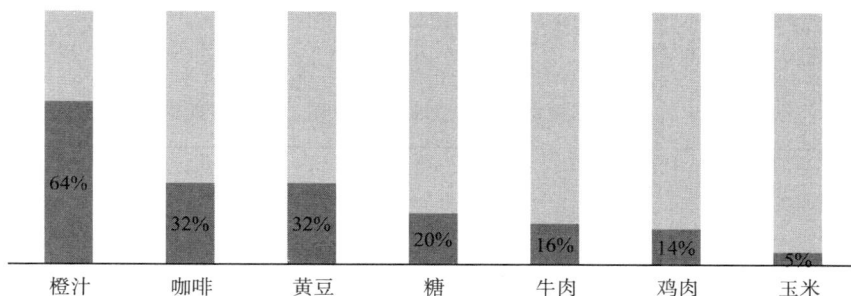

图 3-8 巴西农产品、食品生产量占全球份额及排名
资料来源：美国农业部.2017/2018。

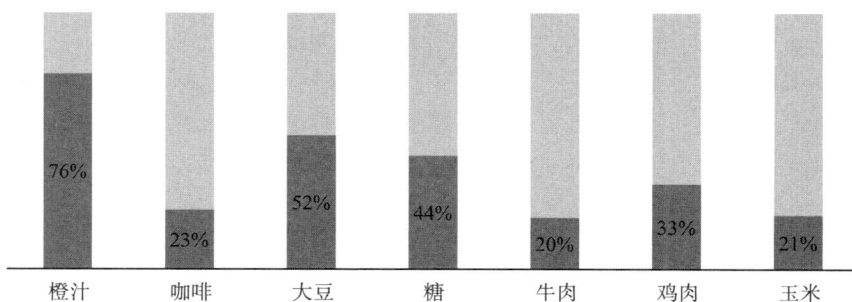

图 3-9 巴西农产品、食品出口量占全球份额及排名
资料来源：美国农业部.2017/2018。

为了促进国内食品加工行业的发展，巴西每年都会自国外进口大量食品加工与包装设备，2018 年的进口规模达 6.91 亿美元。除大量进口食品包装机械外，进口规模超过 1 000 万美元的食品加工机械依次有肉制品加工机械、面食生产设备、啤酒生产设备、谷物加工设备和糖果加工设备等。

二、食品加工企业布局

巴西自然环境优越，农产品种类丰富、产量巨大，是全球农产品的主要供应者之一，广阔的市场前景吸引了全球各大农产品、食品加工企业前来开发和投资。目前，巴西农产品、食品加工企业众多，具有集团化、规模化、产业链成熟、资本雄厚等特点，为巴西的农业发展提供坚实支撑。根据《巴西经济价值报》的统计显示，2018 年净销售额排在前五位的企业分别为：JBS、安贝夫、嘉吉、邦吉、BRF。这些企业主要以巴西本土公司和欧美公司为主，主要经营的食品加工领域包括肉制品加工、啤酒饮料业、大豆产品加工业等（表 3-8）。

表 3-8　巴西主要食品加工企业净销售额、产品和资本来源

公司名称	2018 年净销售额 （百万美元）	产品	资本来源
JBS	45 994.93	肉制品	巴西
安贝夫	12 716.70	啤酒和软饮料	巴西
嘉吉	11 534.43	大豆制品，色拉油，橄榄油，调味料，橄榄	美国
邦吉	10 622.27	大豆制品	美国
BRF	7 642.53	肉制品	巴西
Marfrig	7 522.78	肉制品	巴西
路易达孚（巴西）	5 598.48	大米，咖啡，大豆，玉米	法国
Amaggi	4 385.31	油籽产品	巴西
Minerva	4 104.81	肉制品	巴西
雀巢	3 479.24	食品和饮料产品，例如谷物早餐，咖啡和茶，糖果，乳制品，冰淇淋，冷冻食品，宠物食品和零食	瑞士
可口可乐	2 807.84	饮料产品	巴西
极光食品	2 079.74	肉制品	巴西
M. Dias Branco	1 525.31	烘焙食品	巴西
百事可乐	1 235.44	饮料，零食，谷物早餐，饼干	美国
Camil	1 202.02	大米，豆类，罐头食品，海鲜产品	巴西

资料来源：美国农业部．2019。

（一）JBS 公司

JBS 公司是巴西最大的跨国食品加工集团，其总部设在圣保罗，它也是全球最大的肉制品加工企业，年销售额超过 500 亿美元。该公司成立于 1953 年，随后通过收购多个食品公司，逐步扩张壮大，发展成为全球最大的动物蛋白提供商。JBS 公司的主营商品有牛肉、家禽、猪肉等，其业务遍及 15 个国家和地区，拥有 24.5 万名员工。JBS 公司在全球范围每年屠宰约 300 万头牛、40 亿只鸡、4 000 万头猪，产品出口至 150 多个国家和地区，2019 财年公司营业额达 2 045.2 亿雷亚尔，净利润 61 亿雷亚尔。

JBS 公司旗下 Friboi 事业部负责巴西牛肉制品生产和销售，主要聚焦于牛肉深加工。公司通过与养殖户建立合作伙伴关系，定期向养殖户收购肉牛，并开展牛肉初加工和深加工。该事业部在巴西拥有 35 个牛肉初加工厂，3 个育肥场，26 个物流配送中心和 7 个食品加工厂。JBS 公司旗下 Seara Alimentos 事业部负责巴西家禽、猪肉类制品生产和销售，主要聚焦于活禽、生猪养殖，初加工、深加工和冷冻产品业务。公司通过建设自有农场，开展家禽、生猪养殖及动物饲料生产，并进行家禽、猪肉的初加工和深加工。目前，该事业部在巴西拥有 30 个家禽初加工厂，8 个猪肉初加工厂，14 个物流配送中心和 21 个食品加工厂。

除此之外，JBS 公司的经营范围还涉及皮革制品、生物柴油、胶原蛋白制品、动物饲料、医药、物流仓储等领域。所有产品通过物流转运、分发至国内外零售渠道进行销售。

（二）安贝夫公司

安贝夫公司（AmBev）是南美洲最大的啤酒生产企业，总部设在圣保罗。它隶属于全球最大的啤酒厂商安海希—布什英博集团，公司业务覆盖啤酒、生啤酒、混合饮料、软饮料、果汁、矿物质饮料、能量饮料、茶等多个品类。目前安贝夫集团在巴西拥有 30 家啤酒厂，超过 100 个配送中心，从业员工逾 3 万名。2018 年安贝夫公司在里约热内卢联邦大学科技园成立了啤酒创新与科技中心（CIT），它是世界上最先进的啤酒酿造创新中心之一。2019 财年，安贝夫公司总销售额达 526 亿雷亚尔，同比增长 4.7%。

目前，巴西已成为全球第三大啤酒生产国，啤酒年产量超过 140 亿升。根据《巴西啤酒年鉴》报告显示，截至 2018 年底，巴西已有注册啤酒厂 889 家，已登记的啤酒产品种类有 1.69 万种。巴西农业部对啤酒生产已实现标准化监管，政府建立了一系列质量监控标准来检验啤酒产业的卫生条件和技术工艺。整个啤酒产业链为巴西创造了超过 200 万个工作岗位，贡献税收约 300 亿雷亚尔。2019 年，巴西农业部创立巴西啤酒商会，旨在促进国内啤酒产业的发展，提高啤酒产量。该商会的成员包括巴西啤酒工业协会（Cerv Brasil）、巴西手工啤酒协会（Abracerva）、全国啤酒行业联盟（Sindicerv）和巴西饮料协会（Abrabe）等产业链中的多个协会组织。商会在 2020—2025 年的行动计划中提出，将探索制定更多有利于啤酒产业发展的保险、信贷等政策，为产业链上下游的种植商、制造商及销售商提供更多支持。

（三）嘉吉公司

美国嘉吉公司是全球最大的动物营养品和农产品制造商，也是世界四大粮商之一。嘉吉巴西分公司成立于 1965 年，总部位于圣保罗，公司主营业务覆盖农产品、食品、动物营养、工业用品、金融等领域。嘉吉巴西分公司拥有约 1 万名员工，在巴西 17 个州和 147 个城市均设有办事处、工厂、仓库和码头。2018 年财报显示，公司年收入达 470 亿美元。

在农产品、食品领域，嘉吉深度参与巴西农业产业各个环节，通过独资或合资的形式，为巴西合作伙伴提供农产品供应、运输、仓储、加工、分销等服务，经营产品包括大豆、小米、玉米、高粱、棉花、可可、咖啡及其加工产品玉米油、大豆油、乙醇、食糖、果汁和饲料等。2019 年嘉吉公司在巴西粮食出口总量达到 1 700 万吨，是巴西最大的大豆和玉米出口商。在动物饲料领域，嘉吉在巴西拥有 Nutron 品牌，为禽类、生猪、肉牛、奶牛等动物提供专业化饲料。在消费产品领域，嘉吉拥有 Liza、Gallo、Mazola 和 Ovomaltine 多个消费者熟悉和喜爱的餐饮品牌，产品包括精制油、调和油、调味配料、橄榄油等产品。除此以外，嘉吉还在巴西投资能源化工产业，生产农药、石油精炼产品等。

在产业覆盖上，嘉吉公司通过玉米、大豆产业的上下游延伸，在巴西打造了一套完整的农业产业链，构建了"玉米、大豆、食品"的产业链格局。1970年，嘉吉公司开始进行玉米、饲料加工，并在巴西南部和东南部许多城市开展牛饲料添加剂业务。后相继收购大豆生产、贸易和仓储业务，饲料生产厂、食品原料公司、化工产品加工公司等，逐步进入食品领域。嘉吉公司还注重研发环节，在巴西坎皮纳斯市和莫吉米林市分别设有创新中心，针对食品、生物、工业、动物营养等领域进行创新研发，为客户提供个性化解决方案。

在物流建设上，嘉吉公司在巴西共拥有约 182 个仓库和中转站、10 余座港口码头、5 条主要铁路线、3 条主要的水运线路，庞大而通畅的物流支撑了嘉吉公司农产品贸易业务的开展。通过打造农业全产业链的经营模式，嘉吉公司实现了对各个生产、加工环节的把控，大幅降低运营成本，提高经营和管理的效率，增加了企业收益，同时也为巴西农业发展提供了优质解决方案。

三、加工食品的主要品类及概况

（一）大豆制品

大豆是巴西主要农作物之一，也是巴西农业收入的重要来源，在其农产品出口中占有举足轻重的地位。巴西的大豆产业的发展十分迅速，近四十年间巴西大豆产量增长了四倍多。

除用于出口外，巴西大豆还被用于压榨成豆油、豆粕等产品，进而加工成食品或用作动物饲料。2020 年巴西国内大豆压榨量约为 4 600 万吨，产出豆粕 3 602 万吨，产出豆油 956 万吨。其中，1 685 万吨豆粕用于出口，比上年增加 6.76％，产出的豆油 90％用于国内消费。2020 年，巴西大豆及其制品的出口量为 1.01 亿吨，出口金额达 352.32 亿美元，大豆及其制品所创造的出口贸易额占到巴西农产品出口贸易总额的三分之一。鉴于巴西大豆及其制品的巨大产量和出口量，其产量、加工量、价格波动将关系到全球相关行业的生产成本，同时也会对国际大宗农产品的市场价格产生巨大的影响。

与其他国家生产的大豆相比，巴西大豆加工的豆粕粗蛋白含量相对较高，氨基酸含量适中，比较适合用于动物饲料。因此，豆粕的产量直接关系到养殖业的生产和发展。2020 年下半年，受经济因素和大豆产量波动的影响，巴西国内市场的大豆价格大幅上扬，大豆压榨利润下滑，部分企业选择停止大豆压榨，这一情况同时也严重冲击猪肉和鸡肉产业的利润。为了避免养殖业因饲料短缺而遭受更大的损失，巴西政府于 2020 年 10 月—2021 年 3 月，临时性取消了从南方共同市场外的国家进口大豆的关税，便于国内企业进口大豆进行压榨，以满足国内养殖业的生产需求。

除产量和压榨量外，运输成本也直接关系到大豆及其制品的价格。在巴西，大豆压榨企业的选址一般集中在巴西南部、中西部等大豆主产区，与畜牧业养殖点的分布相近。然而，大豆的出口集散地主要位于巴西南部的里奥格兰德港、南圣佛朗西斯科港、巴拉那瓜港和桑托斯港，这四个港口的出口量约占巴西大豆制品出口总量的 60%。两者之间距离相隔较远，由于巴西的基础设施建设相对薄弱，公路网络不够发达，导致公路运输速度慢、耗时长、产品损耗比较严重。巴西政府高度重视这一问题，加大了对铁路、公路等基础设施建设的投入，并积极吸引包括中国在内的外资企业参与建设。经过多年的努力，交通运输不便的难题得到了有效解决。2019 年，巴西著名的 BR－163 高速公路竣工开通，这条公路连接了马托格罗索、亚马孙河以及出口港口，大大降低了巴西大豆的运输成本，缩短了运输时间，提高了生产和出口的效率。

（二）甘蔗制品

巴西热带气候广阔，盛产甘蔗，是世界上最大的甘蔗生产国和出口国，2019/2020 榨季巴西甘蔗产量为 5.84 亿吨，主要用于加工生产食糖和乙醇。据巴西国家商品供应公司（Conab）公布的调查数据显示，2019/2020 榨季巴西食糖产量为 2 980 万吨，同比增长 2.6%；甘蔗乙醇产量为 340 亿升，同比增长 5.1%。

甘蔗是全球食糖最主要来源之一，根据美国农业部公布数据显示，全球有103 个国家及地区生产食糖，总产量约为 1.9 亿吨，其中甘蔗糖约占全部产量的 80%。2019 年，巴西食糖产量被印度超越，变为世界第二位，占全球糖产量的 17%。而巴西食糖的出口量仍位居世界第一，全球 40%～50% 的食糖供应来自巴西。巴西国内拥有 376 家蔗糖加工和乙醇加工企业，约有 7 万名蔗农，为巴西提供了 230 万个直接或间接工作岗位。甘蔗产业的产值约 400 亿美元，约占巴西国内生产总值的 2%。巴西政府每年会根据甘蔗产量及市场情况，调整制糖比例。例如 2019/2020 榨季，甘蔗制糖比例为 35% 左右，其余甘蔗将用于乙醇生产，这对于国际食糖市场走势具有重要影响。

巴西的蔗糖加工业发展水平较高，食糖生产厂家已全程实行全网络智能化管理，工作效率高，生产成本低。在加工工艺上，巴西食糖生产主要采用两步法生产精制糖，产品有原糖、白砂糖、酒精。食糖成品的运输方面，主要靠公路汽车运输，铁路利用率较低，运输成本相对较高。

巴西的甘蔗乙醇产量位居世界前列，这得益于甘蔗原料的充足供应。1975年，巴西政府为降低国内对进口石油的依赖，开始实施巴西乙醇计划，利用本国丰富的甘蔗资源生产生物乙醇。目前，巴西是世界上唯一实现乙醇生产成本低于汽油的国家。甘蔗乙醇的加工与蔗糖一样，基本由糖厂完成，大多数糖厂都采用糖醇联动工艺，同时生产蔗糖和乙醇。巴西甘蔗乙醇的生产和利用技术水平较高，生产成本低，经济效益相较于其他生物乙醇燃料更为可观。

可持续发展方面，巴西甘蔗加工企业注重节能、环保，综合利用制糖副产物，将滤泥、烟灰、废液等全部用作肥料，大大减少了污水处理的费用，也避免造成环境污染。压榨后的蔗渣主要用于燃烧发电，替代燃油发电，既降低了生产成本，提高经济效益，又带来了良好的社会效益。

（三）柑橘制品

巴西盛产柑橘，是世界第一大柑橘生产国。除鲜果消费外，大部分柑橘被加工为橙汁，出口至欧洲、美洲、亚洲等地区。2019/2020 年度收获季，巴西柑橘加工量超过 3.25 亿箱（每箱为 40.8 千克），生产橙汁 127 万吨。其中，108 万吨橙汁用于出口，出口金额逾 17 亿美元。巴西的橙汁产量和出口量位居世界第一，全球约 3/4 的橙汁产自巴西。

根据巴西柑橘出口商协会（Citrus BR）报告显示，2017 年巴西柑橘园的面积已达 45 万公顷，柑橘产业创造了约 20 万个直接和间接就业机会，行业总产值约为 65 亿美元。巴西的柑橘加工产业发展较为完善，实现了对柑橘的精深加工和多层次利用，纵向延伸了柑橘加工的产业链条。以 Cutrale、Citrosuco 为首的几家大型柑橘加工企业是巴西橙汁的主要生产和销售者。这些加工企业参与了柑橘的育种、种植、加工、储运等各个环节，并最终将产品销往全球。在巴西，柑橘的加工利用率相当高，果肉、果皮乃至皮渣提取物均得到了有效利用。其中，最主要的产品是橙汁，主要分为冷冻浓缩橙汁（FCOJ）、鲜冷橙汁（NFC）和其他橙汁。其他副产品包括精油、果胶、色素、皮渣纤维、饲料等，这些产品除被用作食品工业的原材料外，还被用作化妆品和化学品的化合物、动物饲料等。

巴西橙汁的加工流程规范，拥有良好的质量控制措施和可追溯体系，保证了橙汁产品的品质。在加工过程中，企业会对采购的柑橘鲜果进行成熟度、含糖量、农药残留等方面的检测，一旦发现质量问题，便对果实进行产地追溯，并做退货处理。通过检测的果实则被送入自动化加工流程，依靠机器操作完成对果实的尺寸分级和榨汁。橙汁制备完成后即送入冷冻库贮藏或由直接冷链运输至码头，装船出口。巴西橙汁加工企业规模大、实力强，在全球范围内都建有贮运码头和冷库，企业使用专门用于运输果汁的远洋轮船运送橙汁，进一步降低了产销成本，提升了橙汁产品的利润。

在可持续发展方面，巴西柑橘加工企业大部分建有自己的电力车间，使用甘蔗渣替代柴油，获得电力能源。这样既降低了成本，又减少了环境污染。同时，企业注重水资源的循环利用，生产用的废水经过处理后被用于牧场灌溉。通过一系列的节能减排措施，巴西柑橘加工业具备了低耗能、低成本、零污染、高收益的特点，实现了绿色可持续发展。

（四）牛肉和牛肉加工

巴西是世界上最大的牛肉出口国，根据巴西经济部数据显示，2020 年巴西牛肉出口量达 201.6 万吨，同比增长 8%；出口额 84 亿美元，同比增长 11%，占全球牛肉出口总供应量的 20% 左右。巴西出口牛肉的最大买家是中国，据统计，2020 年度巴西出口中国的牛肉达 118.2 万吨，占其牛肉出口总量的 58.6%，出口额达 51 亿美元，占其全部牛肉出口总额的 60.7%。除中国外，埃及、智利、美国、俄罗斯等国家也是巴西牛肉的主要出口国。

巴西肉牛养殖与加工产业发展水平较高，收益十分可观。2020 年巴西肉牛屠宰量为 2 970 万头，同比下降 8.5%。在自然资源支持的低成本、大规模放牧的基础上，巴西肉牛产业引入大型集团企业进行规模化生产加工，实现标准化屠宰、精细分割，并对牛肉加工的副产品加以合理利用。在养殖方面，为了获得高的牛肉产量，巴西通过提高生产效率（包括饲养水平、饲养管理、合理配制饲料营养、牧场管理等），以及培育品种、利用杂交优势等措施进行生产。巴西拥有非常完备的肉牛养殖设备，可满足肉牛养殖的需求，包括大型饲草、饲料加工机械、TMR 推车等，以及小型饲槽、水箱、注射设备，标记可追溯性电器，牲畜卸货平台，牲畜通道、围栏，科学研究用的动物代谢笼，电子称重约束装置等。这些设备设计先进，自动化程度较高，具有很强的实用性。在屠宰、加工方面，巴西肉牛屠宰企业设施规范、管理先进、生产效率高，车间规模不是很大，但屠宰量大，能够进行标准化、规范化生产。因此，巴西单头肉牛的屠宰成本非常低。

在运输方面，巴西土地辽阔，运输距离远、运输量大，在运牛时都使用标准的运牛车来降低运输应激和防止牛体损伤，还可以防止疾病的传播。装卸牛时，使用与运牛车配套的装卸牛台，装卸简便易行，既省工又安全。

（五）鸡肉和鸡肉加工

巴西是世界上最大的鸡肉出口国，2020 年家禽屠宰量为 60 亿只，同比增长 3.3％。根据巴西动物蛋白协会（ABPA）的数据显示，2020 年巴西鸡肉产量为 1 380 万吨，出口量为 423 万吨，同比增长 0.4％，出口金额达 61.23 亿美元。巴西生产的所有鸡肉中约三分之一出口至全球 150 多个国家。中国是巴西家禽出口的最主要目的地，占其总出口量的 22.7％。

目前，巴西全国拥有 280 万个家禽养殖场，直接或间接从事家禽养殖业的人员超过 360 万，家禽加工业产值约占国内生产总值的 1.5％。巴西家禽生产商中，约有 70％属于小型肉鸡养殖户和生产商，因此家禽加工业对巴西农村地区经济发展至关重要，是南部许多农村城镇的主要经济支柱。例如，在南里奥格兰德州的玛劳镇，几乎一半的劳动力从事家禽生产。巴西家禽业产业链具有高度整合的特点，家禽养殖业集约化、自动化程度较高，成本相对较低，许多养殖户将屠宰场整合到自己的农场中，最大限度地减少屠宰前的活体动物运输。对于家禽的屠宰，巴西拥有一套严格的质量控制标准，并遵循动物福利的要求，保证了鸡肉产品的品质与安全，从未发生过禽流感传播。

（六）牛乳制品

巴西的热带气候和绿色牧场除了适宜养殖优质肉牛外，也是牛乳制品的理想产地。巴西培育了适应热带地区的优质奶牛品种，拥有世界第三大奶牛群。全国约有 25％的农业企业开展了牛奶生产业务，同时，80％的奶农是个体农民，牛乳制品业直接创造了约 360 万个就业岗位，占农村地区就业岗位的 40％，因此奶牛产业促进了巴西农村经济的发展。

乳制品加工业是巴西农业生产总值当中排名第五的制造部门，产品出口至 60 多个国家和地区，主要出口产品为奶粉、全脂/脱脂奶、巴氏奶、炼乳以及奶酪制品。

总的来说，巴西农产品、食品加工业的发展相对比较完善，上下游产业联系紧密，拥有成熟的产业链体系，实现了从牧场、田间到餐桌、货架的全程现代化生产经营。依托雄厚的资本支持和大型企业的规范化管理，农产品、食品加工业呈现出规模化、机械化、自动化的特点。随着基础设施建设和技术水平的提升，储存、运销和加工过程中的损耗减少，食品加工业的成本将进一步降低，帮助巴西继续在世界农业贸易中占据优势地位。同时，巴西政府注重科技创新，积极开展技术研发，在动物育种、种植技术改进、机械装备研发、数字农业应用、可持续发展等方面加大投入，为农产品、食品加工业的产品赋予更高的附加值，从而提升经济效益。此外，巴西政府对农产品、食品的质量安全和营养健康水平也实施多项举措，为食品加工业的健康、可持续发展提供了可靠支撑。

第四章 CHAPTER 4
农产品市场与贸易 ▶▶▶

第一节　农产品进出口贸易

一、农产品贸易发展态势

随着国内农业生产的快速发展，巴西在全球农产品出口市场上的地位不断提高。巴西是全球农产品贸易的主要参与者，2020 年农产品出口额为1 007.0 亿美元。特别是进入 21 世纪以来，在亚洲地区尤其是中国对农产品强劲需求的拉动下，巴西农产品出口迅猛增长，已成为仅次于欧盟和美国的第三大农产品出口方，大豆、玉米、食糖、牛肉、猪肉、鸡肉等产品出口居世界前列。巴西农产品进口规模较小，2020 年农产品进口额为 130.0 亿美元，是典型的农产品净出口国。世界贸易组织的数据显示，在净出口方面，巴西自2004 年以来一直排名世界第一。

1997—2000 年，巴西农产品贸易额基本维持在 300 亿美元左右，2000 年之后呈现迅速增长态势。2000—2008 年，巴西农产品总贸易额持续增长，由2000 年的 314.51 亿美元增至 2008 年的 836.28 亿美元，年均增长 9.30%。其中，出口额由 2000 年的 233.44 亿美元增至 2008 年 717.47 亿美元，年均增长10.7%；进口额由 81.07 亿美元增至 118.80 亿美元，年均增长 3.53%；贸易顺差由 152.36 亿美元增至 598.67 亿美元，年均增长 13.25%。从图 4-1 看出，巴西进口额始终保持在低位，波动幅度不明显。2008 年后，由于在全球范围内发生了金融危机，巴西进出口贸易受到影响，贸易额开始波动式增长。巴西农产品出口额在 2013 年曾达 999.33 亿美元的高位，2014—2016 年有所下滑，这主要是由于国际农产品价格走低，主要产品出口量均未出现大幅下滑。出口额自 2017 年起逐渐回升。

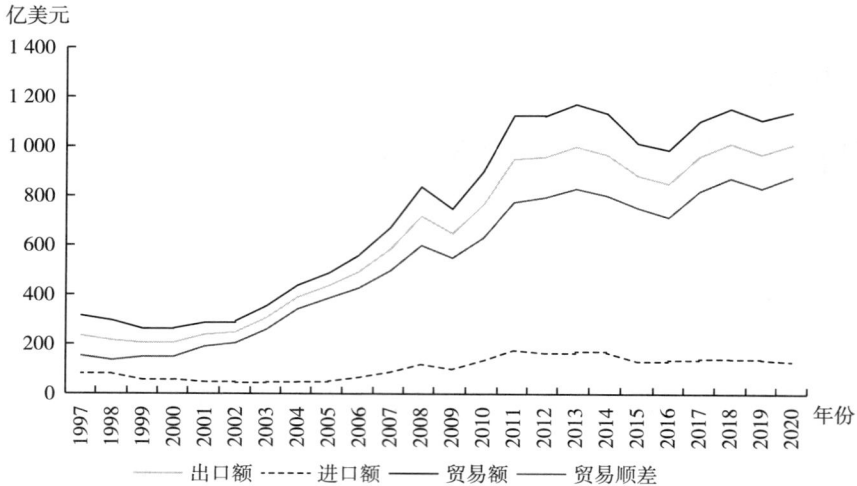

图 4-1 1997—2020 年巴西进出口贸易额
资料来源：巴西农业部。

二、主要出口农产品

随着农业生产结构的多样化，巴西农产品出口种类不断丰富，出口产品既包括大豆、玉米、棉花、糖等大宗农作物产品，也包括咖啡、橙汁等园艺产品及其加工品，还包括牛肉、鸡肉等畜产品。

在大宗商品贸易方面，巴西是国际贸易的重要参与者，其一贯强劲的农业表现是巴西在许多出口市场上具有强大竞争力的关键原因。2020 年巴西的五大出口农产品为大豆（285.61 亿美元）、食糖（87.44 亿美元）、牛肉（84.78 亿美元）、鸡肉（59.90 亿美元）、玉米（57.86 亿美元）。

（一）大豆及加工品

2000 年以前，巴西大豆出口量仅约 1 000 万吨，出口额约 20 亿美元。进入 21 世纪以来，在中国需求增长的拉动下，加上其自身的价格竞争优势，巴西大豆出口持续快速增长。在短短 15 年时间内，巴西大豆出口量先后迈上 2 000 万吨、3 000 万吨、4 000 万吨和 5 000 万吨的新台阶，在 2015 年达到 5 432 万吨的历史新高，比 1997 年增加了 6.97 倍，年均增长 10.9%；大豆出口额在 2014 年达到 232.73 亿美元，比 1997 年增加了 10.18 倍，年均增长

14.62%。由于大豆价格下跌，2015 年巴西大豆出口额略有回落，但仍高达
209.82 亿美元。近年来，巴西大豆出口量约占全球的 40% 左右，在部分年份
出口量已超过美国，成为全球最大的大豆出口国。此外，巴西还出口一定数量
的豆粕和豆油，三种产品出口额合计占巴西农产品出口总额的三分之一。

2019 年，巴西的大豆出口量达到约 7 400 万吨，比上年下降约 11%，然
而，过去十年以来巴西的大豆出口量呈增长趋势，2019 年大豆出口额约为
260.72 亿美元，大豆及其加工品出口额达 326.22 亿美元，占巴西农产品出口
的三分之一（图 4-2、图 4-3）。

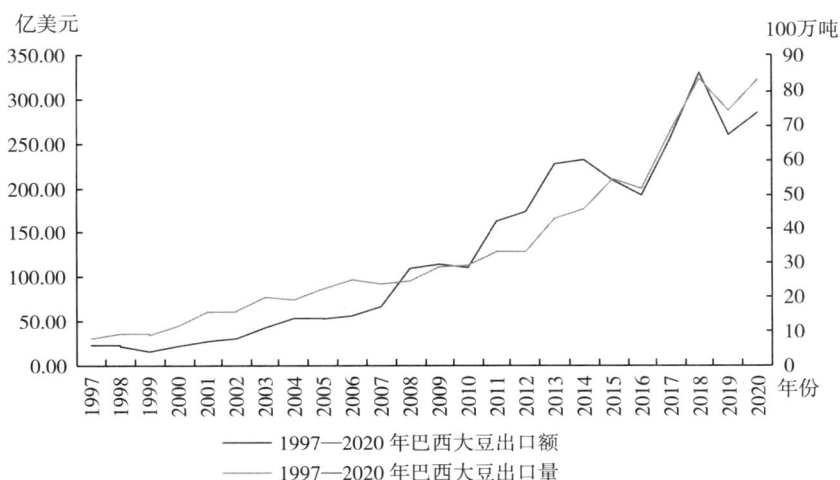

图 4-2　1997—2020 年巴西大豆出口额与出口量
资料来源：巴西农业部。

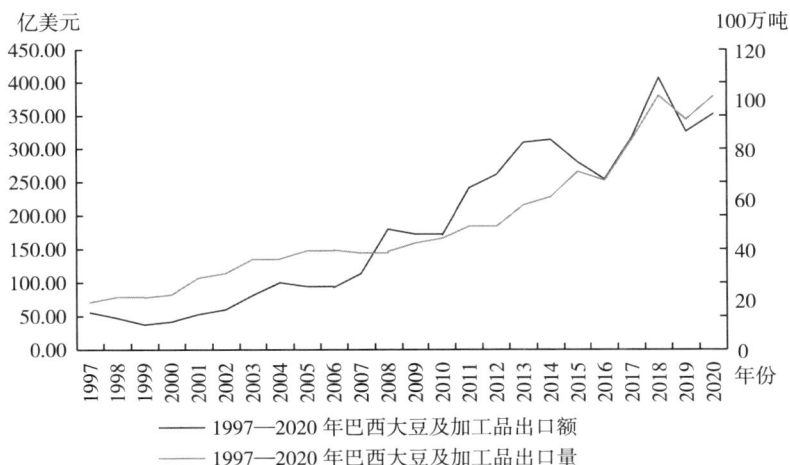

图 4-3　1997—2020 年巴西大豆及加工品出口额与出口量
资料来源：巴西农业部。

中国是巴西大豆出口的主要目的地国。巴西近几年来超过美国成为中国最重要的大豆供应商，巴西大豆占中国进口大豆的三分之一左右。此外，由于中美贸易战升级，中国对美国大豆进口加征关税，中国的农业和食品产业需要寻求更便宜的替代品来生产牲畜饲料和豆油，在此情况下，中国对巴西大豆的进口显著增加。

过去十年间，巴西的大豆种植面积一直在扩大。预计到 2028 年，大豆产量将增加 20％以上。与巴西其他农产品相比，大豆在农业产值中占有主导地位，超过甘蔗、玉米和咖啡的总和。

巴西出口的大豆主要为转基因大豆，中国是巴西转基因大豆的主要进口国，其次是欧盟。据巴西生物技术委员会（CIB Brazil）称，采用转基因生物种子后，有害生物造成的损失大幅度减少，因此，转基因作物的生产力和单产平均高于常规作物，转基因大豆的每公顷利润比非转基因大豆高出 26％。巴西也出口非转基因大豆，但是由于非转基因大豆的种植面积减少，非转基因大豆的出口相应减少。根据巴西农业部的贸易数据，非转基因大豆的种植成本更高，而 15％的价格溢价几乎无法弥补额外生产的成本。

（二）玉米

巴西是世界上第三大玉米出口国（图 4-4）。2000 年以前，巴西玉米出口量很小，基本在 40 万吨以下，出口量几乎可以忽略不计，总体呈净进口状态。

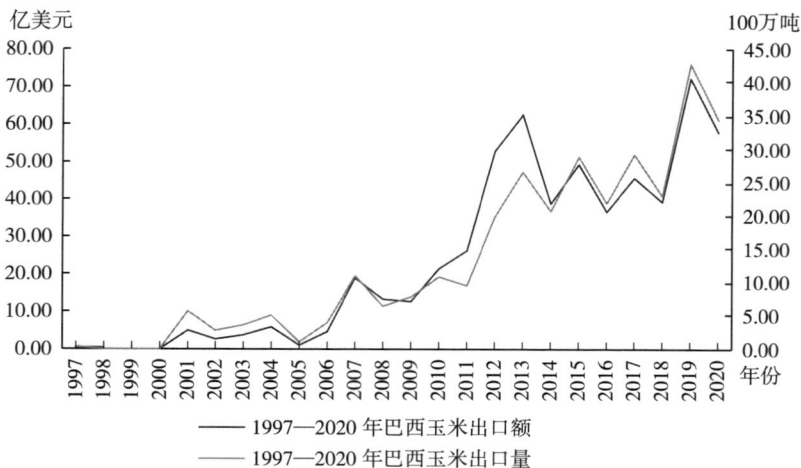

图 4-4　1997—2020 年巴西玉米出口额与出口量
资料来源：巴西农业部。

2001 年，巴西玉米出口激增，出口量由上年的 1.7 万吨增至 563.9 万吨。此后几年巴西玉米出口量虽有所波动，但总体呈增长趋势，2007 年突破 1 000 万吨，2013 年突破 2 500 万吨，2015 年达到一个新的最高点，出口量达 2 890 万吨，实现出口额 49.38 亿美元，占农产品出口额的 6%。2015 年以来，巴西玉米的出口额呈波动式增长。2019 年玉米出口达到新的历史高峰，出口量达 4 939 万吨，出口额达 29.80 亿美元。近年来巴西玉米出口量仅次于美国，居全球第二位，约占全球玉米出口量的 15.8%。

巴西出口的玉米主要为转基因玉米，夏季时转基因玉米每公顷收益比非转基因玉米高出 64%，而在冬季时每公顷利润可高出 152%。

（三）棉花

巴西是世界上第四大棉花纤维出口国（图 4-5），生产近 200 万吨高级长纤维棉绒。1997—2000 年，巴西棉花出口较少，最高时仅 15.22 万吨，最低时仅 8.57 万吨，几乎可以忽略不计。进入 21 世纪以来，随着巴西棉花生产的逐步恢复，棉花出口也呈增长态势，由 2000 年的 15.22 万吨增至 2008 年的 65.82 万吨，并于 2012 年达到 110.31 万吨，出现棉花及加工品出口峰值。随着国际棉价大幅下跌，巴西棉花出口有所回落。但由于部分国家市场进口需求强劲，巴西棉花出口量自 2018 年起持续大幅增加，2020 年巴西棉花及加工品出口量达到历史最高 219.78 万吨。尽管受 2020 年新冠疫情影响，棉花及棉花

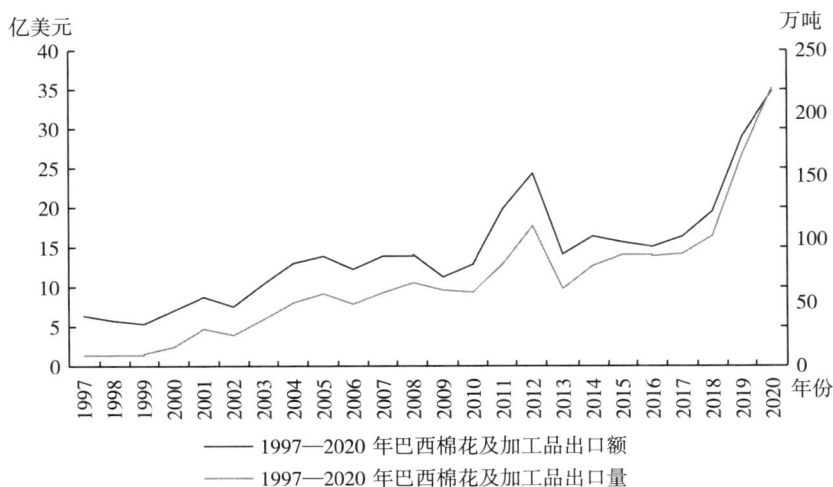

图 4-5 1997—2020 年巴西棉花及加工品出口额与出口量

资料来源：巴西农业部。

纤维市场价格下跌，但巴西棉花的出口量保持增长态势，2020 年棉花及加工品出口额为 34.80 亿美元，出口量为 219.78 万吨，高于 2019 年的 29.04 亿美元和 167.31 万吨。近年来巴西棉花出口量约占全球出口量的 9.4%，居世界第四位；棉花出口额约为 13 亿美元，占巴西农产品出口额的 1.5%。

巴西转基因棉花占据绝大部分的市场，在 2018 年转基因棉花种子的使用率高达 94%，转基因棉花种子的利润率比未经改良的种子高约 12%。

（四）甘蔗、糖、酒精

巴西甘蔗产业的历史可以追溯到 500 年前，在巴西经济中发挥着重要作用。根据巴西农业部的数据显示，甘蔗供应链拥有约 380 家工厂，7 万个甘蔗种植人员，75 万个直接工作岗位，年净收入接近 250 亿美元，是巴西第四大出口部门，在 2018 年为巴西创造了 70 亿美元的外汇收入。

在食糖市场上，巴西是世界上最大的糖生产国和出口国，约占世界总产量的 25%，占世界食糖贸易总量的 40%，2019 年巴西糖的出口量几乎是第二名泰国的两倍，长期以来，食糖是巴西重要的出口创汇产品。1995 年，巴西食糖出口量 623.9 万吨，出口额 19.2 亿美元，约占当年巴西农产品出口额的 13.9%。随着全球食糖消费需求的增长，近年来巴西食糖出口呈现增长态势，出口量于 1999 年达到 1 205 万吨，于 2009 年达到 2 428 万吨，并于 2010 年达到创纪录的 2 800 万吨。食糖出口额于 2011 年达到 149.40 亿美元的历史高位。2014—2020 年，巴西食糖出口波动较大，2019 年跌至 51.79 亿美元，2020 年回升至 87.44 亿美元。2018 年巴西向全球 4 个大洲的 120 个不同的国家出口了超过 2 120 万吨食糖，其中 51% 出口至亚洲国家，37% 出口到了非洲国家（图 4-6）。

除食糖以外，巴西大力发展生物乙醇产业，将部分甘蔗用于生产酒精，具体转化比例取决于食糖及石油之间的比价。在能源领域，甘蔗是重要的可再生资源，甘蔗作为生物燃料占 2018 年电力和燃料所有国内能源供应的 17.4%。随着国内生物乙醇产业的发展，巴西也成为酒精出口大国，近年来酒精出口额均在 10 亿美元以上，2008 年和 2012 年突破 20 亿美元。生物电成为一种越来越重要的清洁能源，市场对甘蔗的需求越来越大，巴西也是世界上最大的甘蔗乙醇出口国，每年出口约 30 亿升。

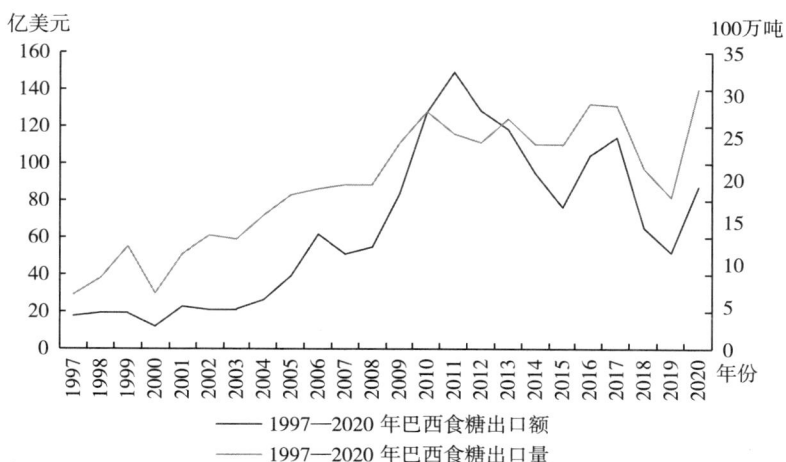

图 4－6　1997—2020 年巴西食糖出口额与出口量

资料来源：巴西农业部。

（五）咖啡

巴西是世界上最大的咖啡生产国和出口国，巴西咖啡豆占有 30％的国际市场份额。咖啡是巴西传统优势出口产品，出口量长期居世界首位，近年来咖啡出口在高位继续增长。1995 年巴西咖啡出口量 78.8 万吨，出口额 24.6 亿美元，占当年巴西农产品出口额的 17.8％。到 2015 年，巴西咖啡出口量增至209.1 万吨，出口额增至 61.6 亿美元。受全球咖啡价格波动的影响，2015—2018 年，巴西咖啡总出口额逐年走低，2018 年之后缓慢回升，2020 年达到55.3 亿美元，巴西咖啡仍占据全球咖啡出口量的首位（图 4－7）。

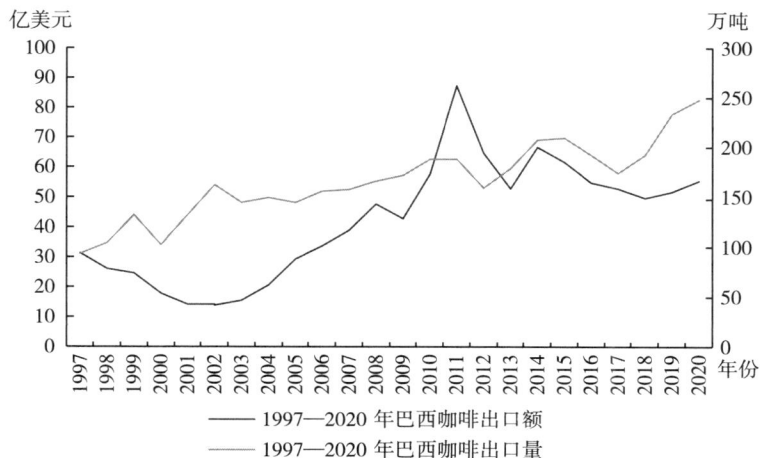

图 4－7　1997—2020 年巴西咖啡出口额与出口量

资料来源：巴西农业部。

（六）橙汁

巴西是世界上最大的橙汁生产国和出口国，如今世界上每两杯橙汁中就有一杯来自巴西。巴西橙汁出口总体呈增长态势，但增速低于上述其他产品。1997年橙汁出口量118.64万吨，出口额10.07亿美元。2007年巴西橙汁的出口额出现一个峰值，出口量达206.60万吨，出口额达22.51亿美元。到2015年，巴西橙汁出口量及出口额分别波动至200.8万吨和18.67亿美元，分别占全球橙汁出口的39.8%和32.3%。2020年受全球新冠肺炎疫情影响，巴西橙汁出口出现明显下跌，出口额由2019年的19.09亿美元跌至2020年的14.25亿美元，出口量由225.10万吨跌至204.39万吨。巴西出口的橙汁主要包括冷冻橙汁、非冷冻橙汁、其他橙汁三类。从发展趋势看，冷冻橙汁出口呈下降趋势，由2005年的105.9万吨降至2015年的55.8万吨；非冷冻橙汁出口呈增长趋势，由45.7万吨增至110.4万吨；其他橙汁出口则相对稳定，基本保持在10万～25万吨（图4-8）。

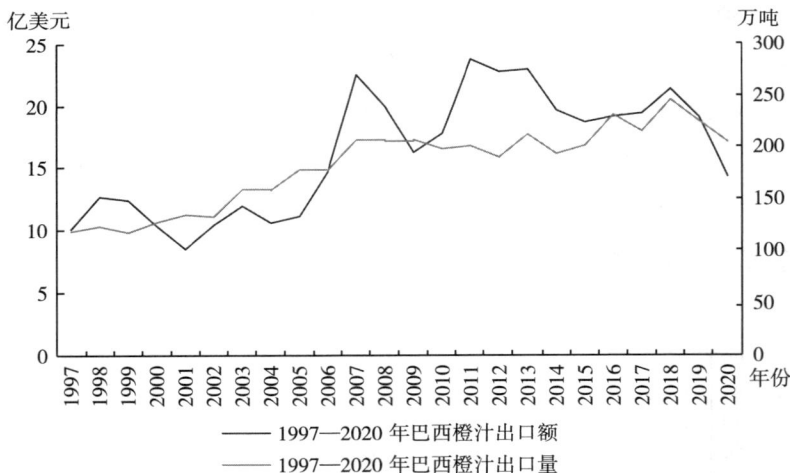

图4-8 1997—2020年巴西橙汁出口额与出口量
资料来源：巴西农业部。

（七）牛肉

巴西拥有世界上最大的商业牛群，约有2亿头商业肉牛，是最大的肉牛出口国。随着本国肉牛产业的发展，巴西牛肉出口迅速增长。1997年巴西牛肉出口量仅为15.82万吨，出口额为4.61亿美元，到2000年增至35.56万吨。

2007 年到达一个出口高峰，牛肉出口量增至 160.62 万吨，比 1997 年增加了 10.15 倍。2007 年之后，巴西牛肉出口逐年下滑，2011 年降至 109.37 万吨，2013 年和 2014 年恢复至 2007 年的水平，2015 年再次回落至 135.30 万吨，2016—2020 年，出口量再次大幅攀升，2020 年达到 201.6 万吨。牛肉出口额总体呈增长态势，由 1997 年的 4.61 亿美元增至 2000 年的 8.12 亿美元，2014 年达到 70.87 亿美元的历史新高，2016 年降至 53.38 亿美元的低谷。2016—2020 年巴西牛肉出口额逐年上升，2020 年牛肉出口额达历史新高 84.78 亿美元。近几年巴西牛肉出口量略低于澳大利亚，居全球第二位，约占全球出口总量的 12％（图 4 - 9）。

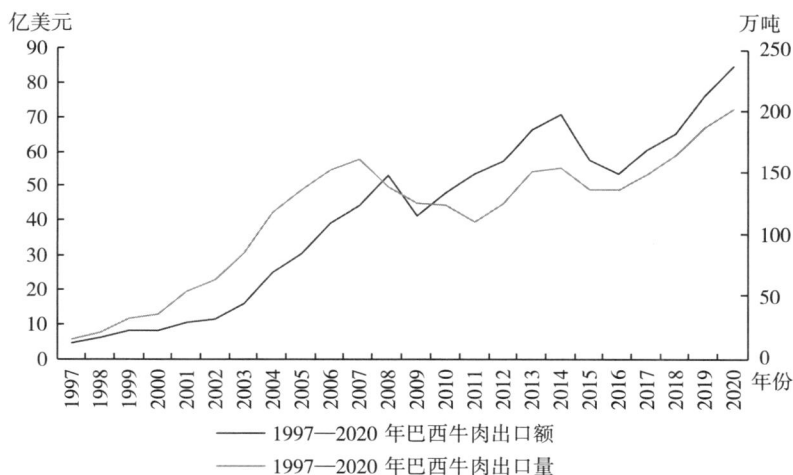

图 4 - 9 1997—2020 年巴西牛肉出口额与出口量
资料来源：巴西农业部。

（八）猪肉

巴西猪肉出口在 20 世纪末至 21 世纪初呈现快速增长态势。1997 年巴西猪肉出口量 7.43 万吨，出口额仅为 1.66 亿美元，2005 年猪肉出口量增至 62.19 万吨，出口额达 11.63 亿美元。尽管生猪生产主要满足国内需求，巴西生猪的出口仍呈增长趋势。2000—2018 年，巴西生猪出口累计增长 352％，年均增长 8.7％。2018—2020 年巴西猪肉出口持续增长，出口额由 2018 年的 11.9 亿美元增长至 2020 年的 22.54 亿美元，出口量由 2018 年的 63.54 万吨增长至 2020 年的 101.01 万吨。巴西目前向 104 个出口目的地出口 60 万吨猪肉，是全球第四大猪肉供应国，占全球总猪肉出口额的 6.2％（图 4 - 10）。

巴西猪肉生产和出口增长除了得益于生产方式优化之外，还得益于以下三个方面。第一，巴西国内市场上玉米和大豆供应量大，价格低廉。玉米和大豆是动物饲料的主要成分，占生产成本的70%以上，饲料的购买价格直接影响了巴西猪肉在国际市场上的竞争力。第二，生物科技和遗传技术的进步促成了更高的生产率，2000—2018年间，每只动物生产的肉量和饲料转化率得到提高。第三，巴西动物饲养的卫生状况稳定，未受到禽流感、猪瘟、猪流行性腹泻及非洲猪瘟等严重流行病的袭击。

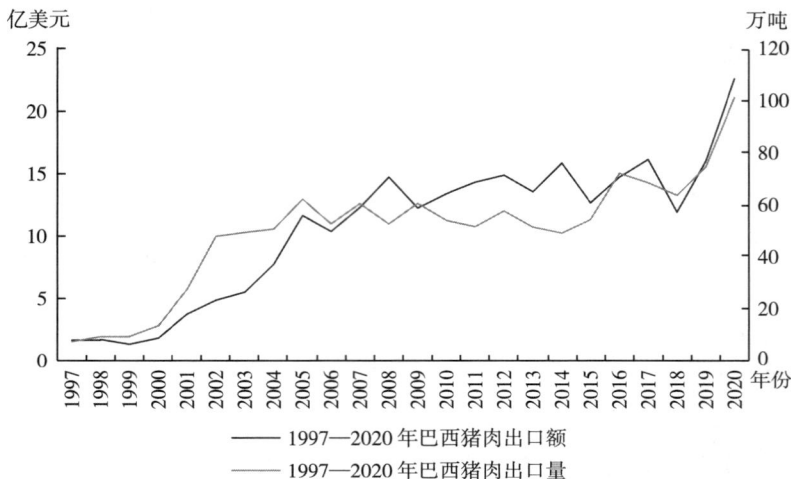

图4-10　1997—2020年猪肉出口额与出口量
资料来源：巴西农业部。

（九）禽肉

随着谷物生产的快速发展，巴西基于其玉米和大豆生产成为世界上最大的禽肉出口国，其中饲料占家禽生产成本的70%。根据联合国粮农组织的数据，从2000—2019年，巴西家禽肉产量从598.06万吨增加到1 351.65万吨，增长126%，年均增长4.39%，占全球产量的11.45%。这一增长既得益于国内市场需求的增长，也得益于巴西作为国际市场上相关供应商的扩张和整合。2000—2018年，巴西禽肉出口量增长了327%，年均增长8.4%，达到410万吨。与2000年的16%相比，2018年的禽肉出口量占总生产量的30%。2018—2020年，巴西禽肉出口小幅波动，出口量保持在40万吨左右，禽肉出口额由2018年的64.00亿美元增至2019年的69.73亿美元，2020年跌至59.90亿美元。巴西目前是仅次于美国和中国的第三大家禽生产国，也是最大的家禽出口国，巴西家禽的出口约占全球家禽出口的 30%，出口至 164 个国家和地区。

2000 年以前，巴西鸡肉出口量均在 100 万吨以下，1997 年仅 64.70 万吨，1999 年为 77.45 万吨。进入 21 世纪以来，巴西鸡肉出口迅速增长，分别于 2001 年、2003 年、2007 年和 2015 年迈上 100 万吨、200 万吨、300 万吨和 400 万吨的新台阶。2015 年巴西鸡肉出口量 422.32 万吨，约占全球的 21.8%，居第一位（图 4-11）。

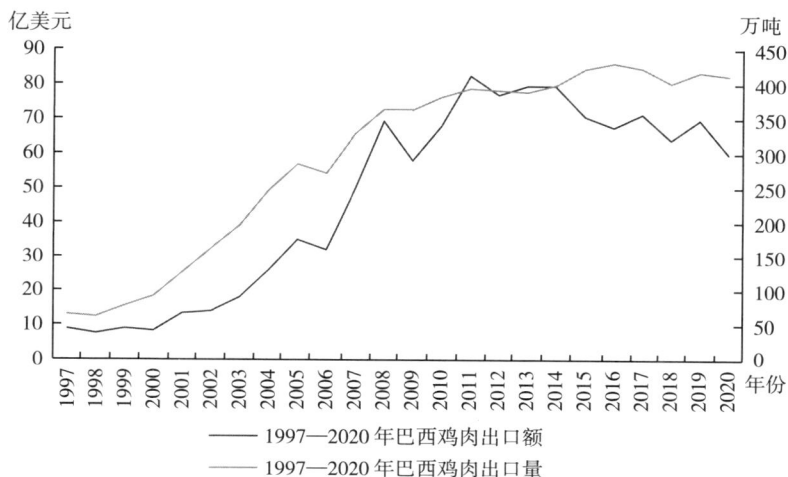

图 4-11　1997—2020 年巴西鸡肉出口额与出口量
资料来源：巴西农业部。

三、主要进口农产品

巴西农产品进口规模较小，主要进口产品有小麦、大米、水产品、果蔬和乳品等。

（一）谷物

2020 年巴西谷物进口额为 29.5 亿美元，约占其当年农产品进口额的 22.6%。巴西进口的谷物主要是小麦和大米。由于纬度原因，巴西大部分地区不适宜小麦生长，需要进口小麦填补国内消费缺口。2000 年以来，小麦进口量基本保持在 600 万吨左右，较高时将近 800 万吨，较低时约为 500 万吨。巴西大米进口主要是弥补国内产需缺口，近年来进口量基本保持在 70 万吨左右。

（二）果蔬产品

2020 年巴西水果和蔬菜进口额分别为 6.0 亿美元和 12.2 亿美元，分别占其当年农产品进口额的 4.6％和 9.37％。近年来巴西水果进口量基本稳定在 50 万吨左右，进口额基本保持在 7 亿美元左右。蔬菜进口发展态势与水果相似，进口量基本稳定在 100 万吨，进口额基本保持在 10 亿美元。

（三）水产品

2020 年巴西水产品进口额为 9.0 亿美元，约占其当年农产品进口额的 6.9％。2000—2013 年巴西水产品进口总体呈增长态势，进口量由 2000 年的 19.5 万吨增至 2013 年的 41.9 万吨，2014—2020 年水产品进口呈缓慢下降趋势，至 2020 年巴西水产品进口量降至 29.7 万吨；进口额由 2000 年的 3.0 亿美元增至 2014 年的 14.5 亿美元，随着水产品进口量的波动下降，进口额也随之波动下降，2020 年水产品进口额降至 9.0 亿美元。长期来看，随着巴西国内水产业的发展，未来水产品进口量有可能继续下降。

（四）乳制品

过去，巴西乳业产不足需，存在一定数量的进口。近年来巴西国内乳业生产发展迅速，乳品进口呈下降趋势。1995—2015 年，巴西乳品进口量由 46.1 万吨降至 13.4 万吨，进口额由 6.4 亿美元降至 4 亿美元。2016—2020 年，巴西的乳产品进口一直在 15 万吨上下波动，预计随国内乳业发展巴西未来乳品进口会进一步降低。

四、巴西农产品贸易市场构成

（一）出口市场

巴西农产品出口市场分布较为分散，主要的出口目的地集中在欧洲、美国及东亚国家。近年来巴西对中国农产品出口持续快速增长，自 2013 年以来中国超过欧盟成为巴西最大农产品出口市场。2020 年巴西前六大农产品出口市场分别为中国、欧盟、美国、日本、韩国和越南，出口额分别为 325.3 亿美元、125.5 亿美元、62.9 亿美元、23.2 亿美元、19.7 亿美元和 19.2 美元，此六大出口市场占巴西 2020 年总出口的 64.39%。如表 4-1 所示，中国、欧盟、美国、日本为巴西稳定的主要出口市场，其中中国、欧盟、美国占据大部分出口份额，此外，俄罗斯、伊朗、中国香港、沙特阿拉伯、韩国、委内瑞拉也是巴西重要的出口市场。

巴西对中国出口的主要是大豆、豆油、肉鸡、牛肉、食糖和棉花；对美国出口的主要是咖啡、酒精、食糖、橙汁、牛肉和胡椒；对日本出口的主要是肉鸡、玉米、咖啡、大豆和橙汁；对俄罗斯出口的主要是猪肉、牛肉、食糖、大豆、肉鸡和咖啡。

表 4-1　2010—2020 年巴西六大农产品出口市场

年份	巴西主要出口市场				
2020	中国	欧盟	美国	日本	韩国	越南
2019	中国	欧盟	美国	日本	伊朗	中国香港
2018	中国	欧盟	美国	中国香港	伊朗	日本
2017	中国	欧盟	美国	日本	中国香港	伊朗
2016	中国	欧盟	美国	日本	伊朗	沙特阿拉伯
2015	中国	欧盟	美国	日本	俄罗斯	沙特阿拉伯
2014	中国	欧盟	美国	俄罗斯	中国香港	委内瑞拉
2013	中国	欧盟	美国	日本	韩国	俄罗斯
2012	欧盟	中国	美国	日本	俄罗斯	沙特阿拉伯
2011	欧盟	中国	美国	俄罗斯	日本	沙特阿拉伯
2010	欧盟	中国	美国	俄罗斯	日本	委内瑞拉

资料来源：巴西农业部。

1. 欧盟

欧盟一直是巴西农产品重要的出口目的地（图 4-12）。巴西作为南方共同市场（简称"南共市"）的重要成员，与欧盟的贸易往来受到南共市与欧盟贸易谈判进程的影响。1995 年 12 月南共市与欧盟签署了《区域性合作框架协议》，决定 2005 年建成跨洲自由贸易区，但 2004 年因在农产品和工业产品市场准入问题上分歧严重，南共市与欧盟中止自贸谈判，2010 年 5 月双方宣布重启自贸协定谈判，但由于谈判双方利益诉求过于复杂，南共市与欧盟的自贸谈判迄今未取得突破性进展。

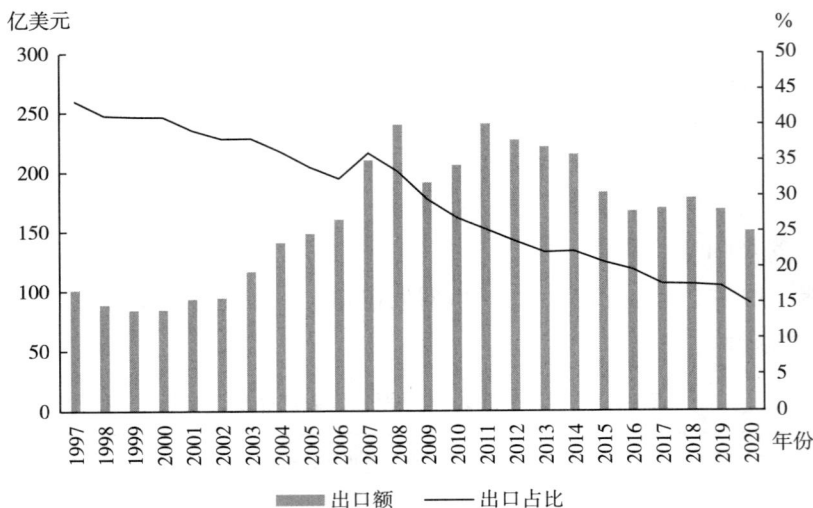

图 4 - 12　1997—2020 年巴西出口至欧盟的出口额及出口占比
资料来源：巴西农业部。

2. 美国

巴西独立后，美国是第一个承认巴西的国家。巴西同美国保持着传统、密切的政治和经贸关系，美国是巴西最重要的贸易伙伴之一。在农产品贸易方面，巴西和美国是重要的贸易伙伴，近二十年来巴西向美国的出口较为稳定。作为世界两大大豆生产国和出口国，巴西和美国也是农产品贸易上的竞争对手（图 4 - 13）。

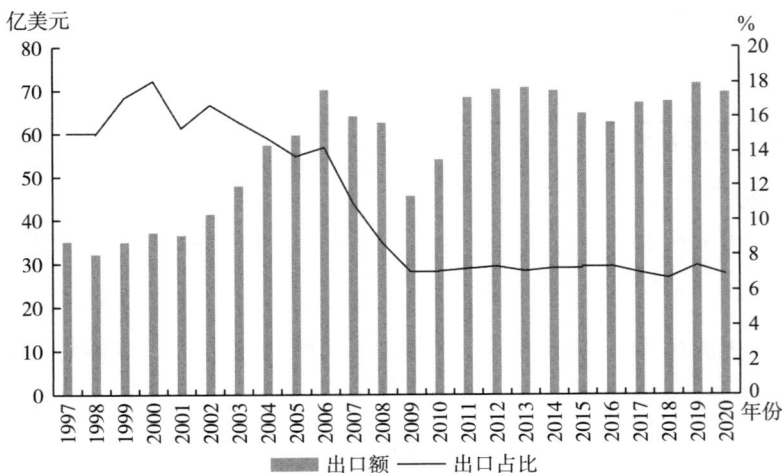

图 4 - 13　1997—2020 年巴西出口至美国的出口额及出口占比
资料来源：巴西农业部。

3. 中国

自中国加入世界贸易组织以来，中国和巴西的农产品贸易额逐年增加，中国也成为巴西农产品最重要的出口目的地之一（图4-14）。巴西与中国的农产品贸易情况在本章第四节详细论述。

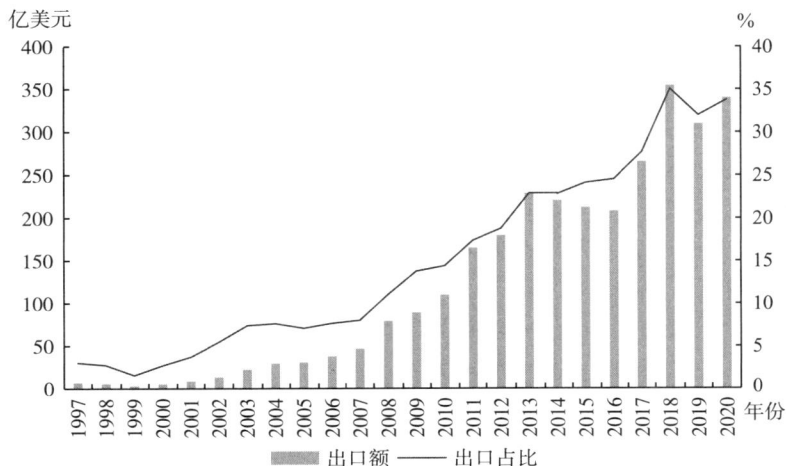

图4-14 1997—2020年巴西出口至中国的出口额及出口占比
资料来源：巴西农业部。

4. 日本

日本由于人口的压力和资源的短缺，19世纪很多日本人移民巴西。早在1803年就有日本人登陆巴西，1892年，巴西通过了第97号法案，允许日本人移民巴西。巴西地域广阔、资源丰富，与地域狭窄、资源紧缺的日本形成互补，加上两国悠久的历史渊源，两国在经济文化上的往来交流很多。在农产品贸易方面，巴西一直以来都是日本的农产品进口来源国之一（图4-15）。

（二）进口市场

作为南方共同市场的成员国，巴西主要的农产品进口来源地基本限于南美国家。近几年自美国和中国的农产品进口有所上升。2020年巴西前六大农产品进口来源地分别为阿根廷、欧盟、美国、巴拉圭、智利和中国，进口额分别为31.83亿美元、25.79亿美元、12.41亿美元、9.66亿美元、8.98亿美元和8.82亿美元，占其农产品进口额的比重分别为24.40%、19.77%、9.52%、7.41%、6.88%和6.77%。前六大进口来源地的进口额占巴西农产品进口总

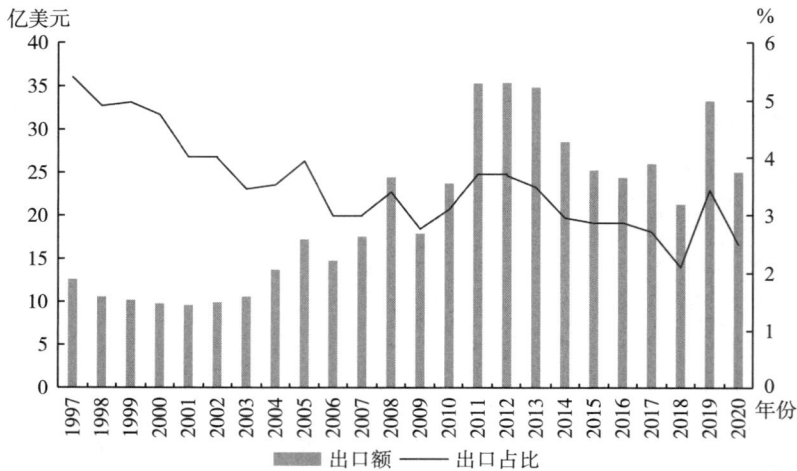

图 4 - 15 1997—2020 年巴西出口至日本的出口额及出口占比
资料来源：巴西农业部。

额的比重基本稳定在 70% 左右，集中度明显高于出口市场分布。

巴西自阿根廷进口的主要是小麦、大麦、麦芽、马铃薯、奶粉以及梨等温带水果；自智利进口的主要是哲罗鱼、鲑鱼等水产品，葡萄酒以及水果；自美国进口的主要是小麦和酒精；自中国进口的主要是鳕鱼等水产品以及大蒜等蔬菜产品；自乌拉圭进口的主要是奶粉、麦芽和小麦；自巴拉圭进口的主要是小麦、大豆和牛肉。

第二节 巴西农业贸易政策及演变

一、巴西农产品贸易政策概述

巴西的农业贸易政策遵循以市场为导向的原则，在农村个人保险的基础上优先实行农村信贷和风险管理措施。政府的价格支持仅限于有限数量的公开交易产品，对低于支持价格的产品进行溢价支付，以保证生产者的收入。

20 世纪 90 年代初，巴西开始推动关税的重大改革，并与阿根廷商讨建立两国之间的自由贸易区。通过这一改革举措，巴西放弃了旧的贸易保护主义而采取更加自由的贸易政策，有助于进一步提高私营部门，特别是农业部门的效率。农业和其他部门的贸易自由化还有很长的路要走，但是贸易自由化的深度很大程度上取决于巴西的贸易伙伴是否愿意进行自由化及多边贸易谈判的结果。

世界经济的发展也促进了巴西贸易政策的改变。乌拉圭回合谈判对可以实施的贸易政策施加了新的限制，同样，诸如南方共同市场的区域协定也对贸易政策规定了其他的限制。除了南方共同市场内的多边贸易，巴西还参与了其他贸易区的谈判，例如南方共同市场与欧盟之间的自由贸易区、美洲自由贸易区（FTAA），与墨西哥签署的合作协议以及其他的双边协议。

巴西农业对社会政策改进的需求很大，包括土地改革和减贫方案。但是鉴于巴西政府面临的财政限制和国际贸易体系的规定，国内支持政策的实施空间不大。结合上述情况，加上巴西在农业和以农产品为基础的产品中具有比较优势的事实，凸显了农业贸易谈判在巴西政府的经济政策议程中具有高度优先地位的事实。

二、巴西与世界贸易组织

巴西自 1948 年 7 月 30 日起成为关税及贸易总协定（GATT）成员，自 1995 年 1 月 1 日起成为世界贸易组织（WTO）成员。

关税税率。据 OECD 农产品市场准入数据库（AMAD）显示，大部分农产品的约束税率为 35%，对于某些农产品，如小麦、玉米、大米、棉花、牛肉和奶制品，其约束关税为 55%。巴西经与其他南方共同市场伙伴达成协议，选择了 35% 的约束关税，这在当时被认为是对外统一关税（CET）的最高值。但后来的南方共同市场内部的农业谈判将最高对外统一关税确定为 20%，大多数产品的对外统一关税为 10%，实际贸易中的实行关税低于世贸组织规定的约束关税。

关税配额。在关税配额方面，巴西对小麦进口设置了 75 万吨的关税配额，小麦的配额内关税为 0，但实际上巴西每年的小麦进口量约为 600 万~700 万吨，该进口关税配额从未实际执行过。苹果和梨有 1 万吨的进口关税配额，配额内关税为 15%。1996 年和 1997 年苹果和梨的实行关税为 10%，1998 年和 1999 年的实行关税为 13%。但因为实行关税低于配额内的税率，这些关税配额并没有实际意义。

保障和反倾销。在保障和反倾销方面，由于巴西未采用关税化程序，无法诉诸 WTO 农产品协定中的农产品特殊保障条款。巴西现已完成了反倾销的立法，并实施了反倾销的措施。1999 年 1 月，巴西农畜联合会（CNA）要求对出口到巴西的牛奶进行反倾销调查。在 2001 年 2 月调查结束时，巴西对从新西兰、欧盟和阿根廷进口的奶粉和全脂牛奶征收反倾销税。

纵观历史，巴西的全球贸易在产品出口、出口公司和出口目的地方面具有明显集中的特点。尽管巴西在与许多不同国家进行贸易，但直到 21 世纪初，巴西对欧美市场的依赖都显示出它在与发达国家达成贸易协定以及旨在开放农业市场的多边谈判中投入了大量资金。巴西在 1995 年正式加入世贸组织，并签订《关税与贸易协定》（GATT），此后巴西的农产品贸易快速发展，1997 年欧盟和美国占巴西农业进出口的一半。

二十年来，尽管出口市场和出口市场的重要性发生了变化，高度集中的出口市场构成仍然是巴西农产品对外贸易的特征。随着 21 世纪以来中国市场的加速开放以及巴西大豆、谷物和矿石的供应增加，巴西与中国之间的贸易流量发生了巨大变化。在短短几年内，中国成为巴西农产品出口的主要目的地。

尽管巴西贸易伙伴的排名发生了变化，贸易差额也出现了类似的变化，出口目的地却仍然很集中。自 1995 年以来，巴西政府一直在寻求贸易多样化，但进展甚微。另外，由于对几个主要出口目的地国家的依赖，巴西的出口集中在低附加值产品上，这给巴西带来了很高的商业经济风险和挑战，巴西需要建立新的双边和区域协定以维持贸易的稳定。

促进多边贸易自由化一直是巴西外交政策的重点，但巴西在这方面一直存在困难，在建立新贸易协定和参与拟议的倡议上犹豫不决。关税同盟协议的僵化导致南方共同市场对共同对外关税的定义更加复杂，南方共同市场成员国就共同贸易政策达成一致存在困难。

由于谈判进程的复杂性，巴西是否能够顺利进入美国、欧盟、日本等地建立的合并市场仍存在争议。英国脱欧后存在与巴西加强合作关系的潜力，以及欧盟与南方共同市场双边协议的成功签署可能为巴西带来一些新的商业机会，但是，关于这些协议的落实仍然存在很多的不确定性。

在过去的贸易过程中，巴西优先考虑与 WTO 等多边组织合作，以及优先选择与南半球新兴国家（南美洲和非洲）结盟，从一定程度上导致了巴西在全球层面的商业孤立。在目前世界上多数国家趋于建立双边优惠贸易协定的驱使下，巴西的贸易政策面临着严峻的挑战，迅速确立战略合作伙伴关系并加快签署贸易和投资协定的需求迫在眉睫。

三、巴西与南方共同市场

巴西参与的最重要的区域协议是南方共同市场。1991 年 3 月 26 日，巴西、阿根廷、巴拉圭、乌拉圭四国总统在巴拉圭首都签署《亚松森条约》，宣布建立南方共同市场（简称"南共市"），该条约于当年 11 月 29 日正式生效，在试运转三年后，1995 年 1 月 1 日南共市正式运行。智利、秘鲁、哥伦比亚、厄瓜多尔、玻利维亚为联系国。南共市成员国间绝大部分商品实行无关税自由贸易，共同对外关税则为 23％。除了创始成员国以外，智利和玻利维亚也是自由贸易区的成员，但它们与南方共同市场没有共同的外部关税。

南方共同市场为各成员国带来了巨大的现实利益。南共市成员国间贸易和对外贸易增长显著。4 个成员国之间的贸易额从 1991 年的 40 多亿美元猛增到 1998 年的 210 多亿美元，平均每年递增 20％。1995 年，南共市和欧盟签署框架协议，计划于 21 世纪初实现两集团间自由贸易，2013 年双边贸易额已经达到 550 亿美元。1998 年 4 月南共市还与安第斯共同体签署了框架协议，力争在 2000 年以前实现两集团间的自由贸易。

南方共同市场成员国和联系国都同属发展中国家，经济结构较为类似，成员国和联系国之间的利益诉求有所趋同，因此也造成了一些利益争端。自 1995 年成立以来，南共市内部的分歧和争端就一直没有间断过。其中以巴西和阿根廷的矛盾最为突出，两国的贸易争端甚至上升到政治层面，直接影响南共市整体目标的实现，阻碍一体化的进一步深化。1998 年，为了应对阿根廷在国际收支方面的困难，南方共同市场国家就对外统一关税进行了谈判，谈判结果导致大多数产品的实行关税提高了 3 个百分点，由先前的 20％提高至 23％。2014 年以来，南共市最大的成员国巴西因本国货币雷亚尔大幅贬值而引发金融动荡，使巴西本国的经济陷入严重困境，也给拉美其他国家带来不利影响，南方共同市场面临着组建以来最严峻的考验。

尽管如此，南方共同市场也为巩固关税同盟采取了重要措施。南方共同市场议会在 2005 年 12 月成立，旨在加强和深化南方共同市场一体化的进程。在南共市同意达成外部关税同盟的同时，南方共同市场委员会决定通过允许成员国拥有例外清单。目前，所有南方共同市场成员国均被授权拥有例外清单，成员国可以对该清单上的产品征收较共同外部关税更高或者更低的关税，而每个国家和地区对例外清单都有不同的规定。巴西被授权可以在例外清单中包含多达 100 个关税细目，并且被允许每六个月修改多达 20％的关税细目，同时，巴西还被允许对资本货物以及信息和电信产品制定特殊关税。

巴西将优惠协定视为多边贸易体系的优先事项，优惠贸易协定在国际贸易中有助于所有成员国实现经济和社会发展的目标。在拉丁美洲地区内，巴西根据拉丁美洲一体化协会（LAIA）的规定参与了各项区域贸易协定。巴西的贸易政策大多围绕南方共同市场的关税同盟而制定，而南方共同市场与所有南美国家都签署了不同程度的自由贸易协定。南方共同市场协议的执行是巴西贸易自由化的重要一步。

除了南方共同市场成员国之间的协定之外，南方共同市场在拉丁美洲一体化协会的框架内拥有广泛的贸易协定，这些贸易协议被称为经济互补协议。南方共同市场已与玻利维亚、智利、墨西哥、秘鲁、哥伦比亚、厄瓜多尔、委内瑞拉和古巴签订了经济互补协议。除了上述在南方共同市场框架内的协议外，巴西还与墨西哥、圭亚那、圣基茨和尼维斯、苏里南签订了双边固定关税优惠协议。除此之外，巴西还参与了非关税问题的谈判。2016 年 4 月，巴西与秘鲁签署了《扩大经济和贸易协定》，内容包括投资、服务和政府采购。

2019 年，巴西曾尝试提出将南共市的对外共同关税减半。2021 年 2 月，巴西政府正与南共市成员国就下调关税方案进行磋商。巴西经济部相关人士表示，本年度目标是下调 20％的共同关税，如无法与其他成员达成一致，巴西将独自下调关税。目前，南共市统一对外关税平均税率为 13.5％，部分产品关税水平更高。例如食品中的葡萄酒，关税达 27％。巴西希望将平均关税水平降至 6.4％。

2019 年 6 月，历时 20 年的欧盟—南共市自贸谈判协定谈判结束，承诺在未来 5～15 年逐步减少现有关税水平。涉及农产品贸易的主要有，欧盟将对南共市成员国减少 95％的进口关税；双方对配额内的红酒、巧克力、酒精类饮品、气泡饮品及奶酪等实行零关税；南共市成员国每年出口欧盟的 9.9 万吨牛肉享受免关税待遇。欧盟—南共市自贸谈判协定将有利于南共市成员国，特别是巴西农产品出口到欧盟国家。

第三节 中巴农产品贸易

一、中巴农产品贸易发展历程

自 1993 年中国与巴西建立战略伙伴关系以来，中巴经贸关系呈现持续稳定增长的局面，自 21 世纪以来，中巴农产品贸易规模逐步扩大。中国 2001 年加入世界贸易组织，增加了对外界的开放度，在世界贸易组织和两国的积极推动下，中巴农产品贸易额从 2001 年的 8.01 亿美元增加到 2008 年的 92.53 亿美元。由于 2008 年全球经济危机，2009 年中巴农产品贸易额下降至 87.29 亿美元。2009 年全球经济开始逐步复苏，金砖国家合作机制得以启动，中巴两国利用金砖国家合作机制从双方的资源互补中受益，积极扩大农业领域的合作。

从 2009 年至 2013 年，两国农产品贸易进入加快发展阶段，从 2009 年的 87.29 亿美元增加到 2013 年的 235.49 亿美元，年均增长 28.57%。中巴贸易总额在 2014 年、2015 年和 2016 年连续三年下降，但巴西对中国出口的农产品在其农产品总出口中的比重仍小幅度增长，从 2013 年的 26.13%，2014 年的 26.19%，2015 年的 24.10% 增至 2016 年的 27.80%。中巴农产品贸易额占巴西农产品贸易总额的比重不断提高，两国贸易关系不断深化。2017 年两国农产品贸易额再次增加，从 2016 年的 197.37 亿美元增至 2017 年的 247.30 亿美元，中巴农产品贸易展现出良好的发展前景。

二、中巴主要农业贸易产品

在过去的 50 年中，巴西和中国的农业和食品部门经历了深刻的改革和转型。中国和巴西均列居全球四大生产国和出口国之一，是全球农业未来格局中的重要参与者。迅速加强的贸易和投资关系意味着中国和巴西在农业领域的联系日益紧密，中国已成为巴西农业综合企业中越来越重要的投资者。中国是巴西农产品出口的主要目的地，占巴西农产品近 1 000 亿美元出口额的三分之一，而农产品占巴西对中国出口总额的一半。如今，巴西已成为中国农产品的主要供应国（占中国进口的近 20%），并且在大豆、牛肉、家禽、棉花、糖和纤维素乙醇的贸易中排名第一。

（一）大豆

2000 年，中国大豆进口首次突破 1 000 万吨，其中 180 万吨来自巴西，也是在这一年，巴西大豆出口首次超过 1 000 万吨大关。在 2018 年和 2019 年中美贸易摩擦期间，巴西对中国出口大豆约 6 000 万吨，约占中国大豆进口总量的 70%。2020 年，巴西 60% 的大豆出口到中国（图 4 - 16）。

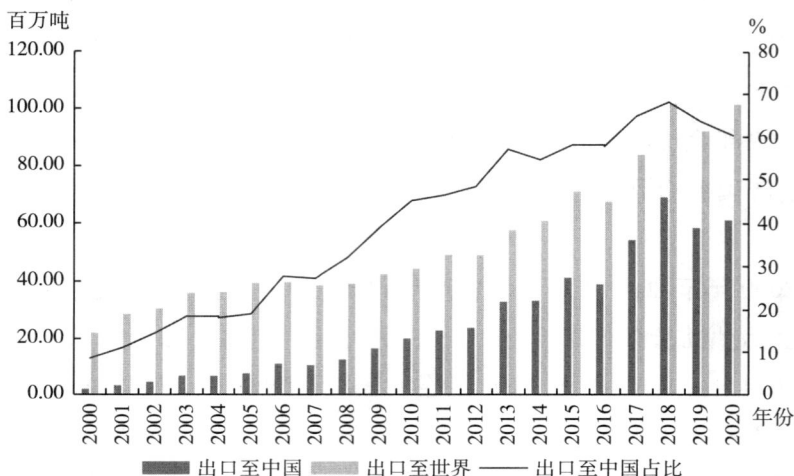

图 4 - 16　巴西大豆出口量
资料来源：Agrostat 数据库。

巴西农业综合企业在 21 世纪的显著增长与中国经济的快速发展吻合，中国城市化进程加速和人均收入的提高使中国对农产品的需求大大增加，这直接反映在中巴贸易关系中。

以上数据反映了中国在巴西大豆贸易中扮演的重要角色，一方面，中国进口的快速增长降低了巴西大豆的市场风险，另一方面，巴西大豆生产和出口的快速稳定发展已成为中国保障粮食安全的关键因素。2000—2020 年，中国正处在城市化进程中，随着收入的加速增长，出现了新的蛋白质密集型的消费模式，由此拉动了中国对大豆的进口需求。

根据 Agrostat 数据库的数据，2000 年中国占巴西农业综合企业出口额的2.7%，是巴西的第五大贸易伙伴（仅次于欧盟、美国、阿根廷和日本）。2014 年，中国成为巴西农业综合企业出口的主要目的地，并在随后的几年中保持了这一地位。目前，中国占巴西在国际市场上贸易额的 35％，其次是欧洲（17％）、亚洲其他国家（17％）和中东（9％）。但是，从巴西到中国的出口产品范围始终非常集中于大豆及其制品，主要是大豆。

（二）食糖

中国由于人口众多且耕地数量较少，在未来几十年中对几种进口商品的需求可能会大幅增加，糖肯定是这些进口商品之一。根据美国农业部 2019 年的数据，中国是仅次于印度尼西亚的世界第二大食糖进口国，中国每年消耗大约 1 500 万吨糖，中国国内生产仅能满足三分之二的食糖需求，这意味着中国对进口糖的需求量接近 500 万吨。近年来，中国一直是巴西食糖的主要目的地，2011—2016 年，巴西每年向中国出口食糖平均约为 250 万吨，占巴西食糖总出口量的 10％。

中国是世界食糖需求增长潜力最大的国家之一，人均年消费量约 11 千克，比世界人均年消费量（23 千克）低 50％，但中国的食糖平均消费增长率一直是世界平均水平的三倍。随着中国于 2017 年采取更高的食糖进口关税形式，巴西在中国进口商品中的贸易份额急剧下降。由于提高关税的保护措施在 2020 年取消，两国之间的贸易再次加强。实际上，更加开放的贸易往来将确保中国人获得来自全球的优质廉价产品，并且使贸易双方同时受益。

（三）乙醇

中巴农业合作的另一个重要机会在于乙醇。中国对进口汽油存在大量需求，而且面临减少温室气体排放和限制污染物的需求，因此，汽油—乙醇混合燃料的消费有很大潜力。汽油—乙醇混合燃料的大规模应用将给环境、公共健康和中国经济都带来巨大好处。在经济方面，大规模使用生物燃料有助于减少中国对进口石油的依赖。中国对乙醇的消费增长一部分将由国内生产来满足，另一部分由进口乙醇来满足，主要进口自美国和巴西这两个最大的乙醇生产和出口国。中国中粮集团自 2016 年以来一直在巴西开展糖和乙醇的生产投资，如今中粮集团已跻身巴西十大甘蔗生产商之列，主营糖和乙醇的生产，并供应给中国。

中国已经在扩大能源消费结构中生物燃料的比例，这是中巴技术和经济合作的明确机会，将为两国带来贸易和投资的多项收益。

（四）禽肉和猪肉

中巴鸡肉贸易从 2010 年开始不断加强。2010—2018 年巴西对中国的家禽贸易量增长了 3.5 倍，使巴西成为中国禽肉的主要供应商之一。巴西猪肉出口从 2016 年开始增长，中国遭遇非洲猪瘟疫情以后，2019 年巴西出口中国的肉类激增。中国是巴西鸡肉和猪肉的主要出口目的地之一，出口额占比分别为 14.0% 和 32%。根据巴西动物蛋白协会（ABPA）的数据，目前有 46 个家禽屠宰单位和 16 个生猪屠宰单位获得中国出口授权。

三、中巴农产品贸易的机遇、前景

巴西是南美洲最大的国家，拥有丰富的农业资源，而中国对农产品的需求巨大，从长远来看，中国不会单纯依靠国内生产来满足其粮食需求。如何利用双方的禀赋条件，加强中巴农业合作，对中国经济发展和粮食安全具有重大战略意义。

（一）中巴农产品贸易合作机遇

1. 中巴农业发展呈现高度互补性

近年来，中国和巴西在农产品贸易领域建立了良好的业务联系和互信关系，而基于两国农业比较优势上的差异，使得农产品贸易进一步扩大。中国有 2 亿多农户，农业劳动力资源相对丰富，但人均耕地面积不足 1.35 亩，主要农产品是劳动密集型产品。巴西作物种植面积约 5 600 万公顷，且巴西气候适宜，大多数地区的年降水量超过 1 200 毫米，即使在某些没有灌溉条件的地区，农作物也可两季种植，因此在土地密集型产品上具有比较优势。此外，巴西在咖啡和可可等热带农产品方面具有优势。在经济和技术实力方面，两国都处于积极的发展轨道，且中国在农业科技发展方面具有更大的优势，因此，从农业生产资源的角度看，中国和巴西具有很强的互补性，两国之间在农业方面的双边贸易具有巨大的发展潜力，两国扩大农业贸易和投资将会是双赢的局面。

2. 全球和中国农产品需求强劲增长

根据亚太经济合作组织的预测，2018—2028 年，全球对农产品的需求将继续增长，大豆、玉米、禽肉和猪肉的需求预期分别增长 16％、13％、15％ 和 7％。巴西和中国将是影响世界农产品市场动态的主要参与者。一方面，巴西是农产品的国内市场和国际市场的重要供应方。从未来 10 年预期出口增量看，预计巴西将供应出口增量中 66％ 的大豆，40％ 的玉米，42％ 的家禽和 17％ 的猪肉。另一方面，中国提供了强劲的农产品需求，是需求增量的重要推动方。

3. 中国面临的贸易环境为巴西扩大贸易创造机会

中巴两国在农业综合企业部门之间的合作关系面临巨大机遇。中美贸易争端和非洲猪瘟给中国猪肉生产恢复带来的卫生风险可能会为巴西进入中国肉类市场打开一个窗口。如果巴西成功巩固了其作为中国家禽、猪肉和牛肉的供应商的地位，巴西将成为在亚洲的重要农产品供应商，实现除大豆以外的多样化产品组合并对其他利益相关者产生影响。

（二）中巴农产品贸易合作的问题

农业作为两国合作的主要领域，在促进社会发展和经济增长中发挥着重要作用，近年来两国政府采取的相关农业政策进一步促进了两国关系的深化。但是，与此同时，中巴农业合作仍然面临一系列的问题和挑战。例如，中巴在农业领域的贸易往来具有很强的同质性，多为中国从巴西进口初级农产品并投资于巴西此类农产品。中国的国有企业参与巴西市场的农业投资，私有资本需要有更多的机会进一步进入巴西市场。在贸易政策方面，尽管两国的政策在某种程度上都支持农业合作，但在实施方面仍然存在一些限制，农业合作进一步发展仍面临困难。

1. 关税壁垒

巴西对华出口农产品中，大豆以外的其他产品的出口也表现突出。牛肉、禽肉、猪肉、木浆和棉花在中国市场上的表现尤其突出。但是，巴西主要农产品出口的关税率差异很大，木浆的出口关税为 0，而糖的关税率则高达 50％。无论是就关税的平均值还是加权平均值而言，农产品的关税均高于其他行业产品的关税，达到了 65％ 的关税峰值（图 4 - 17）。

对巴西具有战略意义的产品，如大豆和咖啡，以及关税较低的木浆，都受到中国进口关税根据产品加工程度递增的不利影响。除了农产品关税升级政策，玉米出口还受到中国关税配额制度的影响。

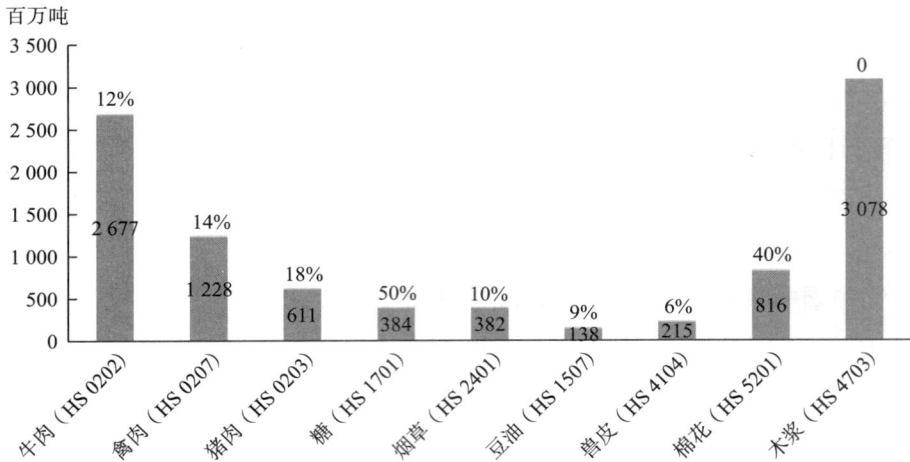

图 4-17　2019 年巴西对中国的主要农产品出口额与关税税率（除大豆）

资料来源：中巴农业与粮食安全伙伴关系 . 2020。

关税政策也受到优惠和区域贸易协定的影响。关税在双边或区域贸易谈判中是首要谈判内容，通常在达成贸易协定时首先要降低或取消关税。在这方面，与智利、墨西哥和南非等出口农产品的发展中国家相比，巴西处于不利地位。由于缺乏"出口文化"以及南方共同体市场共同对外关税导致的障碍，巴西在双边和区域贸易协定的谈判中往往进展缓慢。一方面，阿根廷、巴西、巴拉圭和乌拉圭需要对第三国采取相同的贸易政策；另一方面，中国正在继续扩大其广泛的贸易协定网络，在这样的情况下，采取措施正式加强巴西与中国之间的贸易和投资关系，以建立更具持续性的未来伙伴关系显得尤为重要。

2. 非关税壁垒

除关税外，巴西等农产品出口中国也面临着中国市场的非关税壁垒。这些壁垒既有技术性的，如 WTO 的《技术型贸易协定》和《卫生和植物检疫措施应用协议》，也包括其他非关税壁垒，如国营企业的贸易管理、价格管制和关税配额。巴西具有战略重要性的许多农产品均由国营企业控制，如小麦、大米、玉米、糖、肥料、棉花和烟草。一些产品也受到关税配额的限制，如小麦、大米、玉米、糖、肥料、棉花和羊毛。关税配额的影响因其管理方式而异，主要差异在进口许可证的分配方式上。国有企业通常控制部分配额，其余配额留给非国有公司，这一分配系统缺乏透明的分配进口许可证的标准。

技术、卫生、植物检疫以及最近的环境标准越来越多地影响着贸易谈判和农业贸易。这些标准涉及有关生产系统、产品及其包装的固有和非固有特性的要求。与产品加工、作物管理、病虫害传播风险、农药污染、标识、包装类型、环境和社会标准、投入品使用强度、生产和消费中产生的污染有关的问题可能构成市场准入的潜在障碍。因此，这种贸易壁垒往往比关税壁垒和非关税壁垒（例如配额和价格控制）更为复杂，因为它涉及消费者的健康问题、环境问题等，这些措施的复杂性还扩展到它们的科学依据、关于其合法性的讨论以及对其影响的评估。即使巴西政府大力参与自由贸易区的谈判，在技术、文化上的挑战也仍然存在，在商定的降低关税壁垒的期限之后，市场准入将有可能大大放缓。

食品技术和卫生问题已经导致中国与巴西之间发生贸易争端。2004 年4 月，由于大豆中含有经过杀菌剂处理的产品，中国封锁了巴西大豆的进口，类似事件 2008 年再次发生。2007 年，因为口蹄疫风险的存在，中国禁止了巴西牛肉入境。2012 年，因为在巴拉那州出现的疑似牛海绵状脑病（BSE）最终被确认为非典型病例，中国再次对巴西牛肉实行禁运。美国因在巴西牛肉中发现脓肿而禁止巴西牛肉的进口，中国也因此将巴西牛肉列为需要进一步检疫的产品。

牛肉和猪肉行业受到卫生检疫和环境要求的影响最大。近年来，尽管巴西批准了用于猪肉和牛肉出口的屠宰场，但由于技术、卫生和行政管理方面的问题，巴西对中国的猪肉和牛肉出口曾因为卫生纠纷而中断。

中国于 2001 年颁布了《农业转基因生物安全管理条例》并于 2017 年修订。该条例规范了由转基因生物生产或含有转基因生物食品的进口。这些转基因产品需要获得国家质量监督检验总局的技术认证才能进入中国市场。但巴西在出口认证的工厂和转基因生物的生产商的批准过程中缺乏透明度，使得一些产品进入中国市场具有限制性，受影响的产品包括肉类、大豆和玉米。

2017 年开始，中巴两国对卫生和植物检疫的谈判达成了一些具体的认证协议，关于建立牛肉、猪肉、家禽、烟草、玉米和宠物用品的双边协议的谈判仍在进行中。巴西还寻求就改变对华出口实体的认证方式进行谈判，寻求猪肉、禽肉和牛肉生产商的预先清单。加工肉类的出口协议也在谈判中。

3. 中美达成贸易协定增加巴西对华出口的不确定性

中美两国签署的贸易协定给中美两国的贸易伙伴带来了不安全感。目前，巴西全球总出口量四分之一的目的地为中国，且农产品贸易占比较大，由于单一商品的贸易集中度高，巴西也面临着较大的商业风险。自 2017 年以来，美国对从中国进口的许多商品加征关税，作为反击中国提高对美国农产品关税，于是中巴双方都对巴西可以替代美国成为中国的大豆和其他产品的第一大供应商给予了很高的期望，巴西对中国的大豆出口量增加。然而，随着中美两国在 2019 年末达成贸易协定，中美两国的贸易协定涉及的贸易流量已间接影响许多第三国的贸易收入，巴西的出口遭受挑战。

（三）中巴农产品贸易前景

要降低巴西对华出口的不确定性，关键要增加巴西对华出口产品的多样化和差异化，抓住中国贸易开放和消费模式升级带来的关于高附加值产品的商业机会，发展和加强其他农产品的贸易地位，以减少对大豆的出口依赖。巴西在以下几个领域有望开拓和增加对华出口。

1. 肉类

不断增长的肉类出口表明，尽管物流和市场准入对国际竞争力带来了不利影响，尽管肉类产品受到关税和非关税壁垒的限制，但仍存在进行新投资的可能性。随着巴西牛肉、猪肉和禽肉行业的国际化，不同消费喜好的消费者的需求都能得到满足。非洲猪瘟暴发为巴西创造了暂时的机遇，但最终重要的是利用好巴西在肉类生产中饲料相对便宜的优势，从而降低肉类的生产价格。

根据亚太经合组织数据库 2018 年十年期预测，全球人均牛肉年均消费量接近 6.4 千克，欧盟国家的人均牛肉年均消费量超过 10 千克，在巴西和美国，这一数字接近 25 千克，而在中国，这一数字仅为 4 千克左右。因此，如果中国和巴西可以就共同的卫生、植物检疫和环境标准达成一致的话，巴西生产商有可能部分满足中国对牛肉和其他动物蛋白类产品未来需求的增长。

2. 乳制品和鱼类

乳制品和鱼类也是与中国贸易关系中可能发展的领域，尽管在传统上来说，巴西在这些行业没有很强的竞争力，但已经取得了长足的进步，如今，巴西乳制品和鱼类生产链的目标是国外市场。就像水果一样，乳制品可以通过差异化和多样化来形成利基市场。尽管乳制品可能不会像大豆一样通过规模经营来获得大额利润，但可以从增加产品的附加价值和独特的消费者偏好中获益。

3. 能源

能源生产是另一个极具潜力的领域，它通过降低能源成本使其他经济部门更具竞争力。通过广泛使用水力发电，巴西拥有相对可再生的能源矩阵，在甘蔗乙醇生产领域也拥有丰富的资源。通过开发第二代生物燃料，巴西的乙醇行业日趋活跃。而中国已成为全球最大的太阳能技术出口国之一，凸显了中巴在能源方面建立合作伙伴关系的潜力。

除了可以通过贸易或直接投资获得收益的行业外，巴西和南方共同市场还需要加速推动与中国达成贸易协定。南方共同市场的建立消除了成员国之间的关税和贸易限制，但是，共同对外关税要求成员国对来自非成员国的进口产品实行统一的共同对外关税，也限制了巴西与其他国家缔结贸易协定的灵活性。贸易自由化的进展与集体谈判挂钩，这限制了巴西在建立新贸易协定时采取独立行动的可能，协调巴西自身利益和南方共同市场伙伴的利益是巴西在贸易谈判中的重大战略性挑战。此外，为了获得主要来自中国的国外直接投资并从中获得可持续的收益，巴西还必须开拓吸引外商投资的创新手段。目前，巴西在吸引外国直接投资方面，尤其是在农业食品领域，一直相对被动，一些中方企业也对投资巴西农业缺乏信心。

第五章 CHAPTER 5
政府管理与农业政策 ▶▶▶

第一节 政府管理与服务

一、政府农业主管部门及职能

在巴西，主管农业的部门为农业、畜牧业和食品供应部（MINISTÉRIO DAAGRICULTURA，PECUÁRIA E ABASTECIMENTO），简称"农业部"，主要由专职部长领导。根据巴西农业部官网在 2020 年发布的农业管理部门日志，可以将农业部门组织结构用图 5-1 说明。

巴西的农业、畜牧业和食品供应部主要由国务部长及其职员、部门下属机构、职能机构、学术机构和一系列附属机构（上市公司、独立机构、混合经济学会）组成。部长的主要职员是他的 12 个顾问，其中特别顾问 8 位，技术顾问 2 位，其他顾问 2 位。部长的下属机构有行政处、部长内阁、社交活动专项咨询处、政府和机构关系专项咨询处、内部控制专项咨询处、审计处以及法律处，主要负责整个部门的行政事务以及各机构之间的协调整合。农业部的主要职能机构有土地事务司，农业政策司，农牧保护司，渔业司，家庭农业与合作司，改革、农业发展与供水司，贸易与国际关系司和林业司，这些职能机构各司其职，保证各个领域的正常运转。农业部还拥有学术机构保证农业部门决策的科学性与进步性，这些机构由各个委员会组成，它们分别是州际农业安全管理委员会、育马协调委员会、资源委员会、咖啡委员会、渔业委员会、农业政策委员会、收成保障委员会、家庭农业价格保障委员会、农村可持续发展委员会和巴西国土调查与解释战略委员会等。该部门下还有一些十分特殊但很重要的相关实体，其中包括殖民与土地改革所在内的独立机构，由国家商品供应公

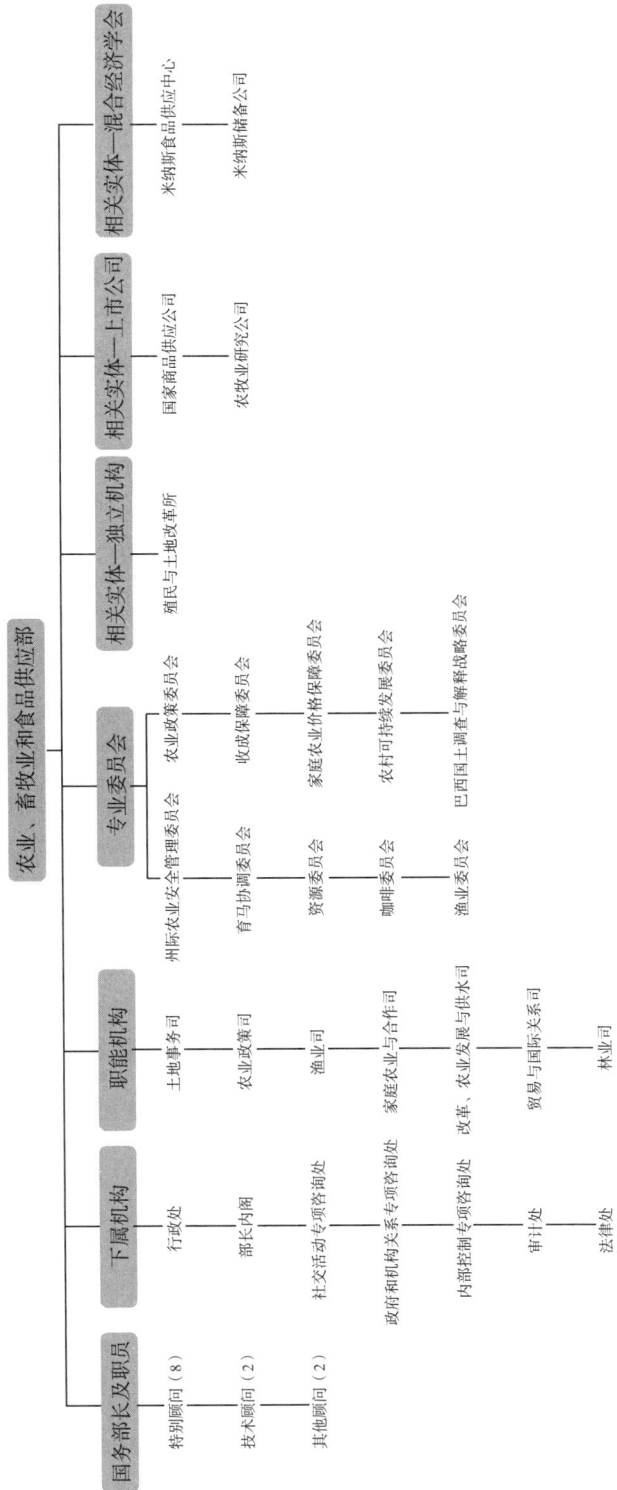

图 5-1 农业部基本结构

司和巴西农牧业研究公司组成的上市公司，还包括米纳斯食品供应中心和米纳斯储备公司在内的混合经济学会。

二、各组织机构的主要职能与服务

（一）农业部职能与服务概述

农业、畜牧业和食品供应部是联邦直接公共行政机关，他所涉及的职能和服务范围广泛。作为国家行政部门，其首要职责是农业政策的制定和实施，包括生产、销售、农业保险、物资供应、仓储和最低限价保障等环节和领域。农业部还负责包括农业、畜牧业、农村工业、农村能源、人工林、水产养殖和渔业在内的产品生产和推广，国家渔业和水产养殖政策制定与实施，管理水产养殖和捕捞的资源和许可证及其授权。农业部还要考虑到农产品监管和库存的战略性安排，对各农场信息进行管理，对农业动植物的保护和食品安全进行有效监管。还负责农业、畜牧业、林业、水产养殖、渔业和农村工业的研究工作，养护农业和食品有关的资源。

农业部还要为农村地区提供技术援助和农产品的推广与宣传，为可持续的农村发展提供动力。它还需要根据区域发展需求为农牧业生产提供灌溉和水资源基础设施，并提供用于农业的天气和气候资料。农业部也负责家庭农业政策及其促进措施的制定，为家庭农业的发展出谋划策。土地改革、农村土地调整等改革举措也由农业部提出并监督实施。农业部还提供农业、畜牧业生产过程、农林复合系统和水产养殖的水土保持和管理服务；协调农业、畜牧业、水产养殖业和渔业的沟通与合作；促进农村能源和农业能源供给，提高农村的电气化程度。农业部还会就农业、畜牧业、水产养殖业和渔业相关议题的国际谈判以及农药活动进行登记造册。

（二）部长下属机构职能与服务

部长直接下属机构较多，它们分工明确，互相合作，互相促进，互相监督。其中行政处的职责是协助部长制定政策，监督和协调该部其他机构的活动，并在其职权范围内参与缔结、监测和审议协约、合同、伙伴关系和合作条款等文书并且追踪其执行情况；它还具有明确和促进中央政府与国有企业及其他经济实体之间互动的作用，以改善农业部的管理和治理环境。部长内阁的主要职能为协助部长使其有效行使职权，适时为部长提供咨询意见，推动与部长议程有关的活动，协调并监督各个下属机构开展活动，协调部属以上单位的专项立项、实施和评审工作，以及与行政处一起支持财政部及其筹集国际捐款或资金的战略。社交活动专项咨询处主要负责一些宣传工作，例如根据联邦政府中央机构的指导方针，规划、协调和执行该部的媒体活动，就与媒体的关系向部长提供咨询和指导意见。政府和机构关系专项咨询处负责编写政治和体制性质的研究报告以及协调议会修正案和国务部长分配给它的方案的执行等责任。内部控制专项咨询处不仅直接在管控能力、风险、透明度和管理廉政方面向国务部长提供咨询意见，向执行秘书、司长和国务部长任命的董事会和委员会代表提供技术指导；还负责支持部级对相关实体及其内部审计单位的监督，包括对工作规划和结果的监督以及协调处理该部负责单位与国家内外部控制和防卫机构之间的道德、听证和纠正问题。审计处主要行使对权力滥用的监督和惩戒职能，裁决对公务员和雇员的纪律处分程序，并在警告或停职长达 90 天的情况下实施处罚。法律处的职能大多与法律相关事务有关，主要是在部门内提供法律意见和建议，编写提交国务部长的立法提案，并审查其合宪性、合法性以及与法律秩序的一致性。其拥有对宪法、法律、条约和其他规范性法案的解释权，在没有联盟总检察长的规范性指导的情况下，该部的业务应得到统一遵循。

（三）农业部职能机构职权与服务

　　农业部的职能机构由职权明晰的各个司构成。土地事务司主要负责制定、规范和监督土地政策、改革和用途等方面的行为准则；在其职权范围内缔结行政合同、协约、伙伴关系和合作条款等类似文书。它还负责监管其职权范围内的土地活动。农业政策司的主要职责在于为农业政策和粮食安全制定政府行动指南，分析和制定农业部门的管理建议和法案。它与行政处的职权有所重叠，但它的职权范围更广。它负责对一些经济政策（如农业生产体系、农村信贷、农村保险、农牧业区划等）的影响开展研究、诊断和评估并分析部领导制定的行政制度对经济的影响；它还与农业部其他机构一起参加农业贸易政策的讨论，协调对巴西农业前景的研究和农业部的行动方针。农业保护司的主要职能包括确保实现法律中规定的对动植物保护的目标；计划、规范、协调、监督和监管与动物福利有关的活动；在边境、海港和河港、国际机场和特别海关站协调和执行与进出口有关的农牧业防务活动；和与动物保护有关的其他机构一起，拟定提案并参与有关动物保护的国际协定、条约的谈判以及在该部内开展与转基因生物有关的活动等。渔业司负责制定和规范国家水产养殖和渔业政策的政府行动指南，制定渔业资源和水产养殖可持续利用的标准和措施，并在可持续性的指导下批准渔船及其作业的租赁和国有化，授予在国家领土内从事水产养殖和各种捕鱼方法的许可证明，提供开展水产养殖和渔业研究的技术资料，以及促进基础设施和系统的现代化和部署等。家庭农业与合作司的主要职能为起草政府关于家庭耕作和相关的技术援助以及农村推广的行动指南；提出、规范、计划、鼓励、指导、协调、监督和评估部门内与家庭农业、土改安置、城市和郊区农业、用于生产性项目的农村基础设施有关的活动。该司还致力于提升农业生产力和提高农民收入，为农村地区的减贫做出贡献并管理农户名册。改革、农业发展与供水司的基本职责是制定农村发展公共政策，促进其与其他公共政策相结合；在国家法律指导下制定国家灌溉政策并且承担巴西国家土壤计划战略委员会的执行秘书处的职责。贸易与国际关系司负责拟订农业对外贸易政策和方案并代表农业部参加有关农业、畜牧业、水产养殖和渔业的国际谈判；在双边、区域和多边框架内分析和监测关于农业、畜牧业、水产养殖业和渔业的国际法、外部融资和对外贸易政策的审议情况；参与和监督贸易防御措施的制定和实施；分析农业、畜牧业、水产养殖业和渔业产品外部市场的形势和趋势，与联邦政府其他机构、实体以及私营部门合作，支持制定促进农业、畜牧业、水产养殖业和国家渔业的战略等。林业司的主要职能为管理国家森林系统和森林发展基金，支持研究和制定技术援助方案以执行森林活动，促进可持续木材服务和非木材服务业的实践，在可持续的基础上部署森林种植园和农林复合系统，以符合社会需要的方式制定和提出可持续森林生产计划，管理环境保护区等。

（四）农业部下属专业委员会

农业部下属有十大专业委员会，他们各自按照巴西法律的规定履行职责。州际农业保险管理委员会的设立主要是为了确保有关农业保险相关的法律法规的有效执行，包括行政部门有权以特定法案的形式，按农业保险费的百分比或价值给予经济补贴，农业保险应与私人保险监管局（SUSEP）以现行法律形式授权经营保险业务的公司签订合同，对经济补贴的处理方式必须从政策、承保风险的性质和利益保险人等方面维护农业生产者的自由选择权。育马协调委员会是负责协调、监督和指导该国马术活动的机构。该委员会可以寻求联邦、州和市政府机关以及直接或间接参与马品种改良的私营实体的合作，以实现马品种的多样化和濒危马种的保护，还可以与农业部、国家农业国防部进行技术合作，并在其现有资源范围内提供财政资源，用于诊断、根除和控制影响马科的疾病。各类由马术、赛马等形式获得的收入都应按一定比例上交给该委员会以保证其职能的正常运行。特别上诉委员会的职权十分清晰，主要是在行政案件中，负责裁决"农业推动保障计划"（PROAGRO）所涉损失及补偿的相关上诉。咖啡委员会的主要职能包括制定咖啡收获计划和出口绿色、可溶性、烘焙和研磨咖啡在内的生产计划，执行咖啡的农艺、商业和作物估算项目，实施旨在维持出口和国内消费咖啡供需平衡的行动，与咖啡业领域的官方或私营机构建立国家和国际的技术和财政合作以及制定咖啡储存和管理政策等。渔业委员会是一个具有咨询性质的合议机构，其目的是提议制定公共政策，以促进各级政府与民间社会组织的沟通协商并在国家领土内发展和促进水产养殖和渔业活动。

农业政策委员会主要负责农业政策的调整和变更，促使农业政策目标的达成。它负责管理农业政策的实施，以目标为导向，根据现有可利用的资源，确定农业指导方针计划中的优先事项；对农业和土地改革部制定的最低价格保护政策支持的产品清单提出意见并对农业和土地改革部确定每种产品、类型和地点的最低监管和战略库存量提出建议，这个过程中要同时考虑来自政府和私营部门的信息。收成保障委员会的职权主要是保障因干旱或水涝而大面积遭受作物损失的市镇农民的最低收入；在法律规定的限度以及预算和财政许可的前提下每年确定农民的贡献价值和收益价值；根据各州不同情况，对联邦、各州和各市的普通拨款和额外拨款做出提案；促进、鼓励和界定州和市政府当局的参与度，参与利益相关方的实施、登记和维持阶段，并且参与福利金发放的执行和评估。家庭农业价格保障委员会的设立与巴西的家庭农业价格保障计划（PGPAF）息息相关，该计划是在国家加强家庭农业计划（PRONAF）范围内承包的经营活动中制定的，其目的是在农业主体向金融机构分期偿还或结算其信贷业务时，确保家庭农户在去除生产成本外能获得收益。该委员会主要负责确定决定 PGPAF 的家庭农业产品的生产成本和市场价格的方法和不同地区价格权重；向国家货币委员会提交 PGPAF 的操作建议并供其审议，包括每次收获的农产品、信贷模式、每年给予每个农民的奖金限额或融资折扣的最大百分比、每一农业年度 PGPAF 覆盖产品的担保价格、每种产品的保证价格所涵盖的区域计算期、有效期以及用于计算和发放奖金的方法等；规定国家商品供应公司（CONAB）和管理委员会执行秘书处披露市场和担保价格信息的形式。农村可持续发展委员会主要负责根据土地改革、土地重组、家庭农业和其他与农村可持续发展有关的公共政策所设立的目标和指标，补充制定结构化的公共政策，以实现巴西农村的可持续发展。

（五）农业部相关实体的职能和服务

巴西农业部还包括三类相关实体，分别为一个独立机构、两大上市公司和两个混合经济学会。由于这些机构在某种程度上还属于市场经济主体，因此它们承担的职能较为特殊，提供的服务也更具多样化。本节主要介绍巴西国家商品供应公司（CONAB）、巴西农牧业研究公司（EMBRAPA）、巴西米纳斯储备公司（CASEMG）以及米纳斯食品供应中心（CEASAMG）。

巴西国家商品供应公司（CONAB）是一家上市公司，起源于三个公司的合并，分别是巴西粮食公司（Companhia Brasileira de Alimentos，Cobal），巴西生产融资公司（Financiamento daProdução，CFP）和巴西生产公司（Companhia Brasileira de Produção，Cibrazem）。这三家公司分别负责商品的生产、供应和仓储。目前，CONAB 由巴西联邦政府运营，负责管理农业和供应政策，目的是确保满足社会的基本需求，维持和刺激市场机制，促进粮食和营养安全。CONAB 的具体工作包括：紧急援助、国际人道主义援助、篮子捐赠、篮子分发和柜台销售，重点是实现每个人在任何时候都能获得优质食品的权利，必须在不影响获得其他基本需要的情况下，提供足够数量的食品。CONAB 还必须以促进健康的饮食习惯为基础，尊重文化多样性，并在环境、文化、经济和社会上实现可持续。CONAB 在其机构职权范围内，加强针对家庭农业的公共政策，例如粮食收购方案（PAA）；通过公共电话进行机构采购，向特定群体分发粮食；支持有助于加强以家庭为基础的农村生产组织的社会和经济的项目；以及上文提及的家庭农业价格保障计划（PGPAF）。

巴西农牧业研究公司（Embrapa）成立于 1973 年，是一个半自治的联邦机构，是巴西农业研究系统中的最大组成部分。农牧业研究公司（Embrapa）的总裁 Mauricio Antonio Lopes 在世界农化网对其进行的一次访谈中指出：

"Embrapa 在员工人数和支出方面看，是拉丁美洲最大的农业研发机构，该组织总部设在首都巴西利亚，在巴西全国各地有 46 个研究中心。"该公司旨在帮助巴西战胜粮食安全等问题，它采取集中化研究模式，增强人力资源利用效率，并充分利用巴西先进的科研中心，以及在国际范围强大的科研合作伙伴关系。Embrapa 侧重于开发具有经济重要性、专门领域和生态区域的产品，在全国各地各个专业中心进行开发。公司建有完善的基础研究设施（如实验室设施），最大化地应用研究新成果和提升整体效率。同时，公司投入了大量资金用于研究和培训，用于开拓农村市场的投资也一直在继续。在 20 世纪 80 年代中期，Embrapa 建立了巴西国家农业研究体系，巴西农业院校的农业研究得到加强。由 Embrapa 和合作伙伴开发的农业科技应用，解决了巴西中部广阔的草原地区贫瘠的酸性土壤的限制。新作物品种既适应于低纬度地区，也适应于热带地区的土壤和气候条件，同时，越来越多的现代投资被纳入到新的生产系统中。农业机械化程度特别是在粮食生产领域的增强，成为巴西农业发展的一个重要组成部分。从一开始，Embrapa 已经为巴西农业积累了丰富的产品、工艺、信息和服务的技术，从而有利于降低生产成本，并有助于巴西提高粮食、纤维和可持续生物燃料的供应，同时保护自然资源和环境，减少对技术、农业投入和遗传材料的依赖。

Embrapa 在发展过程中十分注重与其他机构的合作。除了公共研究机构和大学，Embrapa 的研究人员也与私营部门达成合作及商业化伙伴关系。Embrapa 的使命在于进行应用性研究，这不仅限于简单地发布研究成果和成果市场化。Embrapa 参与的公共和私营部门合作的最成功的案例是"72 育种计划"。最初在 Embrapa 的试验农场进行了育种研究和胚胎开发，最终由私人基金会和种子企业完成新品种交付。其开放的创新模式还获得了巴西新的知识产权政策的支持，已成为一个重要的合作源泉。2015 年，Embrapa 还和德国巴斯夫发布了开放创新的合作成果，是第一个完全在南半球开发的转基因大豆品种。目前，Embrapa 已与包括公共和私人、国内和国际范围的 180 多个合作伙伴一起致力于开发新品种、先进的种质、新工具和机器、精准的农业解决方案以及各种产品、工艺和服务，旨在帮助巴西农民和农业企业。该组织还向巴西政府申请批准成立私有附属公司 EmbrapaTec，负责开拓巴西和国外市场。

巴西米纳斯储备公司（CASEMG）是一家混合资本公司，在仓储和物流方面有超过半个世纪的成功经验。它于 2000 年 9 月成为联邦政府机构的组成部分，与农业部相关联，以伙伴关系为重点开展业务，旨在满足农产品的供应以及储藏，提高农业综合企业的竞争力并推动其与社会的对接活动。近年来，CASEMG 在农业部的指导和支持下积极开展对华农业贸易，该公司总裁代表莱奥纳多·桑托斯（Leonardo Luiz dos Santos）在 2016 年对中拉经贸合作园的成立表示欢迎，称其贸易及物流、产能合作、跨境电商、金融服务四大平台为中拉企业提供了全方位的服务和对外贸易解决方案。巴西米纳斯食品供应中心（CEASAMG）与米纳斯仓储公司类似，是混合资本公司，后收归国有。其长期目标为"提供供应解决方案，促进农业粮食系统均衡发展"。CEASAMG 所执行的职能与提供的服务除了与目标相适应的食品供应之外还有一些极具特色的服务：根据大小、重量等标准，确定蔬菜水果的质量等级，使消费者和农业生产者知晓产品质量，公司技术人员还会每天在生产者的自由市场内就产品组、产品类别、轻微缺陷、严重缺陷等问题对农业生产者进行谈话和指导，确保产品的质量，提供技术培训服务。如 2020 年 10 月公司开展的"食品烹饪技术"课程，让小吃摊贩能够运用最先进的食物处理技术，保障消费者的食品安全。公司还提供产品价格和其他市场信息，消除米纳斯吉拉斯州的食品价格投机风险，确保最贫困人口满足基本粮食需求。

第二节　农业支持政策

为了促进农业发展，提高农民收入，巴西在农业支持政策方面逐步探索、尝试。其农业支持政策大致可分为三个阶段。第一阶段（1965—1985 年），以农业直接补贴为主；第二阶段（1985—1995 年），价格支持成为巴西农业支持支柱；第三阶段（1995 年至今），农业市场更加开放，多样化农业支持政策渐成主流。

随着经济社会的发展，巴西农业政策目标呈现出多元化的特点，如增加就业、降低区域发展不均衡性、促进经济环境可持续发展等。历经多年实践与调整完善，目前，巴西农业支持政策已形成了比较完善的体系，包括低税收政策、价格支持政策、农业金融政策、农业保险政策等。各类政策之间并非相互孤立、截然不同，而是有交叉和配合，协同度较高。全面的政策保障措施为巴西农民发展农业生产提供了资本等重要生产要素，免除了自然风险和市场波动带来的后顾之忧，在使巴西成为农业强国的过程中发挥了重要作用。

一、农业税收政策

（一）税收管理体系

巴西税收种类繁多，共有税目 58 种。政府对税收采取分级征收和管理的办法。按行政管辖层级可以分为联邦税、州政府税和市政府税三级。其中，联邦税包括所得税、工业产品税、进口税、出口税、金融操作税、临时金融流通税、农村土地税等；州政府税包括商品流通服务税、车辆税、遗产及馈赠税等；市政府税包括社会服务税、城市房地产税、不动产转让税等。此外，企业还须交纳各种社会性费用，具体包括社会保险金、工龄保障基金、社会一体化计划费、社会安全费等。

在农村，巴西联邦政府征收的税费有土地税、个人所得税、社会保障基金和农业协会会费等。州政府只征收商品和服务流通税，从农户出售农牧产品所得收入中扣除。市政府基本上不征其他税。

（二）农业低税政策

就巴西针对农业的税收费率与其他行业的税率相比较来说，处于较低水平，这也为巴西农业的健康发展提供了保证。巴西联邦政府对农业征税的税种主要分为土地税和个人所得税。

土地税采用分类征收的方法，主要根据土地面积与使用程度而有所差异，税率为 0.03%～20%。如果农业生产者在城里没有房产且拥有的土地面积少于 30 公顷，就可以免交农业土地税；在中西部偏远地区，如果拥有的土地面积达到 50～100 公顷，也可以免除土地税；大农场主和大庄园主所缴纳的土地税，也是由除绿地面积以外的土地耕种面积决定的，土地的使用程度越大，所缴纳的土地税就越少，土地的使用程度越小，所缴纳的土地税就越多。

个人所得税方面，一般分开计算，个人收入中，农业收入所得征收较低的个人所得税，对其他行业所得征收相对较高的个人所得税。农产品出售以前不缴纳个人所得税，出售以后用于农业扩大再生产的部分也要从个人所得税中扣除。

总体来说，巴西的农业税收政策采取"抓大放小"的基本方针，大农业生产者是其主要的征税对象，纳税金额较多，而小农业生产者的纳税负担相对较轻。这样不仅能够提升农业土地的利用率，而且也有利于增加小农业生产者的投入。

二、农业价格与补贴政策

在 1995 年以前，直接补贴和价格支持政策作为巴西农业支持政策的主要手段，曾为巴西农业的发展提供了巨大的帮助。但随着 WTO 的成立和农业协议的签订，作为在国际出口贸易中占有重要地位的大国，巴西为了适应更加开放、国际化的需要，同时为了缓解财政压力，政府逐步降低了直接补贴支持，转而采用产品售空计划（PEP）和期权合约补贴（Option Contracts）这两种新的政策措施来逐步取代旧的价格支持政策。OECD 报告数据显示，自 2000 年到 2019 年，该国对农业生产者的支持占农业总收入的比例从 7.6％降至 1.7％。目前，巴西农产品国内价格与国际市场价格基本保持一致，针对市场价格的支持进一步减少。

（一）农业价格政策

为了保护农户利益，稳定农产品市场，巴西针对农产品价格实行最低价格保证政策（PGPM）。农产品最低保证价格是指在农业耕种之前两到三个月，政府针对不同农产品分别公布一个最低保证价格，该价格一般高于农产品的生产成本，低于市场预期价格。农业生产者可自由选择种植农作物品种，并在耕种之前与政府签订协议，承诺将农产品以最低保证价格出售给政府。待农产品上市时，如果产品售价低于最低保护价，政府则按最低保证价格收购农产品，确保农业生产者的基本收入，维护农户的利益。

农产品的最低保证价格由巴西政府主导确定，首先由巴西生产资助委员会拟定，经农业部和国家货币委员会审议，最终提交总统批准并颁布政令后方可生效实施。确定最低价格时，一般会考虑不同地区的生产成本，以及影响国内和国际市场价格的因素。这项惠农政策自 1966 年起开始实施，它是巴西政府用以确保粮食安全和农产品销售，纠正生产者价格扭曲，维持农业生产者稳定收入的重要工具。

该政策涵盖了范围广泛的农产品，如大米、小麦、玉米、棉花、大豆等农作物和一些区域农作物（如木薯、剑麻），以及一些畜产品（如牛奶、羊奶和蜂蜜等）。但近年来，出于遵守世界贸易组织规则及财政压力等方面考虑，最低价格保证政策所支持的品类越来越少，转而采用更多其他方法对农业进行金融支持。

（二）农业补贴政策

1. 产品售空计划（PEP）

产品售空计划是指政府通过向大宗商户和加工厂商支付价格差额补贴的形式，来支持农产品价格。产品售空计划也称为价格差额补助或产品售出溢价，其目的在于保证大宗商户和加工厂商的经济利益，促进各区域范围内农业的快速发展。价格差额是指政府规定的参考价格与实际市场价格之间的差值。其中，参考价格是政府对农产品要求的最低价格，或者是期权合约中要求的固定价格。为了保障农业生产者的利益，为内陆地区提供价格支持，巴西政府鼓励大宗商户和加工企业去内陆的中西部地区，以不低于参考价格的收购价格来收购农产品。在此过程中，如大宗商户和加工厂商们出现亏损现象，则由政府以"差价"补贴的方式买单，这部分差价的金额大致相当于农产品生产地到消费地之间运输转移所需的费用。

然而，产品售空计划的额度非常有限，巴西政府为了解决这一难题，采用额度分配制度，以竞标拍卖的方式进行额度分配，分到额度的就给补贴，没有分到的就不给。由于这种价格支持计划覆盖的范围有限、支持的力度较小，所以这种产品售空计划作用不大、效果不明显。例如，在实际运行中，除了棉花、玉米、小麦这三种农产品以外，其他的大多数农产品很少从中受益。

2. 期权合约补贴（Option Contracts）

期权合约补贴本质上是一种农产品售价保护制度，类似于提前购买一种价格保险。人们预先确定一定时间内农产品的期权价格，到期之后，如果农产品销售的实际价格高于预先确定的期权价格，那么农民就按照实际价格自行出售农产品；如果农产品的实际市场价格低于预期的期权价格，则由政府按实际市场价格与期权价格之间的差额直接补贴给农民，农民仍可自行销售产品。

期权合约补贴政策一方面稳定了农民的收入，使得农民的收入不受市场波动的影响，另一方面减少了政府直接以保护价格收购而形成的储备，大大降低了巴西政府的财政负担。然而在现实的运作当中，由于大多数时候市场价格是高于期权价格的，所以这种期权合约的保障制度并不多用。

3. 家庭农业支持计划中的补贴政策

家庭农业支持计划中的补贴政策主要包括两个方面：一是基础设施建设，主要是农村公共需要的道路、电信、仓库的建设等，由联邦、州和市三级政府共同出资，农民不出资。例如，农村修建砂石路，需由州政府和农场主各出资45％，市政府出资10％并负责建成后的管护。二是巴西政府对农民购买农业机械提供50％的补贴，政府还免费对农民和技术人员开展培训。

家庭农业支持计划于1997年开始实施，1999年开始推广。在巴西，全国62％的农场是用地不足50公顷的小型农场，它们虽然只占用7％的农业用地面积，却是巴西国内食品的主要供应者，其竞争力远远弱于大型农场。因此，巴西政府通过实施家庭农业支持计划，有针对性地对家庭农场、低收入农户和小农户进行扶持，以防止农业人口向大城市的过快盲目流动而造成城市社会问题。经过二十余年的发展，家庭农业计划覆盖的范围更广，提供的资金更多，资金申请量也从2000/2001年度的21.68亿雷亚尔提升至2017/2018年度的202.87亿雷亚尔，年均增长13.23％。

三、农村信贷与保险

（一）农业信贷的政策与用途

农业信贷支持政策是巴西农业支持政策的主要措施。由于农业直接补贴政策和传统的最低价格保障制度在实施过程中逐渐显现出一定的缺陷，不能够适应市场形势的变化，巴西开始逐步建立农业信贷支持体系。通过提供多样化的低息贷款，为农业生产活动筹集更多的资金，从而为保障农业发展提供了巨大的支持。

现阶段，巴西农业信贷政策体系主要以成本、市场和工业化信贷为核心，以投资信贷和家庭农业支持计划为重点。它们分别从不同的角度支撑农业的发展。成本、市场和工业化信贷主要为生产者的种植活动提供必要的资金，有助于保证农业生产，增加农产品供应。投资信贷通过专门的信贷项目来开展，引导资金投向不同类型的项目，提升农业的生产力和竞争力，促进现代农业的发展。家庭农业信贷支持政策专门针对家庭农户，帮助家庭农户增收。在农业信贷政策实施过程中，巴西政府又创设多种私人融资工具，将资本市场引入农业行业，扩充融资渠道。

从管理体系来看，巴西农业信贷政策由多部门共同制定、组织实施，巴西农业部下设的农业政策秘书处负责制定政策，巴西中央银行负责制定具体信贷的实施规则，并向社会发布农业信贷手册。全国农业信贷系统，主要是各大银行和信用合作社等金融机构负责信贷业务的办理。

1. 成本、市场和工业化信贷

成本信贷主要用于支付农作物生产期内的费用，资金占用量最多；市场信贷主要为农村生产者及合作社提供资金，用于保证农产品在价格下降期间的收获及供应；工业化信贷主要用于支持农产品工业化，属于近年新增加的项目，占用资金量较少。

作为巴西农业信贷体系的核心，成本、市场和工业化信贷资金量不断增加，从 2000 年度的 64.54 亿雷亚尔增长至 2019 年度的 1 511.1 亿雷亚尔，年均增长 17.2%。成本、市场和工业化信贷的主要资金来源为银行活期存款，生产者可向银行提出申请，贷款资金直接通过银行或信用合作社进行发放。在审批贷款时，巴西政府会根据贷款使用目的、申请人群分别设定不同利率、贷款限额和还款期限。以 2017/2018 年度为例，每个农业生产者成本信贷上限为 300 万雷亚尔（中型生产者上限为 150 万雷亚尔），市场信贷上限为 450 万雷亚尔，工业化信贷上限为 150 万雷亚尔（合作社为 4 亿雷亚尔）；成本信贷年利率为 8.5%（中型生产者为 7.5%），市场信贷年利率为 8.5%～12.75%，工业化信贷年利率为 9%；成本和工业化信贷还款期限均为 14 个月，市场信贷还款期限根据具体情况确定。

根据利率，成本、市场和工业化信贷被划分为免费资源和受控资源。免费资源也称为市场资源，按照银行普通贷款利率进行业务操作；受控资源的利率由官方根据上一年信贷申请情况及社会经济运行状况设定，比免费资源利率更低。目前，成本、市场和工业化信贷资金大部分通过低于市场利率的受控资源发放给申请者，约占资金总量的 78%；以市场利率提供给申请者的信贷资金约为 22%。

2. 投资信贷

投资信贷主要用于农业生产者购买耐用品或服务（如机械、仓储等），由农业部管理，一般以投资项目的形式开展。巴西政府根据农业政策的目标和优先发展事项确定投资信贷项目的具体内容、资金量和融资条件。

作为推动巴西农业产业创新性、现代化发展的重要政策，巴西政府提供给投资信贷的资金逐年增长，由1999/2000年度的21.59亿雷亚尔增加至2018/2019年度的400.64亿雷亚尔，年均增长15.72％。投资信贷的资金来源主要包括国家经济和社会发展银行（BNDES）、巴西银行、宪法融资基金等。各投资项目资金发放由专门的金融机构负责，生产者必须向项目指定的机构申请贷款。

大部分投资信贷资金由国家经济和社会发展银行提供。现阶段，投资信贷重点支持农业发展所需机械设备购买、仓储扩容等方面，并为合作社资本化、农业可持续发展和技术创新提供资金支持。同成本、市场和工业化信贷一样，投资信贷利率也由官方划定或市场决定，并且每个农业年度开始时，巴西政府也会对各项目的贷款上限、最长期限做出调整。以2017/2018年度为例，投资信贷贷款上限从43万雷亚尔到6 500万雷亚尔不等；贷款期限最短为6个月，最长为15年；项目年利率最低为5.65％，最高为13.25％。

3. 家庭农业信贷支持

在巴西，缺乏生产资金的中小农户一般很难通过信贷途径得到资助。为了解决这一问题，20世纪90年代中期，巴西政府成立农业发展部（MDA），开始通过家庭农业支持计划为农民提供信贷资金，其主要的资助对象便是以家庭为单位进行农业生产的低收入农民。这一信贷支持政策是巴西家庭农业支持计划的重要组成部分，它与其他配套支持政策共同资助农村地区开展的农业和非农业活动，从而提升家庭农业生产者收入。

目前，家庭农业信贷支持政策在整个农业信贷政策中的地位越来越重要，除了投入到信贷领域的资金量大幅提升外，在利率方面也给予家庭农业生产者更多的优惠。根据信贷政策要求，巴西各级银行要对商业和小规模家庭农户采用不同的贷款利率。正常的商业贷款利率是17％，而给小规模农户提供的优惠利率为2％～6％，分期付款的话还可以免除30％的本金。通过发放低于市场利率水平的贷款，帮助家庭农业生产者提高收入，同时也有助于提高农产品产量、保障粮食安全。从1965年起，巴西国家农村信用体系（SNCR）就开始对农户给予优惠利率贷款，有的贷款利率甚至低于存款利率。截至2017年1月，有589家金融机构加入到该信用体系，其中包括49家私人银行。

4. 其他融资工具

随着巴西农业发展的迅猛发展，投入资金的需求量也随之增加，信贷资金不能完全满足缺口，急需其他资金进行补充。2003 年，巴西开始建立吸引私人资金进入农业信贷领域的机制，目的是在不断增长的农业信贷需求和城市投资者之间建立一条渠道，让小型储户和大型养老基金等都能为农村活动提供资金，补充官方农村信贷。随着新的融资工具引入，农业生产者能通过资本市场不断获得资金。目前，主要的私人融资工具有：农业信贷票据（CPR）、农业期票（NPR）、农业期票副本（DR）、农业信用债券（LCA）、农业信用权证（CD‐CA）、农业应收款证明（CRA）、农业定期存单（CDA）和农业认股证（WA）等。

巴西政府通过创设一系列私人融资工具，吸引投资者进入农业领域，扩大资金来源渠道，一定程度上降低了农业对官方信贷的依赖。其中，农业信用债券已成为巴西农业信贷的重要资金来源。

5. 丰收计划

2020 年 6 月，巴西农业部启动了"丰收计划"（Plano Safra 2019/2020）。为了推动国内农业生产发展，政府将支持重点放在了中小型农业生产者身上，为其提供政府补贴和贷款支持。这一计划预计将为巴西全国农业领域的生产者提供 2 255.9 亿雷亚尔的资金保障，其中，计划用于农村信贷投入的金额为 2 227.4 亿雷亚尔，包括成本、市场和工业化信贷 1 700 亿雷亚尔、投资信贷 530 亿雷亚尔。在"丰收计划"启动后的第一个月（2020 年 7 月），金融机构共发放了 241.5 亿雷亚尔的农村信用贷款，比上一年同期增长了 50％。

与此同时，根据巴西银行公布的信息显示，2021 年度巴西银行计划提供约 10 亿雷亚尔的农用信贷资金，主要用于支持购买农业机械和浇灌设备。巴西银行还提出将在 2021/2022 产季，向大中型农业生产企业提供 160 亿雷亚尔先期贷款，平均每个企业限额为 150 万雷亚尔，年利率为 5％，其他资金为 300 万雷亚尔，年利率为 6％。此外，还将向家庭农户提供 40 亿雷亚尔营运资金。未来，巴西中央银行还计划将私人融资应用于农业综合企业链之中。

（二）农业保险政策

农业保险制度是巴西农业生产过程中十分重要的保障制度之一，在众多发展中国家中，巴西的农业保险体系相对来说比较完善。巴西农业保险政策的出台可追溯到 1938 年的冰雹灾害保险计划，该保险计划由圣保罗州率先创立，其主要作用是为了保护棉花作物的产量，避免极端天气带来的影响，这是巴西首次针对农作物提供的保险保障。1953 年，巴西在南美地区启动了多重风险农作物保险（MPCI）试验，并于 1954 年成立了国家农业保险公司（CNSA）和农业保险稳定基金，用于保障巨灾风险，补偿保险经营机构的损失。1966 年，巴西正式颁布了《保险法》，建立农业保险稳定基金（FESR）。1973 年，巴西对农业保险制度进行大刀阔斧的改革，并关闭国家农业保险公司，将农业保险全部交给私营企业来运营。但是在违约风险高、资金缺口较大等因素的影响下，私营企业对经营农业保险的热情不高，改革未能取得预期成效。鉴于此，巴西政府于同年通过了中央银行第 301/74 号决议，全面启动农业经济活动保障计划。到了 2003 年，巴西遭受了严重的旱灾，政府部门的灾害救济支出骤增，于是政府决定加大对农业保险的扶植力度。2003 年，巴西政府颁布第 10823 号联邦法令，成立农村保险指导委员会。2004 年，巴西政府又颁布了第 5121 号政令，决定实施农业保险保费补贴计划（PSR），巴西农业保险业的发展进入了新的阶段。

目前，巴西政府已建立了一套比较完善的农业保险制度，其农业保险体系覆盖范围包括农业、畜牧、水产、森林等领域。农业保险的业务范围大致涵盖五个方面，即农作物保险、牲畜保险、农村财产保险（包括担保业务）、农村信用保险和农民人身保险。2016 年，巴西农业部发布了《农村保险指南》，并于 2019 年对指南进行了修订和扩展。巴西政府通过制定有针对性的农业保险政策、实施保费补贴计划、农业风险管理立法、设立公司运营、发布农村保险指南及保费补贴三年计划等一系列措施，积极推广农业保险的使用，加大对农业保险的投入，帮助农民减轻了遇灾减产的损失，稳定了农产品产量，充分调动了农业生产者的积极性，为保障全国农业生产稳步发展提供了坚实的基础。

1. 农业经济活动保障计划（PROAGRO）

1973 年，巴西中央银行正式通过第 301/74 号决议，启动了农业经济活动保障计划（PROAGRO）。农业经济活动保障计划是一项针对已获得农业信贷，但有可能因自然灾害、市场波动、罹患疾病或其他原因导致无法按时偿还贷款的申请者提供的保险产品，其承保范围主要涵盖环境恶劣地区的中小型农户的信用债务。

农业经济活动保障计划的申请者可以是农业企业，也可以是家庭农场。获得银行提供的农业信贷批准的农民，可申请加入该计划，按照规定向中央银行缴纳保费。不同申请者所缴纳的保费费率会因其生产规模、灌溉情况、所在区位等情况的不同而有所差异。一旦投保农户遇到保险所覆盖的灾害及特殊情况，便可向银行提出赔付申请。此时，联邦政府将扮演保险公司的角色，通过各级银行对投保农户的损失进行赔偿。在赔偿方面，联邦政府规定，保障计划只能用于支付投保人所损失的信贷成本，而不能够补偿农民的收入损失，也就是说投保农民所能获得的赔偿金额最高不高于其获批的银行贷款资金额度。

该计划由巴西农业部、财政部、中央银行、巴西银行等部门负责实施，联邦政府拨款和农民缴纳的保费构成了计划的主要资金来源。巴西政府对于保障计划的预算没有明确设定，因为在近年来的实践当中，上述资金已经基本覆盖计划所支付的赔偿金额。

2. 农业保险保费补贴计划（PSR）

2003 年 12 月 19 日的 10823 号法律和 2004 年 6 月 30 日的第 5121 号政令共同规定了农业保险保费补贴计划，该计划的目的是通过提供农业保险保费补贴，降低保险费成本来鼓励农民参加农业保险，促进农业保险的广泛运用，充分发挥农业保险的收入稳定机制作用，引导农户使用恰当的农业技术，推动农业企业管理的现代化。

该计划于 2005 年 11 月正式运作，其主要举措包括提高购买农业保险农户获批生产资料信贷的额度；为农业保险投保农户补贴部分保险费用，并将保险保费在信贷拨款中关联扣除，使得农户不需额外支付保险费用。从 2006 年开始农业保险保费补贴范围不断扩大，最初主要保障 7 种农业品种，随后逐步扩大到所有的农作物、牲畜、水产、水果、蔬菜及林木等。与此同时，巴西政府还采取一系列与农业保险保费补贴相配套的政策措施。自 2006 年至 2018 年，超过 59 亿雷亚尔被用于支付保费补贴，大大减轻了农业生产者的压力，取得了较好的效果。

目前，巴西农业保险财政补贴范围分为农业类、林业类、家畜类和水产养殖类。可以作为被投保对象的作物包括棉花、灌溉稻米、豆类、玉米、第二季玉米、黄豆、小麦和苹果、葡萄、水果、蔬菜等，投保人为以上作物投保，即可获得相应的财政补贴。需要注意的是，农业保费补贴制度对投保人是有一定限制的，它要求参保者必须按照国家的农业区域规划和种植日历进行种植。同时，政府对农业保险补贴的对象和可使用的地区也做出了一定的限制。

在补贴比例方面，针对不同的作物品种，政府也规定了不同的补贴比例，如针对具有多重风险特征的冬季作物，补贴比例为 40%；夏季作物，如玉米、大豆、咖啡等，视其签约的承保范围，补贴比例在 20%～30%；水果、蔬菜、蔗糖及其他林业、畜牧业、水产养殖等的补贴比例为 40%。根据规定，每个投保人可以同时从多个作物品种上获得保费补贴，但是其一年所能获得的农业补贴的最大金额不能超过 7.2 万雷亚尔。而不同作物所能获得的赔偿金额也有上限，如种植谷物作物的投保人每年最多可获得 4.8 万雷亚尔的补贴，从事牲畜、林业和水产养殖的投保人每年最多可获得 2.4 万雷亚尔的补贴，也就是说一个生产商从事农业、畜牧业、林业和水产养殖范围内的业务，在同一日历年内可获得的最高补贴金额为 14.4 万雷亚尔。

为了规范农业保费补贴的管理，巴西政府制定了农村保险计划（PTSR），该计划每三年发布一次，最新发布为 2019—2021 年度巴西农业保险补贴三年计划。这一计划为保费补贴的执行概述了技术指导方针，公布各项投入的具体预算。报表显示，2019—2021 年巴西政府计划用于农村保险计划的预算分别为：2019 年 4.5 亿雷亚尔、2020 年 4.68 亿雷亚尔、2021 年 4.87 亿雷亚尔。而在实际执行当中，据巴西政府最新启动的"丰收计划"显示，2021 年巴西将投入 10 亿雷亚尔用于农村保险补贴，比原定预算高出很多，可见巴西政府对于农业保险发展的重视程度。巴西农业部预计，农业保险在全国的覆盖面积有望达到 1 560 万公顷，总保单数量将超过 21.2 万份，总保险金额约为 420 亿雷亚尔。据巴西农业部公布的数据显示，在实际执行当中，2020 年度共有 8.81 亿雷亚尔被用于支付农村保险保费补贴，农业生产者共签订了 19.347 万份保单，保单总金额为 457 亿雷亚尔，保险覆盖的种植面积达 1 370 万保险公顷。农村保险保费补贴计划覆盖的农户数大幅上升，由 2019 年度的 4.2 万户升至 2020 年度的 10.5 万户，保险公司共向农业生产者支付了约 25 亿雷亚尔的赔偿金。

近年来，无论是实际投入补贴的资金量、总保单金额，还是受益人群的数量，都有较大程度的增长，可见巴西政府对于农业保险发展的重视程度。政府最新启动的"丰收计划"显示，2021 年巴西拟投入 10 亿雷亚尔用于农村保险补贴，预计覆盖种植面积 1 560 万公顷，总保单数量将超过 21 万份。

3. 农业经济活动保障补贴计划

农业经济活动保障补贴计划设立于 2004 年，主要是专门面向"家庭农业支持计划"范围内的小农户，针对自然灾害导致的收入损失提供保障，保障范围覆盖了小农户 100% 的农业信贷及 65% 的预期收入。2014 年，该计划向小农户提供的支持高达 32 亿雷亚尔，保费补贴比例为 40%～100%。

（三）农业风险保障措施

鉴于农业在巴西社会经济中占据重要地位，防范农业活动中存在的风险，保持农业行业稳定运行成为了政府的重要工作。巴西政府在农业风险保障方面的各项举措的最终目的都是帮助农业生产者缓解、转移和应对可能面临的各种风险，保护家庭农户、中型农户和商业农户的经济利益。从防范的风险类型来看，这些风险主要分为三大类：一是农业生产风险，二是农产品市场风险，三是商业环境风险。除了巴西政府制定的政策外，国内各州、市也会自己制定政策。表 5-1 列出了巴西政府在农业风险保障方面实施的 25 项措施。

表 5-1 巴西农业风险保障措施

风险类型	政策/计划名称
生产风险	农业气候风险区划-（ZARC）
	农村保险费补贴-（PSR）
	农业保障计划-（PROAGRO）
	家庭农业保障计划-（PROAGRO MAIS）
	作物保障计划-（GS）
	巨灾基金-（Catastrophe Fund）
	国家动物卫生计划-（National Animal Health Programs）
	植物健康计划-（Plant Health Programs）
	国家水资源计划-（National Water Resources Plan）
	国家防治荒漠化方案-（National Program to Combat Desertification）
	拖拉机车队现代化和相关工具计划-（MODERFROTA）
	国家家庭农业强化计划-（PRONAF）
	国家中型农民支持计划-（PRONAMP）
	气候变化农业缓解和适应部门计划-（Plano ABC）
	农业现代化与自然资源保护计划-（MODERAGRO）
市场风险	向农民支付的均衡保费-（PEPRO）
	联邦政府采购-（AGF）
	期权出售合同-（COV）
	产出价格均衡计划）
	私人期权风险溢价-（PROP）
	家庭农民价格保障计划-（PGPAF）
	出口风险保障措施
商业环境风险	物流投资计划-（PIL）
	存储建设和扩展计划-（PCA）
	灌溉和储存奖励计划-（Moderifra）

从上述具体的风险保障措施可以看出，巴西政府的农业风险管理体系建设完备，现行政策覆盖了大部分可能影响农业生产的风险情况。在立法方面，巴西政府将农业保险写入国家宪法，先后颁布《保险法》《灾难基金法》等法律，从国家层面出发，以法律的形式明确和规范农业风险管理。在政策制定方面，巴西现行的各项农业风险管理政策多由农村保险指导委员会制定，依靠政府的大力支持和投入，政策的执行力度和效果较好。2010 年，巴西政府颁布法令，建立农业巨灾基金，这一基金取代了当时的农业保险稳定基金（AISF），成为农业巨灾风险管理的主要手段。巨灾基金由保险公司、再保险公司、农业企业、农业合作社及联邦政府共同出资，采取公私合营的模式运作，其最初投入金额为 40 亿雷亚尔（约 23 亿美元）。巨灾基金为农业保险公司和再保险公司分散和转移了风险，稳定了易受恶劣气象因素影响的农业生产地区的保险服务供给，推动了农业保险费率的降低，扩大了农业保险的覆盖范围，使更多的农业生产者能够获得农业保险，避免因干旱、霜冻和雨量过大等恶劣天气而影响收入。

从农业风险管理的市场化运作方面来看，巴西政府于 1939 年设立巴西国家再保险公司（IRB），承担国家再保险运营的职能。该公司自成立起便代表政府经营和管理国内再保险业务，是巴西再保险业务的实际垄断者。2007 年，巴西政府通过法案，决定将巴西再保险市场向国际再保险公司开放，取消了巴西再保险公司的专营权。这一举措有利于国际再保险公司进入巴西再保险行业，促进了市场竞争，既有利于降低行业费率，又帮助引进国际先进再保险技术，提升本国保险服务质量，从而推动了巴西国内再保险市场的发展。

除了在法律、政策和市场运营上作出规定以外，巴西政府还为不同的农业生产部门量身定制实施方案。例如，在农业风险防范过程中积极运用风险评估的工具与模型，有效降低了农业风险的影响。比较典型的有气候风险农业区划（ZARC），针对各地区的土壤类型提出不同作物的最佳播种时机，形成作物种植或播种指导时间表。该计划由巴西央行管理，只有通过巴西农业部组织的气候风险评估，农业生产者才能投保相应作物，并在遇到气候风险损失时获得赔偿。

总的来说，巴西的农业风险管理水平在发展中国家当中是比较领先的，风险管理体系建立较为完善，不但有国家实施的众多保障计划，也有市场化运作的各类保险产品，政府支持力度大，覆盖范围广泛，受益群体众多，为保障本国农业生产的稳定和繁荣提供了坚实支撑。

第三节 食品质量安全

一、食品质量安全现状

巴西是全球第二大加工食品出口国，加工农产品、食品出口至全球逾180个国家和地区。根据2020年英国《经济学人》杂志旗下智库发布的《全球食品安全指数报告》显示，巴西以64.1分的食品安全综合指数排名世界第50位，其中食品质量安全保障能力的得分为88.9分，在113个国家中，排名第16位。在食品质量安全方面的较高得分得益于巴西政府对食品安全的严格管理。作为世界贸易组织的成员，巴西已签署《实施卫生与植物卫生措施协定》（SPS）和《国际食品法典》（CAC），并在国际贸易中严格遵循各国对于食品安全的相关规定。在2019年南方共同市场与欧盟达成的贸易协定中，关于检验检疫方面，双方商定了有关食品安全和动植物卫生条款。巴西作为南方共同市场的成员之一，所有未来出口至欧盟的农产品、食品均须符合欧盟的严格标准，确保质量安全。巴西政府还针对农产品、食品生产和加工过程，制定了良好生产规范（GMP），并要求企业遵循SSOP和HACCP等国际管理体系标准。

在食品安全的管理和保障方面，巴西建立了一套完整的食品安全监督管理体系，并详细规定了各项具体措施，以国际化标准严格管控，提升食品质量安全水平，在确保国内食品供应质量的同时，为全球提供安全健康农产品及食品。

二、食品质量安全管理体系

在巴西，对于食品质量监管职能比较分散，多个政府部门和机构对食品质量安全问题均有监管权，主要包括巴西农业部、国家卫生监督局（Anvisa）、经济部、环境部、海关部门、社会发展和消除饥饿等部门。其他参与食品安全监测和控制的政府部门还有国家计量、质量和技术研究所（INMETRO），国家生物安全技术委员会（CTNBio），司法部内的消费者保护和国防部（DPDC）等。这些政府机构参与管辖整个食品供应链中的安全控制，包括对食品的生产、制造、加工、仓储和分配等，同时也对消费者进行保护，制定与安全规定、营养信息、标签和广告相关的食品安全政策。除政府官方设立的部门外，各个产品品类的行业协会、基金会、研究院等，也对食品的安全和标准做出规定和要求，提供良好做法指南等规范。因此，在巴西有关食品安全的法律、条例繁多，内容十分具体。

（一）巴西农业部

巴西农业部作为主管农业、畜牧和粮食供应的政府部门，对国内的食品安全乃至粮食安全问题负有重要责任。它负责制定、监督和执行了大量有关动物源产品、新鲜水果和蔬菜、酒精和非酒精饮料、果汁、谷物、种子和动物饲料（包括宠物食品）的生产、营销、进出口的规定。农业部为这些法律、法规提供了在线检索和查询地址（Sisligs，www.agricultura.gov.br）。巴西农业部下设农业保护秘书处（SDA）、水产养殖和渔业秘书处（SAP）、贸易和国际关系秘书处（SCRI）。其中，农业保护秘书处依托六个主要部门负责执行与国内生产和进口动植物有关的法规，每个部门按照所分管的品类和领域，对农产品、食品及其衍生品进行登记、监管。此外，农业保护秘书处下属的农业和牲畜卫生检查总协调处（VIGIAGRO）负责监督所有进入巴西边境的外国农产品，该处依照2017年发布的《农业和牲畜卫生检查手册》（农业部第39/2017号文件），运用国际农业监测系统对过境农业相关产品进行管控。

巴西农业部设有专门的检查检验机构，即隶属于动物源性产品检验服务部（DIPOA）的联邦检验局（Federal Service，SIF）。该机构是根据巴西政府2017年颁布的第9013号法令（RISPOA）而设立的，其主要目的是为了规范和把控巴西农业企业的农产品出口流程，确保国内外市场以及进口产品的动物源性可食用产品的质量。政府要求，在巴西境内所有准备对外出口动物产品的企业，均需按照规定步骤进行注册、审批、认证。企业首先要在联邦检验局注册，这一注册主要是审核企业设施情况、卫生状况、技术、法律及生产的规范性。其次，企业应获得进口国的审批和国际卫生检疫证书。最后，企业还需取得出口企业资格与产品认证。

以往巴西对不按照规定进行注册的企业并没有实行严格的惩处措施，企业（主要是肉制品加工企业）即使被查封，也不会被注销SIF注册登记号码。2017年，政府发布了新的《工业及动物来源产品卫生检验条例》，条例规定，对于在一年内触犯严重违规事项达到三次的企业，采取吊销营业执照、注销

SIF 登记的处罚，禁止其再进行肉制品的出口销售。巴西政府还发布了一项临时命令，提高了针对涉事企业的处罚金额，最高罚金调至 50 万雷亚尔。由此可见，SIF 注册登记的重要性和管理力度。

（二）国家卫生监督局（Anvisa）

1999 年，巴西政府通过第 9782 号法令，决定设立巴西国家卫生监督局。该机构的设立旨在保护和促进公众健康水平提升，降低因卫生产品和服务带来的风险，从而改善公众的生活质量。巴西国家卫生监督局是负责其管辖下所有食品（主要是加工产品）安全的科学监管机构，其主要职责是针对食品领域的监督、控制、注册、检验、检查和风险控制。它通过制定和执行大部分有关加工食品的法规，建立质量、标签的规范和标准，评估食品安全和污染物，实现对食品安全的管控。其监管领域覆盖农药、食品、烟草、药品、添加剂、包装、医疗器械、健康用品、化妆品、清洁用品等，以上品类的产品均需获得国家卫生监督局颁发的资质证书，才能在巴西国内开展生产、储存、运输、分包装、进出口和销售等业务。国家卫生监督局也负责登记在巴西设立的食品加工设施。此外，它还与巴西海关协同，共同负责对国家进出口生物医药产品、样本进行审批。为了规范管理，巴西国家卫生监督局建立了专门的数据库系统，由其制定和发布的法令、规范等文件均可通过官网检索工具查询（VISALE-GIS，www. anvisa. gov. br）。此外，所有按照规定在国家卫生监督局完成注册的企业信息也可通过网上查询获取。

从政府管理层面来看，巴西对进出口农产品、食品和饮料产品的监督主要由农业部和国家卫生监督局负责，这两个机构共同执行与食品安全相关的法令与条例，确保食品供应的安全，但在详细的管理范围上仍有一定的差别，二者各自的监管职责细分如下（表 5-2）。

表 5-2　农业部与国家卫生监督局的职能划分

农业部	国家卫生监督局
面向消费者的产品	
动物产品：红肉及副产品、禽肉及副产品、鱼类、海产品、乳制品、鸡蛋、蜂蜜、人造黄油； 饮料：含酒精和不含酒精的饮料（能量饮料、氢化物饮料、大豆、杏仁等非乳饮料除外）； 水果和蔬菜：干的、新鲜的和加工过的	食品：所有产成品或加工产品（MAPA 授权的除外） 饮料：能量饮料，氢化物饮料，非乳饮料，如大豆、杏仁等

（续）

农业部	国家卫生监督局
中间产品 小麦粉、种植种子等	
大宗商品 小麦、谷物、大米、大豆、棉花、烟草、豆类、花生、面粉等	糖、甜味剂、矿泉水、调味水、添加剂和其他成分（不包括 MAPA 授权的成分）
宠物食品、饲料和饲料 植物和种子 动物、精液和胚胎	

（三）行业协会

在食品质量安全管理方面，除了官方的机构以外，巴西拥有良好的社会参与机制，尤其是建立了大量的行业协会，通过行业协会的规范管理，实现细分行业的质量安全管控。部分行业协会针对其产品的生产、加工和销售特点，提出合理的建议，对成员企业的生产经营进行指导和规范。

在加工农产品、食品行业，比较活跃的商业协会有巴西食品工业协会（ABIA）、巴西肉类加工协会（Abrafrigo）、巴西动物蛋白协会（ABPA）、巴西肉类出口商协会（Abiec）、巴西饮料协会（ABRABE）、巴西谷物出口商协会（ANEC）、巴西植物油行业协会（ABIOVE）、巴西大豆种植者协会（APROSOJA）、巴西养猪协会（ABCS）等。

以巴西食品工业协会（ABIA）为例，该协会是巴西食品和饮料行业规模最大的协会，代表了大部分食品工业的从业群体。为了规范成员企业的食品生产，协会发布了《良好做法指南》，强调了食品加工行业及其员工的安全操作准则。协会积极组织学术探讨和交流活动，为成员提供食品安全管理体系研讨会、3M 食品安全国际研讨会等国际会议的订阅渠道。

三、主要法律、标准与措施

（一）食品营养标签法规

自 2005 年起，巴西政府强制执行食品营养成分标签规定。在《消费者保护法》中规定，标签上应有清晰、准确、客观的葡萄牙语信息，说明产品的特性、质量、数量、成分、配方、有效性和产地，并提供有关潜在健康风险或潜在伤害的安全信息。同时，标签上还必须标识制造商和分销商，并注明售后服务的联系方式。如发生因生产商违背遵守这些规定，而导致消费者利益受损的情况，消费者还可要求赔偿。巴西农业部也制定了针对初级农产品或半加工食品（即肉、米、豆、牛奶和果汁）标签的法规。虽然要求没有加工食品标签那样严格，但是，考虑到消费者保护规则的要求，除仅适用于初级农产品（如安全检查戳）外，大多数产品都需包含上面列出的信息。

巴西卫生监督局则针对加工食品的标签做出了具体规定，要求食品标签至少应说明有关产品的以下信息：营养成分、能量值、重量、成分、配方、生产日期、有效性、来源、提供有关与产品摄入有关的潜在健康风险或潜在伤害的任何安全信息。另外，还包括一些强制性警告，如与过敏或产品特性有关的警告。

2020年10月，巴西批准了新版预包装食品营养标签标准法规，针对包装食品的营养标签做出更加细致的规定。其内容主要包括：①规定预包食品必须在营养标签中的三类营养素（糖、饱和脂肪和钠）前按照图例添加放大镜标识，以便于消费者快速了解产品的营养信息；②规定营养成分表文字只能使用黑色，表格背景必须为白色，以减少对消费者的干扰；③规定营养成分表中必须标示每100毫升（克）中总糖和添加糖的含量和比较营养值，同时应标明以份计时每份食品的具体含量；④修订了部分营养名称的用语和相应的营养素含量要求。该法规将于政府公报发布24个月后生效。

（二）食品的微生物标准及法规

2019年12月，巴西发布第RDC331/2019号决议，即新的食品微生物标准及其应用法规，针对食品生产的各个环节微生物控制标准做出了具体要求。该法规覆盖了食品原料、生产加工、存储、运输、分销、进口的全链条所有过程和环节。新法规于2020年12月起生效，从业者享有12个月的过渡期。

2019年12月，巴西发布第RDC326/2019号决议，制定了食品接触塑料和聚合物涂层添加剂的正面清单，被列入正面清单的物质超过1000种，决议还对重金属、邻苯二甲酸酯和初级芳香胺（PAA）以及一些溶剂做出了使用限制。这一决议遵循了南方共同市场（MERCOSUR）GMC第39/2019号决议的规定，由于受新冠肺炎疫情影响，决议生效日期已推迟至

2021 年 6 月 3 日。

（三）食品添加剂管理措施

2016 年，巴西政府发布第 272 草案技术性决议，该决议草案明确规定食品中食品添加剂类别和使用技术及限量。巴西卫生监督局将食品添加剂定义为在任何阶段（如加工、储存、处理、运输等）故意添加到食品中以改变其物理、化学、生物或感官特性的任何无营养的成分。在被批准添加到可食用产品之前，所有食品添加剂都要进行单独分析，充分评估其技术需要和安全性。对于食品添加剂的分析主要有以下几方面：添加剂与产品的关系、添加剂的功能性、允许进行充分风险评估的研究和毒理学数据、对潜在摄入的估计研究、其他国家的监管框架参考等。除此以外，还需要参照国际标准，如《国际食品法典》、欧盟、美国等相关标准的要求和限制。为了更加细化管理，巴西卫生监督局将食品按照大类区分，根据产品的不同性质，分别规定添加剂的使用限制。

（四）转基因食品安全管理措施

2005 年，为了规范农业转基因生物安全管理，保障人体健康和动植物卫生，避免破坏生态环境，巴西政府颁布第 11.105 号法令，即新版《生物安全法》，并成立了国家生物安全委员会（CN-BS），重组国家生物安全技术委员会（CTNBio）。上述机构的主要任务是为转基因生物及其副产品的创建、培育、生产、加工、运输、转移、进口、出口、储存、研究、环境释放和商业化提供安全标准和检查机制，制定和实施国家生物安全政策（PNB），从而实现转基因生物安全的管理。

此外，巴西政府还成立了巴西国家计量、标准化和质量委员会，负责有关转基因的认证、技术标准的监督和建立检测检验网络，并建立了生物安全信息系统（SIB）发布与转基因生物技术及其产品有关的分析、批准、注册、监控、调查活动等信息。

（五）肉制品可追溯措施

巴西政府于 2004 年开始对肉牛实施强制性生长记录，实行从出生到餐桌的生长情况监控。2009 年，巴西农牧渔业食品部发布第 65 号技术规范，对巴西官方"牛肉制品溯源服务"名称进行了更改，新体系名称为"牛肉识别与认证体系"（SISBOV）。该法规强调，SISBOV是一个自愿性的牛肉制品认证体系，主要帮助生产者建立供消费的牛肉制品来源档案，提高产品的安全性。这一认证体系所需相关技术文档的制定和执行归口巴西农业部下属的农业保护秘书处（SDA）管理。同时，巴西农业部要求在所有屠宰厂派驻一名官方全职兽医监督员，对牛的屠宰过程开展监督，以保证肉类产品安全和卫生。

（六）口蹄疫根除计划（PNEFA）

自1992年起，巴西开始坚持实施一项有力的国家卫生项目——口蹄疫根除计划。该项目旨在创造和保持可持续的条件，根除国内畜产品的口蹄疫。它由巴西农业部协调，27个州级兽医服务机构及企业共同配合完成。巴西政府充分考虑国内已经取得的卫生进展，力图巩固所取得的成果，深化针对口蹄疫的预防措施，并为巴西畜牧业的健康发展做出相应的贡献。这一计划符合世界动物卫生组织《陆生动物卫生法典》和《南美洲口蹄疫扑灭计划指南》，对南美洲彻底根除口蹄疫具有积极意义。在巴西政府的不懈努力下，无口蹄疫区逐步扩大，现已实现了全国无疫病状态。2018年世界动物卫生组织正式宣布巴西为无口蹄疫国家。这意味着巴西对外出口肉制品的质量安全得到了进一步保证。

无论从产量还是从对外贸易量来看，农产品和食品对巴西都尤为重要。对食品质量安全的积极控制，能够有效规避重大安全风险，为巴西创造更大的经济价值。随着对外贸易量不断增长，巴西政府正积极采取行动，更新法规、政策，完善管理体系，遵照严格的国际标准，采用更加先进的管理工具，进一步提升巴西农产品、食品的质量与安全水平。

第四节　水资源政策与管理

一、水资源问题

（一）水资源短缺

尽管巴西拥有12％的全球淡水资源，但实际用水依然面临着短缺问题。

水资源的短缺主要由干旱和水资源利用不当引起。

1. 干旱

据农牧业研究公司（Embrapa）估计，巴西每 100 年就有 18～20 年经历严重干旱。21 世纪以来，巴西在 2001 年、2004 年、2009 年、2015 年和 2018 年均遇到过较严重的旱情。以 2018 年旱情为例，全国共 15 个州 612 个城市因干旱或极度干旱进入紧急状态，全国超过一半的地区因缺少降雨造成居民供水不足，尤其以东北部的缺水现象最为严重。

受到气候变化的影响，干旱现象频繁发生于东北部的半干旱地区。除沿海小部分地区受到海洋湿度的影响降雨量较稳定外，东北部均遭受到不同程度的干旱影响。但值得关注的是，近年来随着城市扩张，干旱缺水现象不再只是东北部地区的问题。2012 年南部地区约有 650 个城市因干旱而处于紧急状态。

巴西农业绝大部分属于雨养农业，灌溉水资源的不足会影响作物播种进度，造成作物减产、干枯甚至死亡，最终影响农业的经济效益。以大豆生产为例，据巴西农业咨询机构（AgRural）称，由于 2020 年 10 月全国大部分地区受到持续严重干旱的影响，2020/2021 年度大豆播种进度创下 10 年以来的新低。播种延迟虽不会对预期产量造成明显影响，但会导致收获期推迟（巴西大豆通常在 2 月进入收获期），而这将影响到下一季度全球大豆市场的供给。据巴西地理统计局报告监测，自 2009 年起，东北部地区由于普遍的降水量不足频频出现旱情，河流水位开始严重下降，导致农业和生活用水十分紧张，也影响了该地区的甘蔗产量。

此外，长期干旱会影响牧草的品质及产量，增加饲养成本，降低牲畜的生产性能和增加死亡率，最终导致牧场养殖损失严重。巴西新闻网站"G1"曾有相关报道称，由于受干旱天气的持续影响，巴拉那州西北部牧场的天然牧草极度缺乏，不得已使用干燥牧草代替，但草料的短缺使牛群随时面临断供的风险。

2. 水资源浪费

巴西水量丰沛的观念形成了一种浪费水资源的文化，当地人普遍缺乏节水和循环用水的意识，导致长期以来巴西的水资源浪费现象严重。2014 年，圣保罗经历了过去 80 年来最大的干旱，而 Embrapa 分析这场干旱不仅归因于气候变化，还可归因于城市扩张、工业和农业区扩张带来的过度用水等问题。又如在东北部，尽管政府在一些季节性河流上修建了调节设备，但由于不节制的取水，许多河流已经出现干涸。

（二）水资源污染

虽然从数据上看巴西人均淡水拥有量较高，但实际上仍面临着严峻的水质安全问题，目前超过 97％的人能够饮用到安全水源，但仍有约 300 万人得不到安全的饮用水。根据 OECD 2013 年一项水质满意度调查，巴西仅 72％的人表示对水质满意，这远低于 OECD 81％的平均水平。

世界银行认为，城市河流的污染是巴西当前面临的最大的水质挑战。工业和城市化发展、农业生产活动都会对城市河流的水质构成威胁。在南部和东南部沿海地区，圣保罗、里约热内卢和米纳斯吉拉斯三个州都是巴西工业经济的核心，由于工业废水排放不当均导致水质污染问题。此外，由于缺乏污水收集系统导致家庭生活污水未经处理排放，也是巴西水质恶化的主要因素之一。在圣保罗州，只有约 60％多的城市污水被收集，而这其中仅 43％的污水得到了适当处理。20 世纪 90 年代初，大量的工业废水和家庭污水曾在未处理的情况下直接经下水道排放到附近的铁特河，形成了有毒的泡沫污染，严重破坏了当地的水质。

广泛进行的农业生产活动造成的扩散性污染也使得巴西水质恶化。这种扩散性污染通常是在降水或灌溉过程中，氮素和磷素、农药以及其他有机或无机污染物质通过农田地表径流、农田排水和地下渗透进入附近水体，引起水域污染。

二、水资源管理

（一）管理体制和模式

1. 水资源管理机构

在水资源管理体制层面，巴西有多个层级的政府机构对水资源拥有分配和管理的权力，且实行分权管理的模式。从国家（联邦）层面设有国家水务局（ANA）、国家水资源委员会（NWRC）；州层面设有州水资源管理机构（SWRI）和州水资源委员会（SWRC）；从流域层面，设有流域委员会（RBC）和水务局（WA）。此外，其他政府机构中也设有水资源管理部门，如巴西环境部设有水资源和城市环境司，各州设有水污染防治部门（表5-3）。

表5-3 巴西各层级水资源管理机构与主要职能

管理机构	机构主要职能
国家水务局（ANA）	成立于2000年，属于联邦层面的管理机构，是依法建立的负责国家水政策执行和运作的机构，监督、协调联邦政府与州政府水资源管理机构和流域实体之间在实施过程中的执行情况
国家水资源委员会（NWRC）	负责解决联邦层面上流域间的用水纠纷，同时为建立组织架构以及执行国家水资源政策中的各种措施提供必要的指导
州水资源委员会（SWRC）	与国家水资源委员会类似，具有相同的职能，只是管理范围为州内的流域
州水资源管理机构（SWRI）	负责执行州水资源委员会确定的各项任务
流域委员会（RBC）	负责解决流域层面的水资源纠纷，参与实施水资源共同管理，通常由公共部门（联邦、州及市政府）、水用户及民间团体的代表组成
水务局（WA）	是国家水务局在流域层面成立的行政执行机构，负责实施流域规划，颁发用水许可和收取水费

值得一提的是流域委员会和水务局的设立具有一定的特殊性。各个流域委员会就如同一个议会机构，它们在流域层面解决水资源纠纷，参与并实施水资源的共同管理，在水资源分权管理中发挥重要作用。而水务局是国家水务局管理体系中的执行部门，是流域层面上的执行机构。

2. 水资源政策法规

巴西不断推动国家的水资源管理体制改革，自1988年以来陆续发布了一系列的规章制度。巴西1988年颁布的《联邦宪法》曾在水资源管理方面首次明确了水资源的公共属性，即规定水是公共资产，这意味着在巴西不存在私有水体，另外规定了水资源由联邦和各州共同管辖。

受到法国水资源管理模式的启示，巴西于1997年颁布了现行的《水资源管理法律》（9.433/1997号）。该法律在1988年宪法的基础上进行了重大调整。在体制层面，明确了巴西的水资源由联邦政府、各州和流域共同管辖，构建了管理水资源的新组织框架。在管理层面，明确在水资源管理行动、计划、项目和投资方面，流域层面拥有优先执行权，确定流域为水资源管理规划的国土单元，并构建水资源信息系统。在政策层面，明确了水是一种具有经济价值的稀缺资源，提出了收取水资源使用费，并以此作为保护河流和湖泊的财政来源。在执行层面，确认了多种水资源用途和分类，对于联邦管辖内不同的水资源用户授予水资源使用权，目的是在集水和排放污水方面规范水体的使用。此外，建立了国家水资源注册系统（CNARH），以此来进一步规范地表水和地下水的使用过程。

继《水资源管理法律》颁布之后，巴西又于 2000 年颁布了 9.984/2000 号法律。国家水务局就是在 9.984/2000 号法律下成立的新机构，以确保上述政策法规能够以明确的方式实施。此外，在 2009 年颁布的 12.058/2009 号条例中又进一步明确国家税务局的职责，确定了该机构负有监管和检查联邦水资源、特许灌溉设施和原水供应情况的责任。

2011 年，国家水务局制定了《全国水资源管理公约》，作为加强联邦和各州水资源系统之间一体化的工具，促进各州政策和执行趋同，从而减少区域水资源管理的差异，并从财政上实行激励机制，将划拨的管理经费平均分配给各州，但没有指定用于特定的支出目标。

3. 现行治理的不足

自建国以来，巴西在水资源管理和治理方面取得了显著的进步，在水资源分权管理和制定政策时有自己的创新性。但正如 OECD 在 2015 年评估分析时指出的，巴西在水资源管理的执行层面缺乏实质性进展，主要表现在以下三个方面：

一是巴西的行政架构（即市、州、联邦）和水文流域管理机构之间的不匹配，使得在联邦层面和州层面对水资源形成了双重管辖。一方面，巴西的水资源管理根据 1997 年《水资源管理法律》实行分权的原则，以水文流域为中心制定并执行水政策；另一方面，巴西政府希望通过建立国家水务局来加强对国内水资源的一体化管理。因此，在实际执行上，流域层面的管理一直服从于行政区划管理，使得前述的分权管理受到了削弱，这也造成了联邦与各州之间对于水资源管理模式存在着差异。

二是各州在各自范围流域的水资源管理上存在较大的差异。虽处在一个法律框架下，但各州对于其行政边界范围内的水资源有自己的政策。各州在划分水文分区方面，虽然考虑到了具体水资源的特征情况，但对水文分区的标准方面（面积或者人口）缺少统一的联系。例如，阿拉戈斯州划分了 20 个水文分区，而与其面积大致等同的塞尔希培州只有 6 个水文分区。此外，州一级的层面上，流域委员会和水务局的成立情况不一致。目前只有 24 个州成立了州水资源委员会，部分州成立了流域委员会。在政策执行上也不尽相同，27 个州中有 18 个州制定了自己的水资源计划。较重视水资源管理的州，通常是经济较发达或水质水量方面面临较大问题的州，如东南部、南部及东北部地区，这些州对于流域规划、用水许可以及缴纳税费等已经贯彻执行。但北部和中西部地区由于水资源相对充足，较少设立流域委员会和水务局等组织架构，同时缺乏对于水资源的统一管理和计划。

三是水资源管理跨部门之间缺少政策的一致性。有关水、土地利用、卫生、环境和经济发展政策之间的整体协调性不够，不利于水资源政策的执行。国家水资源委员会尚未充分发挥其跨部门协调的作用。委员会代表人数的不足削弱了它们在制定战略和实施决策过程中的影响力。

（二）水资源可持续发展

水资源的可持续发展关系到巴西人民生计、环境和经济的发展。巴政府对此高度重视，2017 年曾提出了 17 项"2030 可持续发展目标"，这其中就包含了"确保为所有人提供水和卫生设施并达到可持续管理"的目标。

近年来巴西关于水资源可持续发展也采取了一些有效措施。在面对干旱问题上，在世界银行的支持下，巴西建立了第一个干旱监测器，这使得 9 个半干旱州能够更好地预测并减轻干旱现象对巴西社会和经济带来的负面影响。在整治城市污水处理方面，贯穿圣保罗州各大城市又曾经备受污染问题侵扰的铁特河水质得到了改善。作为圣保罗州最大的自来水管理公司——圣保罗州立水务公司（SABESP）通过优化现有污水处理厂的性能，提升公司内部管理流程，切实提高了排放到铁特河的经处理后水的质量。

水资源分布的不均衡给巴西水资源的管理和分配带来了挑战。OECD 认为，对于不同的用水部门（农业、工业和家庭），需要合理的机制来保障水资源的分配与管理。因此，关于巴西水资源的可持续发展，有效的水资源分配制度显然既需要在联邦、州和流域各级加强协调，也需要加强地方一级的协调。

农业用水管理尤其具有一定的特殊性，其面临的挑战也是双重的，除灌溉系统外还需考虑到排水系统。在巴西应对水资源可持续发展方面，联合国教科文组织（UNESCO）提出首要任务是调整现有的农业生产方式，如采用良好的排水系统，其次是采取"脱碳"的方式，即通过减少温室气体排放提高水资源利用率。

第五节 林业政策及林业经济

一、林业保护政策

巴西林业的总目标是通过重点保护亚马孙原始森林，降低毁林率和土地退化，扩大人工林面积，开拓国内外林产品市场，实现森林可持续发展。

（一）国家林业计划

在国家层面，巴西政府通过法律形式制定《国家林业计划》（NFP），并通过国家林业计划协调委员会（CONAFLOR）制定林业相关政策和措施，确保计划的落实。《国家林业计划》的目标是促进森林可持续发展，通过开拓国内外市场，协调森林资源利用和生态系统保护之间的关系，保持林业政策与其他部门政策的一致性。根据2004—2007年森林发展战略规划，2004年巴西修订了《国家林业计划》，其内容包括：①扩建人工林基地120万公顷，恢复退化林地20万公顷；②扩大森林经营面积，把1500万公顷天然林划为可持续木材生产，生产的木材能满足木材加工企业30%的木材需求。同时，保护200万公顷的高生态价值保护区。③严格控制毁林和森林火灾。

《国家林业计划》强调，通过扩建人工林提高森林覆盖率，激励可持续经营。至2007年，《国家林业计划》从巴西国家经济社会开发银行（BNDES）、东北银行和亚马孙银行申请到66.05亿美元的信贷，其中，5040万美元用于培训、技术援助、调查和技术开发等活动。

巴西《森林法》第12.651/12条明确划分了必须保护的地区和允许耕种的地区，并提出了保护措施——永久保护区（Permanent Preservation Areas，PPA）的建立。PPA是指在需要保护的生态系统周围种植水生植物（如桉树），将保护区与外界有效隔离。PPA环境功能包括保护土壤、水资源、草原景观和生物多样性，以及促进动植物的遗传流动。

（二）国家森林认证计划

1991年，由巴西林产工业协会下设的造林协会（SBS）起草制定了巴西

《国家森林认证计划》（Cerflor），由发展、工业和外贸部下属的国家计量、标准和工业质量研究所（INMETRO）负责森林认证的管理。2004 年，巴西国家森林认证计划正式采用了国家森林经营标准。2005 年，该计划得到国际森林认证计划项目的支持和认可。

巴西国家森林认证标准最初应用于美国国际纸业公司子公司 INPACEL 的松树人工林和桉树人工林，以及由巴西纸浆业巨头阿里克鲁斯（Aracruz Cellulose）和 Cenibra 公司管理的人工林。巴西共有 88 万公顷森林通过了森林认证。

（三）国家气候变化计划

2007 年，巴西气候变化部委间委员会出台了《国家气候变化计划》，以亚马孙基金（Amazon Fund）和气候基金为保障，实现以下与林业有关的目标：①探索减少森林毁林的途径与方法，以达到零非法毁林率的目标。具体的目标是，以 1996—2005 年平均毁林率作为参照水平，2006—2009 年平均毁林率降低 40%；以后每 4 年在前一个时期的基础上再减少 30%。②减少森林净损失。具体目标是到 2020 年，使现有 550 万公顷人工林面积成倍增长到 1 100 万公顷，其中 200 万公顷种植本土物种。③修订当前银行管理条例，使造林和再造林活动以及木炭生产更具有投资吸引力。④利用国家农村信贷体系下低成本投资政策，激励恢复退化林地。通过开展森林能源项目，探索造林的经济可行性。⑤为特许经营的森林提供补助，用于以可持续方式经营和开发森林产品和服务。⑥在建筑工业禁止使用非法木材。自 2009 年 1 月，建筑公司和房地产公司将核实木材合法来源。

（四）国家生物多样性保护战略与行动计划

1992 年里约会议通过《联合国生物多样性公约》（UNCBD）后，根据总统指令，巴西成立了由环境部牵头的 8 个政府部门和 8 个非政府组织组成的生物多样性国家委员会，认真履行《联合国生物多样性公约》。

2010 年，巴西制定了《国家生物多样性保护计划》，主要目标是：①通过建立保护区，有效保护至少 30% 的亚马孙生态区，10% 生物群落以及沿海和海洋区；②在保护区和原住民土地上，保证至少 2/3 的生物多样性优先领域得到保护；③保护所有巴西官方认定的濒危物种，要求 100%

濒危物种在保护区得到有效保护；④国家清单中动物濒危物种年增长率减少 25％；⑤促进 70％基因多样性的保护，优先保护 50％的物种；⑥80％采摘保留地和可持续发展保留地受益于动植物物种的可持续管理；⑦减少 80％可持续开发保护区内不可持续的动植物资源的消费；⑧大幅度减少国际濒临绝种动植物贸易公约中的濒危动植物物种的非法贸易，增加 80％新的、可持续利用的药品和食物，加强监测、控制和制止生物剽窃，加强可持续利用生物多样性方面的科研和项目研究，增加 80％的生物多样性成分的专利数量。

（五）防止亚马孙地区毁林行动计划

2004 年，巴西政府启动了《防止亚马孙地区毁林行动计划》，其主要目标是通过一系列行动降低亚马孙地区的毁林率。具体行动包括：①土地和权属的规划；②监测和环境控制；③激励可持续生产活动。

这些行动计划的实施，取得了显著效果。2005—2007 年，3 年毁林率下降近 60％。为此，巴西政府于 2011 年投资 5 亿美元用于防止毁林活动的开展。

巴西环境部（MMA）于 2020 年签署了一项行政法令（第 288/20 号），鼓励实施"森林＋"计划，加强天然林的保护。"森林＋"计划将在亚马孙地区实施，包括分布在 9 个州的亚马孙森林地区。该计划的目标是为在需要保护的自然植被地区开展环境服务活动或支持自然森林恢复的个人、法律实体和社区团体等提供资金支持。MMA 表示，这是世界上金额最大的环境服务付费计划。绿色气候基金（Green Climate Fund）将提供大约 5 亿雷亚尔（约 6.5 亿元人民币），用于开展天然林保护、改善和恢复活动。下一步工作包括进一步研究保护方案的实施、环境服务的评估和验证以及建立国家环境服务注册制度和有关环境服务付费的法规。

二、林业财政金融政策

为了更好地保护天然林，发展人工林及其林产工业，实现保护和利用双赢，巴西政府制定和出台了一系列财政货币扶持政策，鼓励和支持林业产业与金融业的相互渗透与融合，推动巴西林业金融系统的创新与发展，由此催生了一系列新的金融产品与服务，满足了林农和林业企业对巴西林业金融产品与服务不断变化的需求，使更多资金投入到林业领域，促进了巴西森林可持续发展。

（一）政府融资机制

1. 国家森林发展基金

巴西政府林业融资规模最大的是 2008 年建立的国家森林发展基金，又称"亚马孙基金"，该基金负责接收和管理来自国际社会和巴西各界的捐款，用于保护亚马孙地区的雨林和生态环境，并加强对该地区非法采伐活动的监控和打击力度。目前，德国、挪威等国已为基金捐资近 12 亿美元（德国 3 300 万美元、挪威 11.4 亿美元）。据初步统计，至 2018 年底，该基金已支持项目 103 项，项目总金额 3.35 亿美元。

2. 国家环境基金

巴西国家环境基金创设于 1990 年，是拉丁美洲设立最长久的政府基金。1990—2017 年，基金支持了 250 个项目，支持金额达 1 817 万美元。

3. 气候基金

巴西政府 2009 年设立了气候基金，作为落实巴西政府气候政策的金融工具，该基金主要用于支持减少温室气体排放相关研究和企业活动。2011—2018 年，气候基金累计支持项目 34 项，资助金额达 1 041 万美元。

4. 生态增值税

巴西政府通过把增值税（ICMS，又称商品流通服务税）其中的一部分以再分配的方式保护森林。自 1992 年以来，巴西许多州按照环境标准把部分增值税收入以生态增值税（ICMS - E）的方式再分配给市政府，用以保护森林生态系统。生态增值税是市政府一笔可观的收入来源。生态增值税机制的实施，增加了参加该机制的州政府的收入，提高了它们将收入再次投资于保护区的积极性，使保护区数目增加，规模扩大。

5. 环境补偿费

2002 年巴西联邦政府出台《国家保护区体系法》（SNUC），规定巴西的每个公共或私人项目，必须支付不低于项目资金 0.5% 的费用，用于补偿项目对环境产生的影响。法律规定该笔资金由环保部门使用，用于建立和维护保护区，包括国家和州立公园、生态保留地和生态保护站等。2002—2004 年，联邦政府已征收环境补偿费 6 000 万美元。

6. 政府补贴

2003—2006 年，实施了"保护森林津贴"计划（Bolsa Floresta）。计划内容是亚马孙州政府每月给予不砍伐森林的社区每个家庭 60 美元的补贴，使他们能够维持生计。计划的实施使亚马孙州森林砍伐量降低了 51%，并在消除贫困方面取得重大成果，保护区面积增加 135%。

（二）市场融资机制

受国家财政货币紧缩的影响，在政府下拨森林保护活动资金减少的情况下，为了弥补林业发展资金的不足，巴西政府修订法律法规为林业投资创造优惠条件，催生了巴西多种多样的市场融资机制。诸如发放森林资产抵押证券、发行碳债券和森林股票等。此外，最近巴西创新了一种名为 CPR（Cedulo de Produto Rural）的市场融资机制，为林农获得融资开辟了一个新的途径。即在还没有收获林农产品之前，农民就可以先向银行或其他公司卖出自己的产品，从而从银行或市场上拿到钱。CPR 是一种非标准合约，也可以被称为债券。市场上有实物 CPR、金融 CPR 和期货指数 CPR 三种方式。CPR 必须由银行或保险公司进行担保才能流通，巴西交易所控股的巴西现货市场（简称 BBM）是 CPR 交易的场所。目前 BBM 有 20 亿美元的 CPR，整个巴西市场的 CPR 总值有 80 亿美元，其中 20% 是大豆。

（三）国际组织援助机制

巴西在与联合国组织、非政府国际组织（NGO）合作中，得到了各种渠道的林业援助资金。主要有官方发展援助（ODA）、全球环境基金（GEF）、FAO 的国家森林计划基金（NFPF）、REDD 机制下的碳基金等。

三、林业经济

（一）林业产值及林产品贸易

巴西是林产品出口大国，主要的出口目的地是中国、美国，以及荷兰、意大利等欧洲国家。2017 年出口额分别为 2 764 万美元、2 102 万美元、768 万美元、669 万美元。出口额前三位的林产品是纸浆、纸和纸板、胶合板（表 5 - 4）。

表 5 - 4　2017 年巴西主要林产品出口量和出口金额

出口林产品	出口量	出口金额（万美元）
木炭	3 844 吨	185.9
木制颗粒	6 483 357 立方米	14 406.2
圆木	246 294 立方米	3 952.9
锯木	493 303 立方米	20 181.8
刨花板	603 016 立方米	11 395.7
胶合板	2 687 718 立方米	61 399.8
饰面板	144 354 立方米	3 136.8
纤维板	919 904 立方米	21 241.8
纸和纸板	1 947 802 吨	165 779.3
再生纸	53 150 吨	1 011.4
木框架	108 376 吨	1 730.4
纸浆	13 841 742 吨	634 519.3
木材剩余物	2 067 立方米	41.3

资料来源：巴西外贸工业服务部（MDIC）.2018。

（二）林业就业

根据巴西外贸工业服务部 2018 年统计数据，巴西的林业相关就业领域和就业人员占比如下：

林业生产辅助性工作主要涉及林木采伐、林木运输、木材估价、测树学、木材卸载、营林及植物提取等相关服务，就业人数 33 759 人，占林业部门总就业人数的 5%。木材加工主要包括锯材、枕木、板材、天花板、楼房建筑、木杆等，就业人数 51 882 人，占林业部门总就业人数的 11%。纸浆和造纸，就业人数 78 478 人，占总就业人数的 29%。木材结构材和手工艺品，就业人数 45 776 人，占总就业人数的 7%。饰面板和胶合板，就业人数 24 909 人，占总就业人数的 6%。天然林生产主要包括植物萃取、木材采伐、木炭生产和加工等，就业人数 11 638 人，占林业部门总就业人数的 1%。人工林生产主要包括人工林种植、采伐、苗木生产、树皮、树叶和松香萃取等，就业人数 52 270 人，占林业部门总就业人数的 11%。家具加工主要涉及木质家具生产，就业人数 122 278 人，占林业部门总就业人数的 30%。

第六章 CHAPTER 6
农业科技与教育 ▶▶▶

一、农业科技发展概况

（一）农业科技发展历程

巴西的农业科学研究始于 19 世纪初，主要是保存和交换植物材料，用于开展植物驯化方面的研究。随着奴隶贸易的禁止和甘蔗种植导致的土壤枯竭，农业在国际市场上失去了竞争力，受试验站推动欧洲农学成功的启发，巴西皇帝佩德罗二世于 1859 年在巴伊亚创建了巴伊亚帝国农业研究所，并于 1887 年在圣保罗创建了坎皮纳斯试验站。试验站的第一位负责人是奥地利人弗朗茨·约瑟夫·威廉·达夫特（Franz Josef Wilhelm Dafert），研究重点是土壤与植物营养，以及土壤化学基础研究和施肥建议，其他研究机构也在此时期建立起来。总的来说，20 世纪前巴西农业生产的科技含量较低。

20 世纪 30 年代，随着进口替代工业化步伐的加快，圣保罗州采用了当时先进的技术，开始了密集的棉花定向农业研究活动，其资金投入超过美国杂交玉米研究的总支出。20 世纪 50 年代以后，巴西农业生产中的科技因素越来越突出，生产、加工及销售过程中的科技含量不断增加。新型工业式农业的基础是通过化肥使用和机械化增加劳动收入，通过作物品种改良来提高产量。短期看，国家通过补贴和进口农业投入品和装备以及吸引外资，促进了化肥的使用和农业的机械化。

20 世纪 70 年代开始，巴西政府制定了农业科技发展计划，在经济作物生产的过程中积极推广世界上最先进的农业技术，覆盖面从最初的经济作物扩展到所有农作物生产。巴西经历了土壤改良和热带生产技术，免耕直播，农林牧一体化生产三次技术变革。巴西农业技术变革主要依赖于政府主导的农业技术创新管理体制与机制运作，以及由科技部牵头的国际科技创新发展战略。

巴西农牧业研究公司（Embrapa）于 1973 年成立，该公司隶属于巴西农业部，负责全国农业科研和技术推广工作。其使命是"通过研究、开发和创新实现农业可持续发展的解决方案，造福于巴西社会。"Embrapa 是巴西国内规模最大的农业科研单位，也是发展中国家最大的农业科研机构之一。该机构与各州立大学、各州农业技术推广站、试验站合作，形成了一个覆盖全国的农业科技推广、普及网络。公司自成立以来，在培育改良农作物种子、控制病虫害及农药、化肥研发等领域取得了重要成效。

在早期，该机构的工作重点是应用研究，以补充在大学所做的基础研究。20 世纪 80 年代起致力于农业现代化，投资促进农业机械和农药的技术改造和产品的工业加工，并在人才培养方面进行了大量投资。同时，巴西农牧业研究公司开始把研究重点放在研发新技术上，从而可以自主地满足巴西农业的需求。例如，育成了适合巴西自然条件的小麦品种，小麦单产提高 70%，使巴西摆脱了对进口小麦的依赖。Embrapa 在改进农耕技术和土壤品质方面做出了重要的贡献，1983—2012 年，巴西农业生产率比 1970 年提高了 40%左右。

进入 21 世纪，巴西在生物技术和生态农业领域飞速发展，大豆、甘蔗等农作物的转基因技术不断进步并得到广泛应用。2002 年巴西圣保罗州立大学建成了拉美地区第一个大型基因克隆库——巴西克隆采集中心，可储存 160 万个基因样本。中心储存的 DNA 片段可用来进行基因研究和开发高产、抗病的转基因农作物。近年来，巴西致力于生态农业的发展，尤其是在亚马孙平原流域，积极推广农业、牧业、养殖业的循环农业，取得了较好的效果。

（二）巴西的农业科学教育与研究

巴西农业人才培养和科学知识生产是通过大学研究生项目实现的。有 60 多所大学提供超过 400 个农业科学相关的本科课程，每年共有 22 930 个名额。其中大约 25%的人可通过国家资助研究生系统的科学创新基金项目获得研究机会。农业科学研究生项目于 1961 年在米纳斯吉拉斯州的维科萨联邦大学启动，国家研究生系统每三年对所有这些课程进行评估并公布结果。现有农业科学专业 361 个项目，拥有博士学位讲师 5 000 余人，年均发表科学论文 13 500

篇。自然科学中，农业科学博士毕业人数增长最快。除了高效率、高质量的教育项目外，农科研究生项目还有一个显著的特点就是科学出版物的迅猛增长。目前，该领域出版物数量位居第二，占本国出版论文总数的 15.3%，自2004 年以来，论文年增长率超过 50%。农业科学领域的发展使巴西在该领域发表的稿件数量在 2014 年的世界排名中从第 21 位上升到第 13 位。科学知识生产方面，巴西占全球产量的 5.9%，排名第四。大多农业科学子领域都处于十分有利的位置，如巴西动物科学在世界排名中位列第二。农业科学的 H 指数几乎占全国 27 个领域引用量的一半。该学科引文质量指数在子领域中更高，因为它们的排名普遍高于国家的总体排位。目前，巴西 90% 以上的科研成果来自于公立大学的研究生项目。尽管成果颇丰，但巴西 70 所大学中 60% 的产出只源于 7 所大学，表明其科研成果的集中化，但也显示了进一步增长的巨大潜力。

（三）农业科学技术投资

巴西在科技方面的投入一直保持稳定，约占国民生产总值的 1.3%。在全球科技投资排行榜上，自 2012 年以来巴西一直保持在第 10 位。就农业科学而言，近年来投入相当可观。例如，2013 年巴西在成本、研究、人员和补助金的支付上投资了 50 亿雷亚尔，这些资金主要是通过联邦和州立支持机构的公共资金提供的，如来自联邦或州一级的农业研究公司、大学等。在私营部门，投资和参与研究的对象是特定的作物或产品，如甘蔗、柑橘类水果、大豆和棉花、种子等。

二、主要农业科技成就

（一）土壤养护

1. 土壤改良技术

巴西稀树草原（Cerrado）是全球最知名的热带稀树草原之一，其生态区位于巴西中部高原，比邻亚马孙雨林。塞拉多稀树草原是巴西除亚马孙雨林之外第二大生态区，面积约为 2 亿公顷，占巴西陆地面积的 21%，但其土壤呈酸性，且缺乏营养物质，不适宜耕作。在此背景下，Embrapa 用大量石灰来降低土壤酸性，用量每公顷约 5 吨。通过这种土壤肥力管理，增大了适种面积，增加了作物多样性。此外，巴西还利用生物固氮技术来增加土壤肥力。巴西农牧业研究公司育出各种根瘤菌，帮助豆科植物固氮，根瘤菌在热带草原土壤的效果特别好，减少了肥料用量。开发的根瘤菌育种技术具有很高的实用价值和经济效益，每年可节省 20 亿美元的进口氮肥费用。

2. 免耕直播技术

免耕直播技术是一种对土壤干扰最小、由种植物及其残骸覆盖土壤和轮作的种植方式。通过免耕直播技术，农民不需要整地即可种植作物。免耕直播技术增加了土壤中的水分、有机质和土壤中养分的循环，其最大的好处是改善土壤肥力，使土壤更有恢复力。如今的免耕直播技术是一个意义十分重大和复杂的技术，涉及不同生产要素的整合，如种子、农药、机械、农业生产和不同的知识领域。免耕直播技术对生态条件十分敏感，需要根据当地条件进行调整。农业技术员对当地土质结构进行分析，测定土壤指标，在此基础上制定合适的生产方式。免耕主要基于三个原则：①播种前不整地；②全年保持植物覆盖土壤，腐烂后形成有机物料；③农作物轮作制。免耕直播技术可以把土壤侵蚀程度降到最低，尽量减少土壤耕作次数，减少土壤压实程度，保护和改善土壤结构，同时大大降低了能源消耗和生产成本，从而提高播种质量和农业竞争力。到 2009 年，巴西已有 25 502 万公顷的耕地采用免耕直播技术，覆盖 50％的粮食作物。

免耕直播也是巴西减少农业生产过程中碳排放的一项重要举措。为此，直播农田一般都采用农作物轮作或套种技术，即一季农作物收获后马上播种另一季，不让土层裸露在外。或者先种一季玉米，玉米收割后将玉米叶留在田里覆盖土壤，然后再使用播种机播种大豆，也有的田地采用玉米和牧草套种。

（二）品种培育改良

以大豆为例，巴西大豆经历了杂交大豆、热带大豆和转基因大豆三次变革。

1. 杂交大豆

由于大豆属于温带气候作物，20 世纪 60 年代初，巴西的大豆种植局限于与阿根廷、乌拉圭接壤的南部温带地区，种植面积仅约 40 万公顷。随着国内对大豆消费需求的增长，巴西从美国引进大豆新品种。1975 年，巴西政府在南部地区巴拉那州建立了首个大豆研究所，依托美国大豆品种，通过杂交育种，培育出了适应南方气候、土壤和水质条件的杂交大豆，从而改善了大豆品质，并大幅提升了巴西大豆的生产率。大豆逐渐成为巴西的主要粮食作物，也为巴西大豆产业在国际市场上奠定了基础。

2. 热带大豆

巴西大部分地区处于亚热带和热带地区，光照时间长、土壤肥力不足、全年降雨量分布不均和易发病虫害，温带大豆简单"移植"到热带地区种植问题频发。对此，巴西科研人员在温室试验田里模拟热带气候条件，开发出了300多个热带大豆新品种。除了适应巴西的区域气候特征，这些新品种还有营养丰富、病虫害抗性强和化肥农药需求量低等优良性状。"热带大豆"的出现，最终为巴西大面积推广大豆种植创造了条件，伴随着热带大豆的推广，大豆种植逐步扩大到巴西中西部地区。巴西中西部的塞拉多稀树草原，终年气候炎热，土壤呈酸性，肥力不足，全年只有雨季和旱季，不适宜农业生产，大片的土地基本闲置。大豆在该地区试种成功后，吸引了大量南方农民来此种植。巴西大豆种植面积区域"北移"扩展，而且产量也得到迅速的提高。如今，巴西全境都可以种植大豆，甚至在赤道线附近的低纬度地区也能种植。大豆生产不再受区域、气候的限制，中西部成为巴西热带大豆生产的"新粮仓"。现在，这一地区的大豆总产量已经超过传统的南部大豆生产区，成为巴西最大的大豆产区。

3. 转基因大豆

美国孟山都公司通过生物技术，开发出具有抗除草剂的转基因大豆。孟山都公司通过"注入"新的基因，使大豆具有抗除草剂的特殊能力，减轻了大豆种植的成本负担。抗除草剂转基因大豆的出现，使豆农可以使用农药杀死杂草，又不损害大豆作物的生长，这样既能提高大豆产量，又能减少生产成本。国际转基因巨头美国孟山都公司组织巴西农民参观转基因大豆品种和传统品种的田间对照实验现场，让农民亲眼目睹了转基因大豆显著增产的效果，从而使更多的农民开始种植转基因大豆。但是巴西转基因大豆的发展并非一帆风顺，其合法化问题经历了 20 年之久。跨国公司、巴西政府以及反对转基因的民间非政府组织等社会力量经过多次争论，最终以转基因大豆产量高、成本低的优势使巴西政府批准了巴西农民种植转基因大豆。根据美国农业部统计，截至 2015 年，巴西通过了 6 个转基因大豆品种，技术主要由跨国公司掌握。2016 年，巴西转基因大豆种植面积为 3 100 多万公顷，占巴西大豆种植面积的

90％以上，转基因大豆产出量占大豆总产出量的 96.5％。转基因大豆对巴西提高大豆单产发挥了重要作用。目前，巴西大豆的平均产量为 3 吨/公顷，每公顷成本为 4 000 元，处于世界领先水平。

（三）生物防治

巴西生物防治行业的主体一般是研究中心和中小型公司。第一项生物防治规范于 2006 年发布，次年 14 家公司成立了当地行业协会——ABCBio。如今，ABCBio 已发展成为一家颇具影响力的行业组织，也是全球生物保护组织（BPG）的创始成员之一。

巴西农牧业研究公司（Embrapa）在生物防治领域取得的成效十分显著。在其公布的 2014—2034 年发展计划中设定了 8 大优先任务，其中两项直接与生物防治相关：新科学（生物技术、纳米技术和地学技术）和绿色化学。自 2013 年以来，巴西农牧业研究公司已实施 300 余项生物防治项目，共有 150 余名巴西农牧业研究公司专家和 70 余名外部科学家投身这些项目。Embrapa 负责管理国家基因库和国家生物资源中心，这里有各种细菌库、真菌库和昆虫病原病毒库、天敌库、微生物数据库以及专门的战略作物库。此外，巴西农牧业研究公司还与私营企业合作，推出了多款生物防治产品。

在巴西，使用量最大的生物防治产品包括芽孢杆菌（多种类型）、杆状病毒、白僵菌、盘绒茧蜂、绿僵菌、拟青霉菌、普可尼亚菌、木霉菌和赤眼蜂等。使用生物防治产品的作物主要包括大豆、甘蔗、咖啡、蔬菜和水果等。

例如，在甘蔗种植中，主要用来有针对性地防治甘蔗螟虫和甘蔗沫蝉等影响甘蔗生产的病虫害。巴西已有近 330 万公顷甘蔗田使用盘绒茧蜂防治甘蔗螟虫。2010 年，50 万公顷甘蔗田采用了加氏赤眼蜂来灭杀甘蔗小卷蛾的幼卵。至少 200 万公顷的甘蔗田在采用绿僵菌防治甘蔗沫蝉。很多甘蔗种植企业（乙醇加工企业）都建有自己的生物防治试验室，自行生产和释放天敌。据估计，至少有 55 家试验室属于甘蔗种植企业。过去几年这些试验室大多未在技术上有重大发展，但也意味着更好的新型产品服务甘蔗蕴藏着巨大潜力。

（四）可持续农业

农牧业是巴西经济的支柱产业。巴西以国土面积、可耕地资源、气候特点等优势以及世界对农产品需求增长为依据，确定"以农立国"的可持续发展战略。在过去 40 年里，巴西通过不断变革农牧业生产方式，使农业产量增长了 385%，而用于农业的土地面积仅增长了 32%。这一成功使巴西成为全球粮食安全领域的重要领导者：巴西仅使用其 30% 的土地用于农业，而 66% 的领土保留着原生植被。

巴西通过技术创新推动可持续生产，建立了可持续热带技术的生产模式，将提高生产率、创收与气候复原力和减少碳排放结合起来。这种可持续的农牧业做法，加上使用高效投入品、基因改良和农村信贷和保险等农业政策，是创造可持续热带农业的根本。

为实现农牧业的可持续发展，2011 年巴西政府批准了《低碳排放农业计划》，即 ABC 计划，通过提供长期低息信贷，鼓励农业生产者采用农作物轮作、免耕直播、生物固氮以及农林牧一体化生产等先进生产方式来减少碳排放。在牧场，草、树、农作物都要按一定比例种植，确保区域内的生物多样性；在田间，秸秆还田增加肥力；在养殖场，动物粪便和垃圾集中处理，用来发电。

巴西采用农林牧结合的综合农业生产系统。由于饲养种牛，销售种牛、牛胚胎和精液，牧场对生态环境的要求非常高。为此，巴西的一些牧场每年都在植树造林，将草场和树林融为一体。这些牧场还实行农牧轮作，让草场得到休养，增强土壤肥力。农林牧相结合是改善牧场生态环境所必需的，为繁育种牛、保障牛群品质提供了更好的条件。

（五）数字农业

数字农业的发展在巴西尚处于早期阶段，但发展势头良好，农业数字化已经得到广泛应用。麦肯锡的一项调查显示，巴西的数字化普及率达 34%，高于美国 26% 的水平。

数字农业得以在巴西迅速发展，很重要的原因是当地的农民富有企业家精神，他们会积极探索并迅速使用具有增值效应的新技术，这有利于加速数字技术推广应用。数字技术的应用使巴西农民与北美、欧洲农民在市场竞争中处于同等地位。

几十年来，巴西一直是新技术开发和热带农业创新的先驱，在数字化农业浪潮下，巴西开始巩固自身作为全球数字农业的重要市场的地位，并向全球其他地区和国家传播先进技术。巴西的农业技术公司在 2016—2017 年数量至少增加了 1.5 倍，也意味着农业技术的应用量还将不断增长。

1. 数字农业综合平台 ClimateFieldView™

孟山都气候公司旗下数字农业综合平台 ClimateFieldView™为农民提供了一套全面的数字工具，它将田间数据分析、分析模型、气候监测整合至一款手机应用软件中。这使得种植者在管理农场时能够实现生产效率的最大化。ClimateFieldView™的主要优势之一是可以对种植、收获和药剂喷洒进行实时测绘，帮助农民更加深入地了解其种植情况，优化作物产量，最大程度地提高种植效率，降低风险。该软件在巴西上市以来，已在 40 万公顷农田上应用。

2. 农艺模型

巴西农业智能初创公司 Agrosmart 开发了一种基于种子遗传学、土壤类型和小气候数据分析、市场信息创建的农艺模型，可以运用人工智能技术深入了解自然，在食品生产全产业链帮助作物释放生产潜力，如可以支持农业公司进行基因编辑、播种、杂交以及作物保护产品评估工作。通过此模型可实现水成本节省 60％，能源节省 40％，生产率提高 20％。

3. 基于云计算的土壤肥力解决方案

成立于 2014 年的巴西初创公司 InCeres 开发了一种基于云计算的土壤肥力解决方案。该公司主要土壤资料来源覆盖了超过 500 万公顷的土地，为整个化肥供应链提供服务。InCeres 可以提供关于土壤营养变化的信息，农民根据这些信息进行精准施肥，提高施肥效率和精准度。Inceres 应用于约 600 万公顷农田，使农民可以充分享受到数字精准农业带来的好处。

4. "Alice" 人工智能平台

巴西圣保罗初创公司 Solinftec 成立于 2007 年，该公司研发的 "Alice" 人工智能平台可以整合和处理来自机器、人、气候监测站网络和其他大资料来源输入的数据，通过在农业设备上安装智能盒子，在田间部署传感器，"Alice"可以模拟出一个数字农场，监控农作物生产全过程，从而帮助农户优化农事操作、降低成本和环境影响，助力可持续发展。产品初期是为了满足甘蔗种植户的需求，现在还可用于大豆、棉花、玉米等农作物。

第二节　巴西生物技术

巴西农业生产属于现代化的大规模农业生产，生产过程中需要投入大量的资金用于支付土地租金，以及种子、化肥、农药、机械作业等的费用支出。巴西近年来农业生产率有较大提高，转基因植物的应用在其中发挥了不小作用。生物技术作物在巴西能够被广泛采用，也是得益于面向农民的补贴信贷、大规模机械化农业生产、外国大型生物技术公司的投资以及批准生物技术活动的先进法律框架，使得国际种子公司如拜耳、孟山都、先正达、巴斯夫等的最新品种在巴西得以推广和使用。转基因植物在巴西具有获批品种多、采用率高、出口量大的特点，且大豆、玉米和棉花既可用作饲料生产也可用作食物生产。相比之下，转基因动物在巴西处于起步阶段，还未取得实际应用成果。

一、巴西农业生物技术监管框架

2005 年 3 月 25 日颁布的第 11105 号法律概述了巴西农业生物技术的监管框架，2006 年 5591 号法律和 2007 年 11460 号法律又对第 11105 号法律做了进一步的修改。巴西有两个主要的农业生物技术管理机构，一个是国家生物安全委员会（CNBS），另一个是国家生物安全技术委员会（CTNBio）。

巴西国家生物安全委员会（The National Biosafety Council，CNBS）隶属于巴西总统府，负责巴西国家生物安全政策的制定和实施，为涉及生物技术的联邦机构行政行为制定原则和指引，评估有关生物技术产品商业用途批准后对社会经济的影响及其为国家带来的利益。CNBS 由总统办公室的 11 名内阁部长组成，任何相关事件的批准都需要至少 6 位部长同意。但 CNBS 并不进行安全方面的评估。2008 年 6 月 18 日，CNBS 决定根据巴西生物技术法律，只审查有关国家利益和涉及社会经济问题的行政诉讼，而不再对由 CTNBio 批准的转基因产品的技术决策进行评估。CNBS 认为，CTNBio 对所有转基因产品的批准起决定性作用。

国家生物安全技术委员会（The National Technical Biosafety Commission，CTNBio）最初是在 1995 年根据巴西最早的生物安全法（第 8974 号法律）建立的。CTNBio 隶属于科技部，其成员每 2 年选举一次，可连任两届。所有与生物安全相关的技术问题都由 CTNBio 进行讨论和审批。进口任何用于动物饲料、加工的农产品或食品，以及含有转基因产品成分的即食食品和宠物食品都必须由 CTNBio 预先批准。审批是逐案进行的。2007 年 3 月 21 日颁布的第

11460 号法律修改了 2005 年 3 月 25 日的第 11105 号法律第 11 条，并确定，要批准新的生物技术产品，需要获得 CTNBio 董事会 27 个席位的简单多数票通过即可。变更为多数票通过这一决定，消除了在巴西转基因事件批准程序上的一个主要障碍。根据现行法律，CTNBio 的成员已由 18 个增加到 27 个，其中包括 9 个来自联邦政府部门的官方代表，12 个来自动物、植物、环境和健康等 4 个不同领域的科学技术专家（每个领域各 3 名专家）和 6 个来自消费者保护部门和家庭农场等其他领域的专家。

二、植物生物技术

巴西是仅次于美国的全球第二大生物技术作物种植国，约占全球生物技术作物种植面积的 26％。进入 21 世纪，巴西生物技术飞速发展，大豆、甘蔗等农作物的转基因技术不断进步并获得广泛应用。巴西转基因作物的种植面积从 2012 年的 3 700 万公顷，增加到 2019 年的 5 180 万公顷，增幅达 40％。截至 2019 年 12 月 10 日，共有 107 种转基因植物在巴西获得了商业化种植批准，主要包括转基因大豆、玉米、棉花和甘蔗等。大豆采用率高达 95.7％，全季玉米为 90.7％，二季玉米为 84.8％，棉花为 89.8％。

（一）转基因植物的研发

巴西的转基因植物的研发主体包括巴西本土种子公司、跨国种子公司和巴西公共研究机构。截至 2019 年 12 月 10 日，共有 107 种转基因植物获批在巴西进行商业化种植，其中玉米最多，有 60 种；其次是棉花，有 23 种；大豆 19 种；甘蔗 3 种；干食用豆 1 种；桉树 1 种。转基因性状包括耐除草剂性状、耐铵盐性状、抗虫性状，以及耐旱性状等。世界主要种子研发和生产商如巴斯夫（BASF）、拜耳（Bayer）、孟山都（Monsanto）、先正达（Syngenta）等都积极在巴西推出自己的转基因植物。获批的转基因植物中绝大多数都来自这些企业，仅有 2 个转基因棉花是由巴西 TMG 公司（Tropical Melhoramento & Genética）研发，占比不到 2％。TMG 公司是巴西一家大豆和棉花育种公司，专注于开发高产栽培品种，总部位于巴拉那州坎贝。

获得商业化种植许可的 60 种转基因玉米中，最多的是先正达研发的产品，共 19 种，占到近三分之一，其中包括 2008 年首次获批的抗鳞翅目性状和近几年获批的多个耐除草剂和抗虫堆叠性状品种。孟山都的产品有16种，最早的有2007年获批的抗鳞翅目性状，最新的有2019年获批的耐除草剂性状，此外还有多个耐除草剂和抗虫堆叠性状产品获得批准。杜邦（Dupout）公司共有10种，2009年首次获批了一款耐草甘膦除草剂和抗虫堆叠性状产品，2011年、2013年和2015年相继获批多款耐除草剂和抗虫性状以及堆叠性状的产品，杜邦还有一款恢复土壤肥力的产品，也是巴西所有获批的转基因植物产品中唯一用于恢复土壤肥力的产品。陶氏获批的共有8种，其中6种为耐除草剂和抗虫堆叠性状（包括和杜邦合作研发的1种），2种为耐除草剂性状。拜耳的产品有2种，2005年首个获批的转基因玉米是拜耳开发的耐草甘膦除草剂和铵盐以及抗鳞翅目堆叠性状品种。

获批的转基因棉花中最多的是孟山都的产品，从2005年获批的抗鳞翅目性状，到2018年的耐除草剂和抗虫堆叠性状，共有10种，占到近一半。拜耳的产品有6种，包括2008年获批的耐草甘膦除草剂和耐铵盐堆叠性陆地棉，以及2017年获批的耐除草剂和抗虫堆叠性状品种。陶氏的产品有3种，分别是2009年获批的耐草甘膦除草剂和耐铵盐堆叠性陆地棉和2018年获批的耐除草剂性棉花和抗虫性棉花。此外，还有巴斯夫的2种耐除草剂和抗虫堆叠性状产品，分别于2018和2019年获批。

获批的19种转基因大豆中，也是孟山都的产品最多，共6种，以耐除草剂性状为主，2008年获批的首个转基因大豆就是来自孟山都的耐草甘膦除草剂性状产品。其次是拜耳，共获批5种，也均为耐除草剂性状产品。陶氏获批4种，包括2015年获批的2种耐除草剂性状，以及2016年和2017年分别获批的2种耐除草剂和抗虫堆叠性状产品。巴西TMG公司在2019年获批了2种耐旱性状的产品，其中一种同时还耐除草剂。此外巴斯夫和杜邦各获批1种。

美国CORTEVA Agriscience公司和巴西农牧业研究公司签署了一项合作伙伴协议，就基因编辑技术CRISPR展开研究。该协议将允许巴西农牧业研究公司能够在所有植物物种以及用于农业用途的微生物中使用该技术。正在进行的首个研究项目就是使用CRISPR技术开发耐旱和耐线虫的大豆品种。

转基因性状方面，近年来的研发更趋向于堆叠性状。在巴西，具有堆叠性状的转基因植物同单个性状的产品遵循相同的审批流程。品种方面，除上述提到的 6 种以外，还有多种转基因作物正等待商业化种植批准，其中最主要的是土豆、木瓜、大米和柑橘。但由于这些作物大多数都处于研发的初期，预计在未来五年内还无法获得批准。

（二）商业化种植

2018/2019 年度，巴西转基因植物的总种植面积达到 5 280 万公顷，其中耐除草剂性状的采用率最高，占总种植面积的 65%，其次是抗虫性状（占 19%）和耐除草剂与抗虫堆叠性状（占 16%）。

转基因玉米、大豆和棉花的种植在巴西较为普遍。2018/2019 年度，90.7% 的全季玉米和 84.8% 的二季玉米采用的是转基因玉米种子，主要为抗虫和耐除草剂堆叠性状，种植面积为 1 630 万公顷。转基因大豆的采用率更高，2018/2019 年度为 95.7%，以耐除草剂性状为主，种植面积为 3 510 万公顷，首次超过美国转基因大豆面积。棉花的采用率也高达 89.8%，近些年具有抗虫或耐除草剂和抗虫堆叠性状的品种种植面积快速增长，种植面积为 140 万公顷。转基因作物种子的广泛采用，助推了近年来巴西大豆、玉米和棉花收成屡创新高。

相比之下，转基因干食用豆、桉树和甘蔗的商业化种植还没有大面积推广。尽管 2011 年就获批，转基因干食用豆于 2019/2020 年度才开始种植。转基因桉树则是刚获批不久，还未开始应用。转基因甘蔗在 2018/2019 年度的种植面积仅为约 4 000 公顷，与非转基因甘蔗超过 1 000 万公顷的种植面积相比，占比仍十分有限。

（三）用途

转基因玉米除 2005 年首个获批的由拜耳研发的产品只可在巴西用作饲料外，其余均可作为食品和饲料上市，2009 年及以后获批的转基因玉米产品还可用于出口。

在巴西获批的转基因大豆均可用于食品和饲料的生产。

绝大部分棉花的转基因产品在巴西既可用作纺织纤维，也可用作食品和饲料原料，仅 2009 年获批的一款由当时陶氏农业科学研发的堆叠性状产品用作食品和饲料原料，而不用作纺织纤维。

（四）贸易

巴西是世界主要的转基因大豆、玉米和棉花出口国之一。转基因大豆和棉花最大的出口市场是中国，其次是欧盟，转基因玉米主要销往伊朗、越南和其他亚洲国家。此外，巴西也是常规大豆出口国，但由于近年来常规大豆的面积下降，出口量也随之受到一定影响。

（五）市场接受度

巴西的农业生产者普遍能够接受种植转基因作物。据巴西农牧业联合会（CNA）称，2016—2019 年对巴西农民进行的全面调查显示，转基因作物的接受率为 80%。

但是，巴西的肉类加工商、食品加工业和零售商对生物技术的接受程度较低，尤其是遍布巴西的法国连锁大型超市，他们担心销售含有转基因作物成分的商品会遭到环境和消费者团体的抗议和抵制。

然而，大部分巴西消费者并不了解什么是生物技术产品。巴西食品工业协会表示，74% 的巴西消费者从未听说过生物技术产品。大部分巴西消费者并不关注生物技术，他们更加关注食品的价格、质量和有效期，仅有少数消费者拒绝购买转基因植物产品及其衍生品。

三、动物生物技术

巴西是全球第二大转基因作物生产国，但其动物生物技术的研究和应用（包括动物克隆和转基因动物的研究应用）还处于初级阶段。巴西也没有商业用途的动物转基因产品的进出口。仅有少量公司与巴西农牧业研究院合作进行商业体细胞核移植克隆。2009 年 5 月，巴西农业部修改了法规，允许巴西瘤牛协会（Brazilian Zebu Cattle Association，ABCZ）注册克隆牛。巴西瘤牛约占巴西牛数量的 90%。

（一）生物技术动物的研发

在巴西农牧业研究公司（Embrapa）的牵头带领下，巴西已经形成了较为完善的克隆动物研究体系。

巴西的动物克隆研究始于 20 世纪 90 年代，主要研究对象是牛的克隆。2001 年 3 月，巴西成功克隆了一头名为"Victoria"的西门塔尔小母牛。第二头克隆牛诞生于 2003 年，是一头名为"Lenda da EMBRAPA"的荷兰斯坦奶牛。第三头克隆牛为巴西本地奶牛，目前该品种已被列入濒危物种名单。巴西还开展了利用转基因技术改善肉牛健康、增加肉牛体重方面的研究。另外，塞阿拉州培育了两只转基因山羊，它们体内的一种人体抗菌蛋白含量更高，这种蛋白被证明能有效治疗幼猪腹泻。该项目也证明了转基因动物源性食品有可能有利于人类健康。

（二）商业化应用

在巴西仅有一家名为 OXITEC 的英国公司生产的转基因埃及伊蚊（OX513A）获得了国家生物安全技术委员会（CTNBio）商业应用批准，但国家卫生监督局（ANVISA）仍未批准其在巴西的商业应用，仅提供了一个临时特别登记（RET）供研究使用。其他转基因动物仍未获得商业化应用批准，因此也未参与进出口贸易。

（三）市场接受度

巴西养牛者是转基因动物技术的有力支持者，该领域还未进行消费者和零售商接受度测试。

四、生物质能

能源是国家战略性资源，在国家工业化和城市化进程中扮演着重要角色。生物质能因其被视为"绿色能源"和"清洁能源"，逐渐成为各国以"减排"为目标的新能源政策的重要选项。生物质是指利用大气、水、土地等通过光合作用而产生的各种有机体，即一切有生命的可以生长的有机物质。它包括植物、动物和微生物，不同于石油、煤炭、核能等传统能源。生物质能消费量已经占到全球能源消费总量约 15％，属世界第四大能源。

（一）生物质能技术不断进步

巴西早在 30 多年前就开始以甘蔗为原料，发展乙醇燃料作为石油的替代品。如今，巴西生物质能的比重已经超过 40%，而全球平均水平仅为 15.6%。其生物质能技术在全球名列前茅。当前巴西生物质能技术的发展主要经历了三代。

第一代生物质能主要以粮食作物（例如玉米、小麦和大豆）或非粮食作物（例如甘蔗、甜菜和菜籽等）为原料。这些原料在生产过程中不可避免地需要大规模扩大种植面积、与粮争地，可能引发粮食安全问题。

第二代生物质能是以秸秆、草和木材等农林废弃物为主要原料，通过纤维素乙醇技术、合成生物燃油技术、生物氢技术和生物二甲醚技术等合成生物质燃料，其中纤维素乙醇和合成生物燃油是最为重要的第二代生物燃料产品。巴西大力发展第二代生物燃料技术，但由于其技术成熟度不够、生产成本过高，目前第二代生物质能还处于实验室阶段，真正进入商业化阶段的项目极少。

第三代生物质能则是以微藻为原料，故也被称为微藻燃料。微藻作物可在海洋或废水中养殖，不会污染淡水资源，对环境污染很小。微藻作物可以生产生物柴油、生物乙醇、生物植物油、生物氢等生物燃料。

与第一代生物质能相比，第二代和第三代生物质能不仅不会造成与粮争地、引发潜在的粮食安全问题，而且对环境的污染较小，以秸秆、草等为原料甚至可以变废为宝，有助于克服第一代生物质能生产造成的环境污染问题。不过目前由于第二代生物质能用于分解纤维素的酶成本过高，而第三代生物质能即从海藻中提炼生物质能的研究还处于实验室阶段，油脂提炼难度极大，距离实现商业化应用还有很长的距离。未来，巴西政府若能持续加大对第二代和第三代生物质能的研发投入，实现第二代和第三代生物质能的商业化，则生物质能可持续发展的最大障碍——环境污染问题就能很好解决，最终实现生物质能的可持续发展。

（二）生物燃料

生物燃料泛指由生物质组成或萃取的固体、液体或气体燃料，可以替代由石油制取的汽油和柴油，是可再生能源开发利用的重要方向。巴西主要生物燃料为乙醇汽油和生物柴油。用于生产生物乙醇的甘蔗渣又可以用来发电，甘蔗渣已经成为巴西 80% 生物发电的原料。

1. 乙醇汽油

1975 年，巴西政府为改变重度依赖进口石油的情况，大力实施乙醇燃料发展计划，利用补贴、设置配额、统购燃料乙醇、调整价格以及行政干预等手段，鼓励民众使用燃料乙醇，并协助企业从世界银行等国际金融机构获得贷款。2016年3月16日至今，巴西乙醇汽油的混合比例保持在27%的燃料乙醇和73%的普通汽油。

根据南方共同市场的协定，乙醇的进口关税为20%。但自2010年4月起，乙醇被巴西政府列入"例外清单"，进口关税降为零。巴西发展、工业和外贸部于2015年9月4日根据第92号决议将乙醇进口关税为零的日期延长至2021年12月31日。

2017年3月，巴西甘蔗行业协会（UNICA）要求巴西政府对进口乙醇征收16%的关税。3月中旬，巴西东北部制糖业和乙醇生产商建议巴西政府将乙醇从"例外清单"中删除，并恢复南方共同市场协定征收的20%税率。乙醇生产商称，进口乙醇危及巴西国内乙醇生产，特别是东北部地区。根据这些提议，巴西政府制定了对乙醇进口实行6亿升的关税税率配额，配额以外数量按南方共同市场协定的20%征收进口税。

生物乙醇由玉米、小麦淀粉、甘蔗、甜菜、高粱和木薯等植物原料中的糖成分发酵而成。在巴西，甘蔗是生物乙醇的主要原料，其次是玉米。2019年巴西生物乙醇产量达378.8亿升。根据主要生产原料和工艺的不同，生物乙醇分为糖类乙醇、玉米乙醇和纤维素乙醇三种类型。

（1）糖类乙醇。糖类乙醇的主要生产原料是甘蔗。乙醇工业生产能力取决于将甘蔗用于食糖生产和乙醇生产的比例。美国农业部测算，巴西工厂大约按照40%和60%的比例在不同的收获期进行糖和乙醇生产。

2020年，乙醇工厂的总数为360家，较2017年减少24家。受2020年新冠肺炎疫情和世界石油价格下跌影响，巴西制糖业和乙醇遭遇了负面影响。巴西经济因政府要求保持社交距离而放缓，乙醇汽油和燃料乙醇的需求量随之下降。乙醇汽油消费量因世界石油价格下跌和巴西政府决定不改变乙醇和汽油之间的税收结构而下降，失去了相对于普通汽油的竞争力。糖类乙醇工厂因乙醇汽油和燃料乙醇的需求量下降，将甘蔗更多地投入糖类生产。美国农业部预测，2020/2021年度巴西甘蔗生产糖和乙醇的比例为46%和54%，而2019/2020年度这一比例为35%和65%。

（2）玉米乙醇。玉米乙醇产量稳步增长。巴西全国玉米乙醇联盟预测，2020年巴西玉米乙醇总产量可达25亿升，同比增加117万升，玉米乙醇产量占乙醇总产量的8%。联盟预计到2028年，巴西玉米乙醇年产量可达80亿升，将占乙醇总产量的20%。

巴西共有11家工厂生产玉米乙醇，主要分布在马托格罗索州、戈亚斯州和巴拉那州。其中9家公司只生产玉米乙醇，另外2家同时生产甘蔗乙醇。目前，马托格罗索州还有2家工厂正在建设，建成后玉米乙醇年生产能力将达到14亿升。另外还有7家工厂处于筹备阶段，全部建成后年生产能力将达到55亿升。

（3）纤维素乙醇。纤维素乙醇，是用秸秆、农作物壳皮茎秆、树叶、落叶、林业边角余料和城乡有机垃圾等纤维为原料生产的燃料乙醇。2020年纤维素乙醇总产量预计为3 200万升，较2019年增长200万升。由于操作和机械方面的限制，纤维素乙醇工厂尚未达到满负荷运营。

2. 生物柴油

生物柴油是指植物油、动物油、废弃油脂或微生物油脂与甲醇或乙醇经酯转化而形成的脂肪酸甲酯或乙酯。生物柴油是典型的"绿色能源"，具有环保性能好、发动机启动性能好、燃料性能好，原料来源广泛、可再生等特点。大力发展生物柴油对经济可持续发展、推进能源替代、减轻环境压力、控制城市大气污染具有重要的战略意义。

巴西国家石油、天然气和生物燃料机构的最新报告显示，用于生产生物柴油的原料没有明显变化。约71%的生物柴油由大豆油制成，13%由动物油脂制成，其余是食用油（2%）、棉籽油（1%）、棕榈油、花生油、葵花籽油、蓖麻油、菜籽油和玉米油（13%）。

目前，巴西生物柴油的生产受政府严格管制。2020年，巴西生物柴油总产量达62.7亿升，同比增长6%。巴西国内生物柴油的消费与也受政府管制，如在生物柴油的强制混合率和柴油消费总量方面有限制。美国农业部预测，2020年巴西柴油消耗量为529亿升，同比下降44亿升。同期，生物柴油消费量将达62.6亿升，同比增加6%。

巴西因本国的生物柴油在价格方面不具有竞争力而选择既不出口也不进口生物柴油。

3. 生物甲烷

近些年，生物甲烷逐渐在巴西发展起来，主要用途为供热、发电及运输领域。甘蔗汁产生的过滤残渣、生产乙醇过程中产生的酒糟以及甘蔗秸秆等都可以用于发酵产生沼气，再通过沼气提纯制取生物甲烷。根据巴西圣保罗州发布的《圣保罗州 2018—2022 科技发展战略》，清洁能源是优先发展领域之一。圣保罗州是巴西最重要的甘蔗产地，产量约占全国的一半。全州有 200 多家甘蔗制糖和提炼乙醇的企业，都可以利用发酵的沼气生产生物甲烷。

（三）巴西乙醇计划

1. 政策背景

利用甘蔗糖蜜发酵制取乙醇的技术在巴西有较长的历史，早在 1903 年巴西就曾召开全国工业乙醇大会，至 1923 年巴西年产工业乙醇达 1.5 亿升。在 1973 年世界石油危机的冲击下，巴西政府为减轻对进口石油的依赖，利用本国丰富的甘蔗资源，从 1975 年起开始实施以乙醇（酒精）代替汽油的计划，即巴西乙醇计划。为了以乙醇代替汽车用油，巴西政府采取优惠政策，如提供低于市场利率的各种税收优惠和银行贷款，鼓励使用乙醇作为燃料，发展乙醇汽车。20 世纪 70—80 年代巴西乙醇汽车逐年增多。80 年代末，全国纯乙醇车达 450 万辆以上，乙醇混合燃料车也超过 300 万辆。此项计划使巴西成功地渡过了石油危机，并促进了甘蔗业的生产，创造了大量就业机会。1991 年，巴西全国约 60% 的汽车使用含有乙醇的燃料。

乙醇计划使巴西有效实现了化石燃料的替代，但也不可避免地引发了政府补贴带来的公共债务增加和甘蔗栽培代替食品作物栽培造成的食品价格上涨等问题。

2. 乙醇技术和品种研发

巴西乙醇产业发展受益于公共和私营部门对农业研发的投资。主要研究部门除了巴西农牧业研究公司，还有其他国家机构和大学，特别是圣保罗州开展的研究，使巴西成为了生物技术领域的主要创新者。农学实践带来了世界上最有效的甘蔗种植农业技术，同时将研究重点放在优化投入和流程的效率以提高每公顷原料的产量。因此巴西的平均乙醇产量从 1975 年的每公顷 2 024 升增加到了 2004 年的每公顷 5 917 公升；乙醇生产效率以每年 3.77% 的速度增长。巴西还利用生物技术开发含糖更高的甘蔗品种。甘蔗的总可回收糖指数增加非常显著，在 1977—2004 年每年增加 1.5%，从 95 千克/公顷增加到 140 千克/公顷。工业过程的创新使糖的提取在 1977—2003 年有所增加，一些工厂已经达到了98％的提取效率。

除此之外，通过生物技术研究和遗传改良，目前已开发出对疾病、细菌和害虫具有更强抵抗力的品种，可以适应不同环境，因此可以将甘蔗种植扩大到以往不适宜种植甘蔗的地区。

3. 计划影响

（1）环境影响。由甘蔗生产的乙醇，其提供的能量低于生产过程中消耗的碳能源。甘蔗乙醇的清洁排放减少了空气污染和温室气体排放。由于甘蔗生产过程中植物吸收的二氧化碳与生物乙醇燃烧时排放的二氧化碳一样多，所以甘蔗乙醇的理论二氧化碳净贡献为零。几项研究表明，如果土地使用没有明显变化，以甘蔗为基础的乙醇可以将温室气体减少86％～90％。因此，利用甘蔗生产生物乙醇被认为是目前在商业生产中最有效的生物燃料。

生物乙醇生产的主要问题之一是能量平衡，即与燃烧乙醇燃料所释放的能量相比，输入到该过程中的能量总量不变。这种平衡考虑了燃料生产的整个周期，因为种植、运输和生产都需要能源，包括使用石油和肥料。圣保罗州委托进行的一项综合生命周期评估发现，巴西甘蔗乙醇具有良好的能量平衡，即输出能量与输入能量之比从平均条件的8.3到最佳实践生产的10.2不等。

乙醇的广泛使用带来了一定的环境效益，减少了城市中心的空气污染。20世纪80年代，随着燃料中乙醇混合量的增加，汽油中的铅添加剂有所减少；1991年，铅添加剂被完全淘汰。乙醇混合物代替了铅汽油，显著降低了一氧化碳、碳氢化合物、硫和颗粒物的排放总量。纯乙醇汽车的使用也大大减少了一氧化碳的排放。在巴西乙醇计划开始之前，汽油是唯一使用的燃料，一氧化碳的排放高于50克/千米；1995年将其降低到5.8克/千米以下。几项研究还表明，由于乙醇的清洁排放，圣保罗的空气污染大大减少了。此外，巴西的弹性燃料发动机被设计为具有更高的压缩比，利用了更高的乙醇掺混物，并最大限度地利用了乙醇含氧量更高的优势，从而降低了排放并提高了燃油效率。

即使所有的汽车化石燃料都排放醛类，但与汽油或柴油相比，纯乙醇发动机中使用水合乙醇的缺点之一是醛类排放量增加了。但是，研究显示圣保罗市的醛水平仍低于规定的对人体健康带来危害的参考水平。

乙醇的生产也引起了人们对水的过度使用和污染，土壤侵蚀和过度使用化肥对土壤也产生了不利影响。但荷兰政府于 2006 年进行的一项研究显示，巴西有足够的水满足甘蔗和乙醇生产中所有可预见的长期需水量。另外，由于立法和技术进步，在过去几年中，为生产乙醇而收集的水量大大减少了。在圣保罗，由于降水较多，很少会出现水资源过度使用的情况，甘蔗生产造成的水污染，巴西农牧业研究公司（Embrapa）将该行业归类为 1 级，这意味着对水质没有影响。

用于生产甘蔗的农药消耗量少于柠檬、玉米、咖啡和大豆作物。病虫害防治，包括农用化学品的使用，是甘蔗生产中的关键要素。研究发现，抗性甘蔗品种的开发是疾病和虫害控制的关键方面，并且是巴西甘蔗遗传改良计划的主要目标之一。

（2）社会影响。甘蔗产业推动了巴西底层人民的就业，甘蔗产业的工资往往高于最低工资，并提供有附带福利的正式工作。巴西的正式就业在所有行业中平均占 45％，而甘蔗行业在 2007 年的正式就业中所占的比例为 72.9％，高于 1992 年的 53.6％。在圣保罗州较发达的甘蔗乙醇行业中，正式就业比例 2005 年为 93.8％。

在 1992—2003 年，该产业的固定员工总数下降了三分之一，部分原因是圣保罗州较富裕和较成熟的甘蔗生产商越来越依赖机械化收割。在较贫穷的东北地区，甘蔗产业仍为劳动密集型。该地区的甘蔗产量仅占巴西总产量的 18.6％，但雇佣的劳动力占该产业的 44.3％。

在社会责任方面，乙醇产业拥有 600 余所学校，200 个托儿所和 300 个日托单位，因为立法要求，必须将纯蔗糖价格的 1％和纯乙醇价格的 2％用于医疗、牙科，为甘蔗工人提供制药、卫生和教育服务。在实践中，超过 90％的工厂为工人提供健康和牙科保健、运输和集体人寿保险，而超过 80％的工厂提供膳食和药品保健。

（3）粮食安全。有观点认为，市场将把作物转化为富人的燃料，加剧了穷人的饥饿。2008 年的粮食危机使粮食和生物燃料之争达到了全球规模。2008 年 4 月，时任联合国食物权特别报告员的吉恩·齐格勒称生产生物燃料为"危害人类罪"，他于 2007 年 10 月提出要求，禁止将土地用途转换为生产生物燃料。同样在 2008 年 4 月，世界银行行长罗伯特·佐利克表示："许多人关心加满油箱，还有许多其他人仍在努力填饱肚子。"

乐施会也批评了富裕国家的生物燃料政策，称其既不能解决气候危机，也不能解决石油危机，却加剧了食品价格危机。市场上所有可用的生物燃料中，巴西甘蔗乙醇都不是完美的，但就成本和温室气体平衡而言，它是世界上最有利的生物燃料。"富裕国家花费了多达 150 亿美元来支持生物燃料，同时又封锁了廉价的巴西乙醇，这对全球粮食安全的损害要大得多。"当然巴西政府在生产甘蔗乙醇时同样也要谨慎行事，以免危害其环境和社会可持续性。

世界银行有研究报告称，较高的石油价格和疲软的美元可以解释粮食总价格上涨的 25%～30%。美国和欧洲生物燃料产量的大幅增长是全球食品价格急剧上涨的主要原因，但"巴西的糖基乙醇并未将食品价格明显推高"，也未带来粮食价格的明显上涨。

经济合作与发展组织的研究也支持了世行的观点。同时强调了巴西乙醇与化石燃料相比，温室气体排放量至少减少 80%，因此评估呼吁政府在生物燃料和原料方面建立更开放的市场，从而进一步提高效率和降低成本。

巴西盖图里奥·瓦尔加斯基金会研究部一项关于生物燃料对谷物价格影响的研究也得出结论，在粮食库存低、市场需求增加的背景下，2007—2008年粮价上涨的主要推动力是期货市场的投机活动。生物燃料生产的增长不是粮价上涨的相关因素，巴西甘蔗种植面积与平均谷物价格之间没有相关性。

第三节 农业科研创新体系

1992 年，根据农业法第 8171 条，农业部颁布了第 193 号法令授权建立巴西国家农牧业研究系统（SNPA），从而形成了分工明确、布局合理的农业科研创新体系。SNPA 由巴西农牧业研究公司（Embrapa）、州级农牧业研究实体（Oepas）、巴西联邦和州级大学和研究所等组成，通过机构合作的方式在不同的地理区域和科学知识领域进行研究。

一、巴西农牧业研究公司

巴西农牧业研究公司（Embrapa）是巴西国家农牧业研究系统的牵头机构和最重要的组成部分。它成立于 1973 年 4 月 26 日，隶属于巴西国家农业、畜牧业与食品供应部。Embrapa 是在巴西粮食短缺、农业基础薄弱的背景下成立的，因为农业科技储备不足是农业发展的最大障碍，政府希望通过农业科技支撑，加速实现农业现代化进程，并提供了充足的财政支持，在人力资源和基础设施领域均进行了大规模投入。Embrapa 成立 40 余年来，利用现代农业技术，已经成功地将贫瘠的热带草原变成了粮仓。牛肉和猪肉供给增加了四倍，鸡肉供给增长了 22 倍。农业科技进步支撑巴西从粮食进口国转变为世界粮食生产和出口大国。巴西农业发展的效率与可持续性得到了世界同行的广泛认可。

（一）公司治理结构

Embrapa 采用金字塔式管理结构，最高管理机构是全体大会（Assembly），下设行政管理委员会（Consad），负责组织、控制和评估 Embrapa 的各项活动。Consad 包括政府监察（OUV）和内部审计（AUD）两个单元；同时设有财政（Confis）、资格（Coele）和审计（Coaud）三个独立法定机构。第二层级是以主席为首的决策和执行机构，负责计划、监督、协调和控制 Embrapa 的活动，并制定政策。包括研发执行委员会（DE-PD）、行政与财政执行委员会（DE-GI）、创新与科技执行委员会（DE-IT）；同时设有主席办公室（GPR）。第三层级是秘书处，隶属于不同的执行委员会或直接由主席领导，包括情报与战略秘书处（SIRE）、研发秘书处（SPD）、机构发展秘书处（SDI）和创新业务秘书处（SIN）。秘书长（SGE）向行政与财政执行委员会汇报。第四层级是 EMBRAPA 分布在全国的 43 个研究机构。

（二）遍布全国的三维机构布局

Embrapa 在全国设有 43 个研究机构，按照基础学科、产品和生态区域划分三种类型。其中基础学科包括农业信息学、土壤和环境、遗传资源等 11 个；聚焦产品的有大豆、奶牛和咖啡等 15 个；按照巴西不同地区的地理特征和自然资源条件划分的生态区域研究机构，包括湿地部和草原部等 17 个。机构布局详见表 6-1。深色为基础学科类，浅色为产品类，白色为生态区域类。

表 6 - 1　EMBRAPA 的 43 个研究机构

阿克里州部	半干旱区	小麦部
西部农牧业部	沿海地区	葡萄和葡萄酒部
农林牧业部	朗多尼亚州部	咖啡部
阿马帕州部	大米和黑豆部	棉花部
东亚马孙部	山羊和绵羊部	食品农产部
西亚马孙部	森林部	热带农业产业部
草原部	肉牛部	农业信息学部
温带气候区部	奶牛部	仪器仪表部
棕榈林部	蔬菜部	环境部
中北地区部	木薯和水果部	卫星监控部
潘塔纳尔湿地部	玉米和高粱部	遗传资源和生物技术部
东南畜牧业部	渔业和水产养殖部	土壤部
南部畜牧业部	大豆部	农业生物学部
罗赖马州部	猪和家禽部	农业能源部
		地理地域部

资料来源：Embrapa in numbers. 2019.

（三）战略主题规划驱动研发和创新

Embrapa 按照战略主题组织研发和创新项目，目的是保证科研项目的可持续性，减少重复，最大限度地利用公共经费和实现更好的协同。项目采用信息化系统管理，同时关注经济、社会和环境效益。Embrapa 研发秘书处负责科研的组织和管理，2018 年对战略研究项目主题进行了重组，希望以项目驱动的方式对 Embrapa 的研发和创新活动进行更好地规划和监管，使其更加符合 Embrapa 的机构战略和社会使命。项目设计双规并行，自下而上的规划考虑国家、机构和政府的需求，自下而上的设计考虑地区、生物群落和产业链的需求。Embrapa 一共设立了 34 个战略主题，详见表 6 - 2。

表 6 - 2　EMBRAPA 的战略研究主题

灌溉农业	组织创新
食品安全与营养健康	农业社会创新
亚马孙研究	生物入侵
水产养殖	畜牧业与林业的融合
自动化、数字化和精密农业	区域情报、管理和监察

（续）

灌溉农业	组织创新
先进生物技术应用于农业综合企业	牛奶
咖啡	农药管理
肉类	气候变化
干旱地区和半干旱地区治理	纳米技术
多元化和市场利基	农业营养素
生物质能、化学和技术	草原
工业用纤维和生物质	遗传资源
林业	动物检疫
温带水果	植物检疫
热带水果	谷物
绿色生产系统	蔬菜
土壤	环境服务

资料来源：Embrapa in numbers. 2019.

Embrapa 在最新一轮的总体规划中（第六轮）确立了 12 个战略研发目标：①自然资源的可持续利用；②发展针对气候变化的知识和技术；③新科学；④生物技术、纳米技术和地质技术；⑤自动化、精准农业和信息通信技术；⑥生产链的植物检疫安全性；⑦创新的生产系统；⑧食品安全、营养和健康；⑨农业工业技术、生物质和绿色化学；⑩市场、政策和农村发展，家庭农业、有机生产和生态农业；⑪生产链中的管理创新；⑫农村—城市交流。

（四）战略情报系统 （Agropensa）

为了使科研创新活动能够更好地符合农业发展趋势和各方需求，Embrapa 于 2012 年建立并运行其战略情报系统（Agropensa），负责为公司捕获最新的行业信息并进行前瞻性研究，预判巴西农业未来的趋势，并负责农业信息的组织、整合和传播，支持 Embrapa 及其合作机构的研发和创新战略，使巴西农业为面对潜在挑战和机遇作更好的准备。

该系统由 Embrapa 情报和宏观战略秘书处（SIM）协调管理。在 Embrapa 的战略管理流程范围内，此类知识和信息用于支持研究、开发和创新战略的制定，为 Embrapa 的战略主题项目规划服务。为了实现上述目标，Agropensa 系统致力于促进 Embrapa 内部和外部人员、机构的联系以及知识网络之间的联络，鼓励各组织机构之间创建伙伴关系，以增强未来巴西农业的知识生成和创新解决方案的能力。

Agropensa 的运作过程分为三个阶段：

1. 信息观测

观测站是 Agropensa 系统的"前门"，主要作用是对国内和国外农业进行信息监测和数据收集与处理，预测农业发展趋势，描述和传播有助于农业科技发展、可持续性和相关经济政治问题决策的知识，创新并运用技术提出农村发展可行的方案。

观测站收集和处理数据信息，为 Agropensa 系统提供了相关的素材，也为后续的分析研究提供了数据源。随后，由执行委员会或 Embrapa 公司负责人填写申请表提出要求后提交至 Agropensa 管理委员会（CGA）。后者则将观测站捕获的信息按要求组织整合后提交给战略管理委员会（CGE）和执行董事会（DE）。

2. 信息分析与研究

随后，Embrapa 的战略管理委员会（CGE）和执行委员会（DE）基于需求进行趋势研究和预测划定优先领域并进行进一步研究。这个阶段依靠来自 Embrapa 和合作机构的专业人员的积极参与。Agropensa 管理委员会研究确定需要进行主题分析的团队，并详细阐述职权范围，协调内部和外部合作者的工作。Agropensa 管理委员会负责监督分析和研究的进行，然后将结果提交给执行董事会，执行董事会可以与战略管理委员会和国家咨询委员会（CAN）一起对研究成果进行论证。

本阶段的产出是战略信息，其中包括"卡脖子"的知识，机会的挖掘和可能的行动方案。Embrapa 最新的战略指导文件为"2014—2034 愿景：巴西农业技术发展的未来"。

3. 决策制定

在此阶段，经执行董事会批准的分析研究报告将递送 Embrapa 机构管理秘书处（SGI），为 Embrapa 决策提供支持，从而形成各项公共政策、议程和计划。此过程依靠 Agropensa 管理委员会（CGA）和 Embrapa 知识网络的支持。Embrapa 知识网络由 Embrapa 和国内、国际合作伙伴组成，其研究和服务中心、行政单位、海外虚拟实验室（Labex）、海外技术合作项目以及技术研究人员，都可以提供不同的数据、信息和专业知识。例如，位于米纳斯吉拉斯州的 Embrapa 玉米高粱与该州的农业、畜牧业和食品供应秘书处达成合作，创建了玉米情报中心（CiMilho），为玉米产业信息分析与预测、相关行动方案以及公共政策制定提供技术支持。米纳斯吉拉斯州政府与维索萨联邦大学于2006年合作建立了大豆情报中心，建立了提供统计数据以及市场收获价格和研究的信息门户，米纳斯吉拉斯州农业研究公司（EPAMIG）也参与情报中心的工作。

（五）国际业务

Embrapa是一家具有全球精神的机构，逐步建立了强大的国际合作网络。该机构业务遍及各大洲，与全球最著名的一些机构和研究网络达成合作。在情报和战略事务秘书处（SIRE）的协调下，Embrapa在国外的活动为推动巴西农业技术的境外转让发挥了重要作用。

1. 科学合作

科学合作分为四种类型：合作实验室Labex项目、Embrapa访问科学家项目、联合通话项目和共同出资项目。

（1）Labex与反向Labex。1997年3月24日，巴西农牧业研究公司的执行委员会，在其第389号会议上一致决定创立国外科学家合作开发的优先研究和培训计划，并将此类项目称为Embrapa Abroad - Labex虚拟实验室。

Labex是传统的巴西农业研究培训计划的延伸，但目标更加具体。因为巴西和研究人员不再是信息的接收者，而是在诸如生物技术、食品安全、精准农业、纳米技术、基因修复等领域进行广泛参与，密切监测科学的发展趋势和进步，把重要的技术转移到巴西。

第一个海外虚拟联合实验室Labex USA于1998年在美国成立。作为第一个海外虚拟联合实验室，Labex USA的新颖性和第一年的活动倡议引起了其他机构的关注，并刺激了该项目的扩展。2002年，Embrapa与法国蒙彼利埃Agropolis International建立了欧洲联合实验室（Labex Europe）。2006年，Labex Europe在荷兰瓦赫宁根大学开设了一家子公司，以更密切地关注生物学和基因组学的进展。2009年，Embrapa与韩国农村发展管理局（RDA）开始合作。2012年，Labex China在中国农业科学院挂牌成立。同年，Embrapa与日本国际农业科学研究中心（JIRCAS）签署了在日本成立Labex Japan的协议。

该计划也提供反向途径，来自伙伴国际机构的研究人员来到Embrapa的研究中心，开发共同感兴趣的项目。例如，已经派遣研究人员到 Embrapa 工作的机构包括美国农业部农业研究服务局（ARS）和森林服务局（FS），英国洛桑研究所和韩国农村发展管理局（RDA）。哥伦比亚也推出了类似的合作模式，将哥伦比亚农业研究公司（Corpoica）的研究人员派遣至 Embrapa 开展合作研究。

（2）访问科学家项目。该项目是指推荐科学家或访问学者赴国外进行合作研究。Embrapa 的访问学者须具有博士学位，外派时间通常为一年，与海外世界级实验室的研究负责人合作。访问学者在国外时由 Embrapa 支付报酬。此计划与 Embrapa 战略重点保持一致。从科学合作的角度来看，该计划是增强 Embrapa 国际网络的强大机制。当与 Embrapa Labex 研究人员的项目相关时，访问学者则被称为 Labex Flex 研究员。

（3）联合通话计划。联合通话计划是一种沟通机制，使 Embrapa 和国际合作伙伴能够通过两个组织的研究人员就共同感兴趣的主题联合申请项目。获批的项目将共享数据、人员（访问学者、博士后和学生）和生物材料，但经费只限于在本国使用。该机制为促进研究人员之间的长期合作打下了良好基础。

（4）共同资助项目。共同资助项目是一个自下而上的机制，主要基于科学家与科学家之间互动的倡议，获得来自其他国家或国际组织的经费。

2. 技术合作

技术合作是巴西政府支持发展中国家能力建设活动和技术转让的重要手段。作为巴西政府外交政策的一部分，此类合作是为了支持巴西对外合作署（ABC）的项目。巴西对外合作署负责与国际合作伙伴进行谈判、协调、实施和监督。

结构项目是指 Embrapa 与非洲、拉丁美洲或加勒比地区的单个国家或多个国家之间达成了伙伴关系而实施的发展项目，以加强其可持续农业发展所需的技术、机制和人力资源基础。这些项目涉及考察调研、技术转让、加强研究机构能力建设等内容。项目经费规模约在 100 万美元，项目执行期 2 年以上。Embrapa 通过巴西对外合作署与发展中国家合作的项目包括：在莫桑比克执行了三个结构项目，旨在加强莫桑比克农业和农村发展战略领域的技术创新体系能力建设，提高其在粮食安全和出口方面的竞争力。在贝宁、布基纳法索、乍得、马里和多哥实施了"棉花四国＋多哥"项目，并根据在该项目获得的经验，向更多非洲传统作物生产国家提供棉花项目的资助。在东非，该项目覆盖夏尔和赞比西盆地棉花部门的区域（2014—2018 年）。

3. 技术业务

巴西作为食品、燃料和纤维生产中最具竞争力的参与者之一进入全球市场，但在维持热带农业技术领域中的竞争力水平方面仍面临挑战。Embrapa 在其他国家也广泛开展国际业务并推广其农业技术，例如，农产品和种子的直接销售与生产许可。此外，作为上市公司，根据巴西政府政策许可，Embrapa 在特定情况下也为在国外经营的巴西公司提供支持，相关项目由 Embrapa 的创新与商业秘书处（SIN）负责。

4. 全球政策

Embrapa 对巴西在全球范围内的农业政策发挥提案、监控和管理作用。巴西参与了多项全球公约、协定，签署了多项议定书、条约，参加了联合国森林论坛、生物多样性公约、气候变化公约、联合国可持续发展大会、世界贸易组织、国际防治荒漠化公约和联合国粮食及农业组织等多个组织和论坛。Embrapa 对巴西在这些国际活动中与农业有关的部分起到了支持作用，是巴西的"幕后军师"。

Embrapa 通过技术进步和科学研究成果支撑巴西政府在国际层面进行涉及农业部门的战略谈判。Embrapa 的成果涉及农业、畜牧业及农产品供应链，并整合各部门的资源，确定巴西农业在国际市场上的定位，与巴西农业部一起给外交部门的谈判献计献策、添加筹码。

Embrapa 在参与巴西全球政策的主要工作包括以下五大类。①对农业文件和报告提供分析。②对报告提供意见和建议，以支持各地农业机构和巴西政府的工作。③参加线上线下的国际商务会议，并根据巴西政府和农业生产部门的利益做出综合决策。④与其他国家的相关部门或利益团体进行谈判和协调，促进国际合作。⑤为巴西参与的各项活动、会议提供支持。

Embrapa 正式参加了多个巴西政府委员会和与全球政策和论坛有关的工作组，其中最值得关注的是巴西农业部在 2019 年成立的农业可持续发展委员会（CDSA）的各项活动，该活动使巴西农业部与 Embrapa 之间合作更加密切，进一步确定了巴西农业发展的战略目标。

（六）对巴西农业的主要贡献

1. 农业工业

农业工业产值约占巴西国内生产总值（GDP）的 5.9%，促进了农村环境与市场经济的广泛融合。农业研究通过提供具有重大影响力的创新技术解决方案，例如食品生物强化，通过常规植物育种技术或生物技术来增加微营养素的含量（如特定的维生素和矿物质），为提高农业工业产品质量做出了贡献。再如支持微型工厂发展，在生产脱粒棉花、腰果、白杏仁方面都提供了极大的帮助。

2. 纤维

Embrapa 的农业研究技术还运用在新型纤维开发研制方面，其开发的天然彩色棉为小型农户增加产值提供了更多选择。其技术还增加了纺织业收入，为零售商提供差异化的服装和时尚产品。Embrapa 的特殊棉花育种计划一直在开发新品种，为产业链的每个阶段创造更多收入与就业机会。

3. 森林

通过采用可持续森林管理模式，巴西已实行众多举措以改变对森林传统掠夺性的勘探方式。2013 年，巴西植树业实现了 64 亿美元的贸易顺差，创造了 63 万个直接就业机会。该行业的 GDP 为 560 亿雷亚尔，占全国 GDP 的 1.2%。Embrapa 参与设计的森林研究系统 "modeflora" 致力于提高国家林业生产力水平，负责引进了 12 种热带、5 种温带桉树，6 种热带松树。该系统可以提供准确的树木位置、地形、水文细节以及其他重要信息，以实现良好的森林管理。同时 Embrapa 公司进一步开发和改进了人工林管理软件，以帮助巴西各地的种植者和技术人员。

4. 水果蔬菜

巴西是世界第三大水果生产国，每年水果产量约为 4 500 万吨，其中 65% 用于国内消费，35% 销往国外市场。同时，巴西蔬菜市场呈现出高度多元化与精细化的特征，产量集中在马铃薯、番茄、西瓜、生菜、洋葱和胡萝卜六大品种，其中家庭农业占总产量一半以上。在 Embrapa 提供的技术支持下，巴西对瓜拉那等本土品种进行驯化改良，提高产量潜力和抗病性；矮化腰果改良技术，使之在恶劣的气候条件下也能提高经济效益。巴西能够在半干旱地区生产葡萄、收获两季芒果等，都是农业科技带来的重大进步。

5. 谷物

育成矮化抗倒伏大麦品种，抗旱小麦品种，牧场间作玉米等技术，都是巴西谷物生产方面的成功案例。同时通过建立公益性组织，如巴西防锈病联盟，作为公共机构与私人企业之间的桥梁，致力于标准化和宣传有关亚洲锈病（大豆作物常见病）的信息。

6. 环境

如何在对环境负责的前提下完成粮食增产，是农业研究中长期存在的挑战。Embrapa 的技术给出了解决方案，例如，利用天然亚马孙森林生产巴西坚果，有助于保护巴西坚果树同时改善粮食安全；其他技术如生物化粪池，能够将环境效益与强劲的经济回报相结合。研究表明，若生物化粪池技术在卫生设施投资 1 雷亚尔，社会回报可达 4.6 雷亚尔。

7. 家畜

农业技术的采用使畜牧业实现了现代化，在可持续性的基础上实现了产量和生产力的增长。过去 40 年，禽肉产量增长了 22 倍，猪肉、牛奶和牛肉的产量都增长了 4 倍。来自 Embrapa 的五个牧草品种占据了全国近 80% 的市场份额，使巴西成为全球热带牧草种子的最大出口国。Embrapa 还推出了低脂肪含量的家畜研究，成为了巴西国内新的牧场标准。此外，牧群规模扩大结合技术进步，促使巴西的牛奶年产量在过去 20 年里翻了一番。

二、州级农牧业研究实体

（一）州级农业研究实体委员会（Consepa）

州级农业研究实体委员会成立于 1993 年 5 月 5 日，是一个非营利性民间组织协会。成员为各个州级农业研究实体，其理事会则由各成员实体的最高管理人员出任或任命。

委员会负责加强各个研究实体的组织机构建设，发现问题并提出建议，从而使各机构能通过研究活动获得创新与发展，充分发挥其在巴西农业发展进程中的驱动力作用。Consepa 也与政府机构和私营部门达成合作，以促进并加强国家农牧业研究系统（SNPA）的建设。

Consepa 的主要任务是发展国家农业研究实体，尽可能满足农业综合企业的需求，促进农业综合企业的可持续发展。

Consepa 的战略目标是在科学技术、经济和政治制度领域代表并捍卫各州级农业研究实体的权益；加强国营公司与其他农业研究实体之间的技术知识交流，促进机构间协同发展；协助完善相关立法；作为技术和磋商机构，与地区、国家和国际范围内的政府和私营部门进行合作、开展研究。

（二）州级农牧业研究实体（Oepas）

根据 Consepa 在 2020 年 9 月的统计数据，巴西境内共有 17 个州级农业研究实体（表 6 - 3）。在巴西 26 个州与 1 个联邦区中，东部地区的巴伊亚州、西北部地区的亚马孙州、阿克里州、朗多尼亚州、帕拉州、罗赖马州、阿马帕州没有加入 Consepa。

表 6 - 3　17 个州级农业研究实体

地区	农业研究实体名称	所在州
东北	北里奥格兰德州农业研究公司（Emparn）	北里奥格兰德州（RN）
	帕拉伊巴州州立农业研究公司（Emepa）	帕拉伊巴州（PR）
	伯南布哥州农业研究所（IPA）	伯南布哥州（PE）
	阿拉戈斯州农村可持续发展创新研究所（Emater）	阿拉戈斯州（AL）
	塞尔希培州农业发展公司（Emdagro）	塞尔希培州（SE）
	马拉尼昂州农业研究与农村推广局（Agerp）	马拉尼昂州（MA）
东南	圣埃斯皮里图州农村技术与推广研究所（Incaper）	圣埃斯皮里图州（ES）
	米纳斯吉拉斯州农业研究公司（Epamig）	米纳斯吉拉斯州（MG）
	里约热内卢州农业研究公司（Pesagro - Rio）	里约热内卢州（RJ）
	圣保罗州农业综合技术局（Apta）	圣保罗州（SP）
南部	巴拉那州农学研究所（Iapar）	巴拉那州（PR）
	圣卡塔琳娜州农业研究与农村推广公司（Epagri）	圣卡塔琳娜州（SC）
	南里奥格兰德州农业研究基金会（Fepagro）	南里奥格兰德州（RS）
北部	托坎廷斯州州立大学（Unitins）	托坎廷斯州（TO）
中西部	戈亚斯州农业研究与农村扩展技术援助局（Emater）	戈亚斯州（GO）
	马托格罗索州农村推广与技术援助研究公司（Empaer）	马托格罗索州（MT）
	农业推广与农村推广局（Agraer）	南马托格罗索州（MS）

圣卡塔琳娜州农业研究公司（EPAGRI）是一家混合公司，在研究和技术援助方面都很活跃。该公司设有 4 个专业研究中心、9 个试验站、2 个试验场；在推广活动方面，设有 23 个区域管理办公室来协调 13 个培训中心和 295 个市级办事处。2014 年，圣卡塔琳娜州有 123 000 个家庭和 3 000 个组织参与其中。

南里奥格兰德州农业研究基金会（FEPAGRO）是地区性的研究机构，该基金会成立于 1919 年，同时创立了阿尔弗雷多查维斯种子选育站（The Seed Selection Station of Alfredo Chaves），该站早在 1930 年就在南里奥格兰德州测试大豆种子。1950 年，第一批高效根瘤菌被筛选出来接种大豆植株，每年可以节省数百万美元。该基金会在全州有 22 个专门的研究中心，其中，成立于 1904 年的迪西德里奥·菲纳莫研究所生产的动物疫苗（如针对牛布鲁氏菌病等）确保了国家畜群的总体健康。这促使该机构创建了动物健康硕士学位，使其成为全国第三个获得教育部批准的提供研究生项目的研究机构。

巴拉那农学研究所（IAPAR）成立于 1972 年，该研究所在其 19 个研究单位采用食物链的概念，并开发了 116 个植物品种，其中抗锈咖啡品种和高产木薯品种最值得一提。此外，巴拉那农学研究所还开展了土壤保护方面（免耕制度）的研究。

三、农业科研创新院校

农业院校是巴西农业科技创新体系中的重要组成部分。巴西主要的农业科研创新院校包括：

圣保罗大学（USP）是巴西知名综合性大学，世界排名第 115 位。农学工程课程可为学生提供生物学和人文科学领域的基础学科，例如微积分、统计学、物理学、化学、生物化学、遗传学、植物学、动物学、动植物生理学以及专业培训，其他专业有食品、能源、纤维和观赏植物、植物营养和施肥、害虫管理、动物生产、生物技术、农产品加工、气象学、农业机械和器具、灌溉和排水、地形和地理处理、农村建筑、经济和农业行政管理以及农村推广、土壤分类和保护、农村财产和环境管理。

米纳斯吉拉斯州的维索萨联邦大学（UFV），其农业课程最初是为农业科学领域的毕业生创建，至今已成为巴西最传统的农业课程之一。该院校的全日制课程中，在学习了生物学、微积分、化学和物理等初始课程后，将深入研究土壤学、机械化农业、病虫害控制、灌溉技术、作物管理、农村建设等主题项目。

拉夫拉斯联邦大学（UFLA）开设了农学课程，通过开设讲座，理论与实践相结合，定量和定性分析，视觉和工具，现场和实验室的方式，使农学生能够参加发展理论知识和实践技能的活动，与农业科学领域形成直接而持续的联系。

除此之外，南里奥格兰德州联邦大学（UFRGS）、圣玛丽亚联邦大学（UFSM）、佩洛塔斯联邦大学（UFPEL）、马林加州立大学（UEM）、巴拉那州联邦大学（UFPR）以及圣卡洛斯联邦大学（UFSCAR）都拥有巴西全国领先水平的农业课程。

第四节　农业技术推广体系

巴西农业技术推广体系庞大，主要推广组织包括：隶属于州、市级政府部门的农业局，各大科研机构，农业技术推广企业和地方农业合作社。

一、技术援助与农村推广服务的基本特征

（一）实施主体

巴西的技术援助与农村推广服务由农业、畜牧业和食品供应部（MAPA）（即农业部）负责管理，由技术援助与农村推广总协调部门（CGATER）联合社会融合与流动部门（DIMS）、社会流动与农村生产者合作社秘书处（SMC）共同负责有关项目、方案和活动的布署协调、规划实施、监测及评估。此外，农业部也会和有技术援助与农村推广服务功能的组织实体达成合作，促进数据收集，进而确定农村生产者对技术援助和农村推广的实际需求。

（二）援助对象

中型农村生产者是农业部优先提供技术援助的对象。

按照中央银行发布的农村信贷手册（MCR）提供的分类方法，中型农村生产者指的是年收入低于 200 万雷亚尔的农民，他们有资格参加国家中型农村生产者支持计划（PRONAMP）。

而按照巴西地理与统计局（IBGE）的分类方法，则将农村生产者分为两类：中型家庭农民和中型非家庭农民。前者是指没有纳入国家家庭农业支持计划（PRONAF）且其预计年收入低于 40 万雷亚尔的家庭农民，后者则指农村土地面积为 1.6～6 公顷的农民。

对中型农业生产者进行情况摸底和需求调研是为该群体制定公共政策的机制之一。在调研基础上，农业部与美洲农业合作研究所（IICA）对需求进行联合诊断，确定技术援助服务的优先生产链。农业部会根据各州与地区的需求提出相应的行动建议。目前，农业部与 13 家国有上市公司合作，根据实地调

查出的需求提供相应的技术援助服务。

（三）活动监测

农业部在向农村生产者提供技术援助的同时，也强调了对援助服务的质量加强监测的重要性。通过与美洲农业合作研究所签约合作，农业部利用一个名为"Mais Ater"的数字平台，用于监测并分析与国家或实体达成协议的技术援助活动。

利用这项工具，技术推广人员可以存储受援农村生产者的数据，分析技术援助的结果。例如，改进农村资源的生产方式、提升盈利能力、分析环境的适应性、评估基础设施水平，还可以记录关于培训农村生产者的推广活动信息。

此外，Mais Ater 数字平台还根据收集到的数据，向农业部提供与可持续发展目标（SDG）有关的技术指标，进而分析出 SDG 随时间推移而发生的变化，开创性地说明了巴西联邦政府在《巴黎气候协定》中作出承诺的范围内所采取的行动。

（四）对农业生产者和技术人员的培训

农业部根据国家技术教育和就业计划（Pronatec）在农村地区开设了技术培训课程，以此提高农业生产者与技术人员的素质。联邦政府设置该计划，旨在通过培训农民和农村青年，提升农业企业的管理水平，改进生产工艺。

（五）农村中产阶级发展——战略机会项目

2016 年，技术援助与农村推广总协调部门（CGATER）联合社会融合与流动部门（DIMS）、社会流动与农村生产者合作社秘书处（SMC），实施了战略机会项目。该项目包括"农业＋农村生产者计划"，旨在推行一系列公共政策，通过技术援助与农村推广服务以改善农村小生产者的经济能力与生活质量。

战略机会项目在塞阿拉州、戈亚斯州、马拉尼昂州、米纳斯吉拉斯州、皮奥伊州和托坎廷斯州实施，每个州覆盖 500～2 000 名中小型农业生产者，目标受益人群 5 000 人。主要内容是在各州培育奶牛、肉牛，养殖山羊、绵羊、家禽，养蜂，种植水果、木薯、腰果、豆类、玉米等，形成完整的生产链。

该项目的运行策略为实施诊断，即在当地识别目标受众，确定各农村地区的发展潜力，随后通过技术援助与农业推广对生产者进行培训教育，纠正错误、弥补不足，从而以更适当的方式发展生产链。

为了能让农村生产者进入国内与国外市场并提高其产品的市场竞争力，战略机会项目鼓励参加合作社与社团，突出集体行动的优势。同时强调：无论生产者的生产规模和生产系统状况如何，都值得横向协调生产链发展，以公平的方式创造与分配收入，进入市场并增加成员的生产价值。

农业部联合了技术援助与农村推广总协调部门（CGATER）、社会融合与流动部门（DIMS）、社会流动与农村生产者合作社秘书处（SMC）一起，宣告了几个部门的共同使命：通过战略机会项目，为农村小生产者提供体面生活和更好的工作条件，为其农产品的生产和商业化提供平等的条件，增加生产者收入，在消费者市场上创造新的就业机会。

二、技术援助与农村推广服务（ATER）的发展历程

（一）早期的技术援助与农村推广服务

技术援助与农村推广服务，是农村发展和农业活动过程中的基础服务，也是对研究过程中产生的新技术新知识进行交流拓展的工具。1988 年的《宪法》规定，在规划和执行巴西的农业政策时，必须同时考虑到这两个方面。

ATER 服务在巴西的实施始于 20 世纪五六十年代，当时在各州都建立了农村援助与信贷协会（ACAR），由农村援助与巴西信贷总协会（ABCAR）协调管理。

早在 1948 年，第一个农村援助与信贷组织在米纳斯吉拉斯州成立。该组织取得的良好成效促成了美国政府在 1954 年与其签署协议，在每个州都创建了农业技术项目，用于实现资金与技术合作，实施农村发展项目，包括全国范围内的农村推广的协调行动。

（二）国有化的技术援助与农村推广服务

根据 1974 年 11 月 6 日第 6126 条法律，巴西农村推广体系开始实行国有化进程。技术援助与农村推广巴西公司（EMBRATER）成为国有公司。

20 世纪 80 年代，EMBRATER 开始支持一种生态学上正确的、经济上可行的、社会上公平的农村发展模式，因此促成了 1985 年 10 月 10 日第 91766

号法令中第一个国家农业改革计划（PNRA）的诞生。在该法令中，除了新的推广培训方法，还提出了主要针对小型农业生产者与定居者的活动项目。

尽管受到限制，但根据《农业法》与1988年的《宪法》，技术援助和农村推广服务开始受到关注与优待。根据相关法规，技术援助和农村推广官方服务可以在公共和私营领域并行实施，保证为小生产者及其关联的生产方式提供具有教育性质的免费服务。官方服务的目标是：传播能够改善农业经济、保护自然资源和改善农村地区生活条件所必需的技术；鼓励并支持农村人口积极参与，尊重以家庭为单位的生产组织，以及具有代表性的农村生产实体；与研究机构和农村生产者共同确定替代技术；在农业生产、商业化、供应和农业综合企业领域，传播周期性的信息。

（三）权力下放的技术援助与农村推广服务

1990年，技术援助与农村推广巴西公司（EMBRATER）被科洛尔政府淘汰，将服务权限移交至各州和直辖市，官方的技术援助与农村推广服务系统开始瓦解。联邦政府在1990年将职能移交给了新的农业和土地改革部（MARA），但其拥有的技术援助与农村推广服务职能非常有限。这是20世纪80年代新自由主义政策出现带来的结果，同时也反映出国家级的农村推广服务是必不可少的。

随着农村工业体系的全面整合，私营的农业技术与农村推广服务开始在巴西大部分地区出现。在当时，农业综合企业主要由中型和大型农村生产者建立，只有少部分是由家庭农户建立。而那些整合到农村工业中的企业更为突出。因此，巴西在1996年制定推出了《国家家庭农业支持计划》（PRONAF）。

该计划的农村信贷额度是根据巴西中央银行（BCB）1995年8月24日第2191条法令制定的。而1996年6月28日第1946条法令，则将该计划确定为各州、市的一项综合行动，也确定为对农村地区可持续发展的保障性措施。法令指出，国家家庭农业支持计划将提供刺激性研究以开发和传播适用的农业技术、提升专业能力。值得注意的是，该法令并没有提到技术援助和农村推广，而是技术传播和促进家庭农民的职业化，实际上是各地区负责的职能。

（四）技术援助与农村推广服务在政府部门间的整合

家庭农业支持计划（PRONAF）经过多年的整合，在国有技术援助与农村推广服务部门与第三方（非政府组织、工会、协会）之间，依然存在着对资源分配的分歧。1999 年，土地政策和农业发展部成立，次年，根据 2000 年 1 月 14 日第 3338 条法令，更名为农业发展部（MDA）。此后，实施技术援助与农业推广服务的法律归属权被移交给了两个部门：农业供应部（MAA）与农业发展部（MDA）。

农业发展部将技术援助与农村推广服务纳入了其行动规划，而实际上该行动是随国家可持续农村发展委员会（CNDRS）的成立而得以展开的。2001 年 11 月 28 日第 26 号决议批准了农业发展部责任范围内的国家技术援助与家庭农业农村推广政策。自 2003 年起，农业发展部成为负责实施技术援助与农村推广服务相关公共政策的主要机构。这也是技术援助与农村推广服务移交至农业发展部的首要目标之一，即集中实施相关法规和行动。

国家可持续农村发展委员会（CNDRS）的创建，将家庭农业支持计划（PRONAF）整合为三个主要的子计划：PRONAF 信贷、PRONAF 基础设施和 PRONAF 培训。CNDRS 使用比从前更民主且更具参与性的方式制定了计划，阐明了联邦政府的多个部门、民间社会的各部分、代表家庭农民的组织和各类社会运动。

农业发展部于 2004 年 5 月 1 日制定发布了第一版国家技术援助与农村推广政策（PNATER），它定义了国家技术援助和农村推广计划（PRONATER）的编制指南。发布后，联邦政府开始鼓励各州制定州级的技术援助与农村推广服务计划。

根据 2014 年 5 月 26 日第 8252 条法令，国家技术援助与农村推广局（ANATER）得以建立，其职能包括：促进、刺激、协调与执行技术援助和农村推广计划，促成技术创新与经济、环境、社会性质等各方面知识的技术转移；促进农业研究系统与技术援助和农村推广系统的整合；鼓励改进并创造新技术，鼓励农业生产者采用新技术；支持农村生产者运用社会技术与传统知识；承包技术援助和农村推广服务；促进向家庭农民与中型农村生产者普及技术援助和农村推广服务。

国家技术援助与农村推广局的重要作用是促进了相关的服务租赁，国有公司和私营公司可以通过租赁服务来雇佣技术人员，协助生产商就采用何种技术提供指导，从环境可持续性和生产效率的角度出发，更加合理地利用自然资源，同时提高农民收入和生活水平。

技术援助与农村推广作为巴西的一项公共政策,一直建立在广泛调研的基础上。通过走访调研确定每个家庭的需求与发展潜力,并对农业生态从业人员、妇女、青年等群体提供专门援助。

目前,农业发展部并入了社会和农业发展部(MDSA)。这一情况可能不利于对那些最需要支持的家庭农民提供技术援助,因为将所有政策置于一个新部门中,可能并不会将这一最需要关注的、负责为巴西庞大的消费者市场供应产品的部门的公共政策放在优先位置。

三、农业推广系统相关机构

巴西农业技术推广体系较为庞大,推广组织分别隶属于政府、私人企业以及合作社。

(一)巴西全国农业科技推广服务体系

为在全国范围内推广农业技术成果,巴西形成了一整套农业科技推广服务体系。1964 年巴西农业委员会成立,负责协调巴西国内技术推广工作。1966 年,巴西全国农业科技推广服务体系的组织机构在全国已有 709 个办事机构,参与推广活动的农业技术专家达 1 718 人,重点负责 1 177 个市镇的技术指导。20 世纪 70 年代后,巴西农牧业研究公司和农牧业技术推广公司的成立,巴西技术推广工作得到快速地展开。70 年代中期,全国农业科技推广服务体系已在各地设立了 1 817 个办事处,8 397 名技术专家承担了 2 919 个市镇的农业技术推广指导工作。在国家农业技术推广机构的带领下,巴西各州纷纷建立农牧业推广公司和农业试验推广站,形成由中央到地方的农业技术推广服务体系。

(二)州级农牧业研究和推广机构

与国家级农牧业技术推广组织相对应的是州级农牧业推广试验站。在全国研究机构的指导及联邦、州二级农牧业研究和推广机构的相互配合下,巴西能够顺利开展指定区域的重点研究及推广项目,解决本地区农牧业生产及技术转化中的紧迫问题。州级农牧业研究和推广机构与各州农业局联系紧密,配合默契,受到巴西农牧业研究公司及各州农业秘书处的资助。20 世纪 80 年代初,巴西在全国已经建立 14 个州级农牧业研究公司和 15 个州级农业试验推广站。

（三）巴西农牧业技术推广公司

1974 年，巴西农牧业技术推广公司成立，隶属于农业部，负责全国的农业技术成果转化及推广工作。截至 2008 年，巴西农牧业技术推广公司拥有 2.3 万名职工，其中，技术人员 1.3 万名。该公司总部位于巴西利亚，2008 年，全国已设有办事处 2 500 余个。其主要任务是将农业、牧业技术成果进行转化，传授给农牧业生产者。其推广的主要技术来源于巴西农业科学研究院，少数来自于科研院所。巴西技术推广的方式除了地方农业技术推广站的工作人员直接将技术传授给生产者之外，还组织短期技术培训以及发放技术宣传册等。

（四）私人企业和合作社系统的农业科技推广体系

作为农业技术推广的辅助力量，私人企业和合作社系统也都建立了配套的推广服务体系。私人企业在从事良种和畜种的研究培育、生产和加工技术推广以及推动现代化投入物的使用方面取得了良好的效益。2008 年，巴西已建立合作社 4 000 多个，涉及成员 4 000 多万户，在推动产供销一体化的过程中发挥了积极的作用。合作社除为农民提供基本的包装、仓储、运输等服务外，还提供生产技术、市场信息、技术培训等服务。

（五）农业培训

巴西各州都设有工程建筑与农业委员会（CREA），农学家、农业工程师、参加过农业综合企业课程的农业工作者等都可以通过该机构获得专业注册。农业学院的平均培训期限为 5 年，培训对象通常为有能力从事农业和畜牧业生产、自然资源管理、农村工业管理等工作的专业人员。

第五节　中巴农业科技合作

一、中巴科技合作机制建设

中国和巴西于 1974 年正式建立外交关系。1982 年，两国签署了《中国和巴西科技合作协定》，在协定框架下成立了"中巴科学技术混合委员会"，负责协议的执行和补充，并定期对科技合作成果做出评价。混委会由当时的中国对外经济贸易部和巴西外交部组成，轮流在中巴两国举行会议。

1993年，中国和巴西建立战略伙伴关系。为巩固和深化中巴战略伙伴关系，2004年5月，两国签署了《巴西联邦共和国和中华人民共和国关于建立中巴高层协调与合作委员会的谅解备忘录》。2006年3月，中国—巴西高层协调与合作委员会第一次会议在北京召开，由两国副总理主持，同意中巴双方成立高层协调与合作委员会（COSBAN），协调和推动两国关系的发展，标志着中巴战略伙伴关系迈出了新的步伐。双方商定，将两国间政治磋商、经贸混委会、科技混委会、空间技术合作项目协调委员会、文化混委会和农业联委会等六个现有双边合作机制作为中巴高委会的分委会。双方同意，将按照两国元首商定的双边关系发展四项原则，在政治、经济、贸易、科技、航天航空、农业、质检、文化、能源矿产、教育领域开展合作，继续巩固和深化中巴战略伙伴关系，推动两国间互利双赢合作。

2012年2月，中国—巴西高层协调与合作委员会第二次会议在巴西举行，双方达成了22项成果。农业合作方面，双方同意务实推进农业合作，重点做好中巴农业科学联合实验室、种质资源交换与品种选育、农业科技研发、农产品贸易和农业投资、国际农业事务协调等领域的合作工作。

2012年6月，两国关系提升为全面战略伙伴关系，建立了外长级全面战略对话，反映了两国关系的全球性和战略性。农业合作在双边关系中占据着重要地位，不仅表现在双方农业贸易额的逐年增加以及相互之间农业投资的增多，还体现在两国日益频繁的农业科技交流以及农业合作机制的不断完善。2012年6月，中巴签署了《关于建立气象卫星联合中心的谅解备忘录》和《关于建立中巴生物技术中心的谅解备忘录》，上述两个合作文件将为进一步加强中巴在气象卫星、生物技术等领域的科技交流与合作提供有力的保障。

2014年是中国巴西农业科技交流与合作取得较大发展的一年。在2014年7月17日达成的《中华人民共和国和巴西联邦共和国关于进一步深化中巴全面战略伙伴关系的联合声明》中，双方表示对在中巴高委会第三次会议期间成立生物安全和生物技术工作组，并签署巴西输华玉米植物检验检疫议定书表示欢迎；两国一致认为，在农业科学研究以及农业发展等领域的合作十分必要，两国将继续致力于强化涉及生物多样性保护和可持续利用、遗传资源获取及成果分享的国际机制，并在生物多样性大国联盟框架下保持良好协调。

最近一次由巴西副总统和中国副总理领导高委会框架下的政治对话在2015年举行。目前高委会由11个小组委员会组成：政治、商品经济、金融、检疫、农业、能源与采矿、科技和创新、航天、工业和信息技术、文化和教育。

科技和创新方面，两国科技部2011年建立了"中国—巴西高级别科技与创新对话"机制，旨在落实中国—巴西高层协调与合作委员会的合作共识，不断深化中巴科技创新合作。2015年6月，中巴第二届高级别科技创新对话在巴西利亚举行，会后签署了《中巴科技园区领域双边合作谅解备忘录》，鼓励和促进两国科技与创新的参与者在科技园区、企业孵化器以及其他相似领域的合作，以加强建设由市场驱动的技术创新生态系统。2019年6月，第三届中国—巴西高级别科技创新对话在巴西利亚召开，中国科技部副部长与巴西科技创新与通信部副部长共同主持会议。双方积极推动在共建联合实验室、科技园区发展和青年科学家交流等方面的务实合作。在纳米技术、空间科技、清洁能源、农业科技等已经取得良好合作进展的领域进一步提升合作水平，同时积极拓展物联网、信息通信技术、新材料等共识领域的合作。

农业方面，两国农业部建立了中巴农业联委会机制。2019年5月22日，中国—巴西高层协调与合作委员会农业分委会第六次会议暨中巴农业联委会第七次会议在北京召开。双方就农业生物技术、农业研发和技术创新、农业投资合作等议题达成了广泛共识。

二、中巴科技合作案例

中国和巴西的科技合作领域广泛，涉及航空航天、生物技术、可再生能源和生物燃料、智慧城市、林业和农业科学、空间、气象和自然灾害的预防和缓解、气候变化、新材料和纳米技术、共建科学技术园区、创新政策、信息通信技术（ICT）和云计算和竹藤科技等。中巴科技合作以政府主导推动为主，两国通过政府间项目共同开展了科研创新活动。

（一）中国—巴西纳米技术研究与创新中心

2012年，中国纳米技术研究中心与巴西国家纳米实验室共同宣布启动纳米技术合作计划，发展两国纳米技术在农业和气象上的应用，以及在环境、节能减排和新材料上的长期研究。科技部通过国际合作项目《中国—巴西政府纳米技术联合研究中心及新能源项目合作开发》资助了该领域的项目合作。该项目取得的成果包括：①与巴西在纳米技术领域建立了交流平台，促进了人员交流，并接受了巴西科研人员在中心开展访问研究；②应用纳米技术在新能源领域取得突破，开展研究的锂离子电池快速电子/离子传导用的纳米复合电极材料制备、具有宽电化学窗口的基于纳米填料复合的聚合物电解质材料制备，以及有关制备机理和电化学过程等方面都取得了良好进展，一些性能指标与同行对比具有明显优势；③开发了具有自主知识产权的锂离子电池关键材料的制备及应用共性技术，荣获 2014 年度上海市科技进步奖三等奖。

（二）中国—巴西农业科学联合实验室

中国—巴西农业科学联合实验室是我国面向拉美国家的第一个农业科学联合实验室，也是我国在国外设立的首个农业科学联合实验室，是巴西农牧业研究院 Labex 计划下的第四个虚拟实验室。实验室于 2011 年在中国农业科学院挂牌成立，旨在配合国家整体外交需要，巩固两国元首互访成果，落实两国政府联合公报中建立联合实验室和促进农业科技创新合作的有关内容。巴西于 2012 年 9 月派遣协调员来华工作，在中国农业科学院和巴西驻华大使馆均设有工作场所。双方依托政府间项目开展科技合作，最初的工作重点是植物遗传资源交换、描述和评估，为巴西农牧业研究院与中国农业科学院的作物遗传改良和育种计划建立基础。以联合实验室为平台，巴西农牧业研究院还与中国科学院和中国热带农业科学院签署了谅解备忘录，巴西将其视为未来中巴农业合作的重点关注机构。

（三）中巴地球资源卫星计划

中巴地球资源卫星（CBERS，又称资源一号）是我国第一代传输型地球资源卫星，包含中巴地球资源卫星 01 星、02 星、02B 星（均已退役）、02C 星和 04 星五颗卫星组成，凝聚着中巴两国航天科技人员十几年的心血，它的成功发射与运行开创了中国与巴西两国合作研制遥感卫星、应用资源卫星数据的广阔领域，结束了中巴两国长期单纯依赖国外对地观测卫星数据的历史，被誉为"南南高科技合作的典范"。中国资源卫星应用中心负责资源卫星数据的接收、处理、归档、查询、分发和应用等业务。

2014 年 12 月 7 日，中国和巴西联合研制的地球资源卫星 04 星在太原成功发射升空。中国国家主席习近平同巴西总统罗塞夫互致贺电。中巴两国航天局还签署了关于后继卫星合作项目的意向书。

（四）中国—巴西气候变化与能源技术创新研究中心

2010 年 4 月，中国—巴西气候变化与能源技术创新研究中心（CCBCE）在北京揭牌。该中心是清华大学和巴西里约热内卢联邦大学合作建立的非实体研究机构，挂靠清华大学化工系，是中巴最早建立的联合科研机构之一。研究中心在成立之初就受到中巴双方的高度重视，早在 2009 年中巴双方即发表中巴联合公报，表达了对中巴气候变化与能源技术创新中心的支持。在中巴元首 2010 年签署的《2010—2014 年共同行动计划》和 2012 年签署的《十年合作规划》中，研究中心都得到了双方领导人的重视。

中心自成立以来，持续开展应对气候变化和推进能源技术创新方面的学术交流活动，积极推进中巴两国在该领域的人才培养与产业合作，为解决气候和能源问题提供方案支持。研究中心在气候变化解决方案及能源创新技术发展、太阳能及生物能源技术转移、可持续发展政策对话、企业产业交流与合作方面都取得了突出的成绩，受到双方高校和双方政府部门的高度赞赏，成为中巴科技合作的典范。

研究中心推进了双边合作，为中巴两国提供了一个技术交流和政策对话的平台。中巴已举办两届的"中巴科技成果转化研讨会"，关注大学科研成果产业化问题，就科技为社会服务、加强学研合作展开了深刻的探讨，吸引了中巴两国学术界、产业界和金融界的代表参加。研究中心也成为国际合作的平台。2012 年联合国可持续发展大会（UNCSD，Rio＋20）在巴西里约热内卢举行，此后，联合国环境规划署（UNEP）与巴西政府共同出资成立"Rio＋"国际可持续发展中心，目标是成为可持续发展国际研发交流的重要平台，中国—巴西气候变化与能源技术创新研究中心成为首批发起单位之一。

（五）中国（巴西）农用化学品展览会

第十四届中国（巴西）农用化学品展览会将于 2021 年 8 月在圣保罗举办，中方主办单位是中国贸促会化工行业分会。该展会作为巴西唯一专注于农化植保产品、设备及技术的专业展览会，2005 年至今已成功举办 13 届，是巴西乃至南美洲享有良好品牌声誉的专业展览会。展览内容包括各类农药、肥料、植物生长调节剂等植保产品，各类农用生物工程技术及产品。虽然受到巴西货币雷亚尔近两年波动和产品美元价格走低的影响，2017 年农化市场销售额仍达89 亿美元。

展览会得到中国农业部农药检定所（ICAMA）、巴西农业畜牧业和食品供应部（MAPA）、巴西环境和可再生资源署（IBAMA）、巴西卫生监督局（ANVISA）等部门的大力支持和积极参与。通过专业会议和贸易展览，提供登记政策及趋势分析、市场资讯及最新动态；引领农药生产、贸易企业了解巴西登记程序与要求、市场动态与趋势以及市场发展战略，将有巴西等 18 个国家的 500 余名专业客户参会。

未来几十年，巴西仍将引领全球农业发展。巴西农化市场增长潜力强劲，拥有高额利润回报，值得中国农药企业长期耕耘。

（六）中国—巴西农业生物技术学术交流会

2019 年 7 月 16 日，由中国农业生物技术学会和农业农村部农业转基因生物安全评价（分子）重点实验室联合主办的中国—巴西农业生物技术学术交流会在北京召开，来自巴西国家技术生物安全委员会、巴西驻华使馆、巴西农牧业研究院、中国科学院、中国农业科学院、山东省农业科学院、北京市农林科学院及拜耳作物科学等单位的近 30 位专家学者参加了会议。中巴双方分别就巴西农业生物技术的发展现状及展望、中国作物转基因技术与产业化、巴西农业生物技术产品的安全评价规范及流程和中国农业转基因生物安全监管做了学术报告；围绕转基因大豆的环境安全评价，双方各自介绍了中国和巴西在该方面的技术发展。会议还就农业转基因生物安全评价的相关技术和管理开展了交流与研讨。

第七章 CHAPTER 7

公共服务与社会保障 ▶▶▶

第一节　医疗卫生服务体系

一、巴西人口结构和健康状况

（一）人口结构变化

从 20 世纪 90 年代至 2017 年，巴西人口增长近三分之一，预计在 21 世纪末，将会降至略高于 20 世界 90 年代水平。从人口结构上看，巴西已经进入老龄化社会（2017 年 65 岁以上人口占总人口的 8.83%，超过 7%），且在过去 30 年来，老龄化程度有所提高（1990 年为 4.63%），预计在 21 世纪末，巴西将会成为老龄化非常严重的社会（65 岁以上人口占总人口的 34.98%）（表 7-1）。

表 7-1　1990 年、2017 年巴西人口数量和结构及 2100 年预测人口数量和结构

		总人口		0~14 岁		15~64 岁		65 岁以上		性别比	平均年龄（岁）
		数量（万）	占总人口比例（%）	数量（万）	占总人口比例（%）	数量（万）	占总人口比例（%）	数量（万）	占总人口比例（%）		
1990 年	合计	14 940		5 283	35.36	8 967	60.01	691	4.63		
	男性	7 387	49.44	2 673	36.19	4 398	59.54	316	4.27	97.77：100	25.79
	女性	7 555	50.56	2 610	34.55	4 569	0.60	376	4.97		26.66
2017 年	合计	21 180		4 723	22.30	14 591	68.87	1 870	8.83		
	男性	10 352	48.87	2 407	23.24	7 131	0.69	814	7.88	95.56：100	32.99
	女性	10 832	51.13	2 316	21.38	7 460	68.87	1 056	9.75		34.75
2100 年	合计	16 475		1 912	11.61	8 800	53.41	5 763	34.98		
	男性	8 023	48.70	978	12.19	4 439	55.33	2 606	32.48	94.92：100	49.67
	女性	8 452	51.30	934	11.05	4 361	51.60	3 157	37.35		52.46

资料来源：华盛顿大学．https：// healthdata. org.

在过去 30 年间，巴西总生育率不断下降。1990—2017 年总生育率降低了 33.33%，预计至 2100 年总生育率将比 2017 年降低 22.22%。与全球总生育率相比，巴西 2017 年水平和 2100 年预测水平较低（表 7-2）。

表 7-2　1990 年、2017 年、2100 年巴西、热带拉丁美洲及全球总生育率

年份	巴西	热带拉丁美洲	全球
1990	2.7	2.8	3.1
2017	1.8	1.8	2.4
2100	1.4	1.5	1.7

资料来源：华盛顿大学．https：//healthdata.org.

老龄化的不断加深和生育率的不断下降，使得抚养比不断下降，这将为未来巴西的社会福利，特别是养老和医疗体系带来极大挑战。

（二）人民健康状况

从 1990 年到 2019 年的二十多年间，巴西全国的整体健康状况有所改善，但各州的改善情况和疾病负担有所不同。在全国范围内，已经出现向非传染性疾病和相关风险的流行病学转变，但在某些州发生的人际暴力对国民整体健康状况产生了负面影响。

同世界上许多发展中国家一样，随着社会经济的发展，人民生产、生活方式发生变化，主要死因和致残原因也从传染性、急性病症、工伤事故，转变为慢性非传染性疾病。近 12 年间，巴西主要死因（排名前 10 位）中，既包括慢性非传染性疾病，又包括感染性疾病、伤害、新生儿疾病、孕产妇疾病，但缺血性心脏病、中风一直是排名前两位的主要原因，而下呼吸道感染则一直排名第三。

具体来看，2009 年死亡原因排位 1～10 位分别为缺血性心脏病、中风、下呼吸道感染、人际暴力、慢性阻塞性肺病、新生儿疾病、糖尿病、道路伤害、阿尔兹海默症、肝硬化。2019 年死亡原因中，前 3 位原因仍然是缺血性心脏病、中风、下呼吸道感染，慢性阻塞性肺病上升为第 4 位，人际暴力下降为第 5 位，糖尿病上升为第 6 位，阿尔兹海默症上升为第 7 位，慢性肾病上升为第 9 位，新生儿疾病下降为第 13 位，其余原因无变化。

在致死原因变化趋势方面，2009—2019 年，增长幅度较大的，除了下呼吸道感染，主要是各种慢性非传染性疾病。具体来看，阿尔兹海默症增长

49.3%，慢性肾病增长41.1%，糖尿病增长33.6%，下呼吸道感染增长32.1%，慢性阻塞性肺病增长28.2%，缺血性心脏病增长18.0%，中风增长14.2%，人际暴力增长5.4%，新生儿疾病死亡比例大幅降低（41.5%），道路伤害有所降低（6.9%）。

若将造成死亡和/或残疾的因素合并为一个因素观察，则2019年排位1～10位的因素分别为人际暴力、缺血性心脏病、新生儿疾病、中风、糖尿病、道路伤害、腰痛、下呼吸道感染、头痛、焦虑症。相比2009年，增幅明显的主要是慢性非传染性疾病，其中，糖尿病增长34.5%，腰痛增长21.0%，缺血性心脏病增长12.5%；新生儿疾病则降低34.5%，道路伤害降低9.0%，下呼吸道感染降低6.5%。

在死亡和残疾的风险因素上，2009年排位1～10位分别为营养不良、烟草、高血压、高身体质量指数、高空腹血糖、酒精、膳食风险、空气污染、高胆固醇、职业风险。2019年则分别为高身体质量指数、高血压、烟草、高空腹血糖、膳食风险、酒精、营养不良、高胆固醇、肾功能受损、空气污染。

死亡和残疾的风险因素变化幅度方面，增长明显的主要是与膳食、体力活动、用药等相关的生物学参数或行为学因素。具体来看，高空腹血糖增长32.4%，高身体质量指数增长27.5%，肾功能受损增长26.6%，高血压增长13.8%，膳食风险增长15.1%，高胆固醇增长11.3%。得益于食物供应改善和大众环保意识提高等因素，营养不良降低36.3%，空气污染降低19.8%。

近年来，巴西肥胖和超重的人口比例不断增加，带来了更高的心血管系统疾病和代谢性疾病风险。

巴西卫生体系过去主要面向急性病治疗建构，疾病谱转变给既有的卫生体系带来了极大挑战。

二、医疗卫生体系发展历程

20世纪30—80年代，巴西的社会保障体系都是条块分割的，具有极大的不公平性。卫生部经费不足，为退休和养老人员提供医疗的社会医疗保障体系是基于银行、铁路等不同职业部门建立的，提供的服务和报销范围各不相同，同时各部门也面临经费不足的问题。灵活就业人员难以获得公共医疗服务、慈善医疗服务或民营医疗服务。1964年政府扩大了以民营医疗为主的卫生体系的规模，特别是在主要的大城市。医疗卫生服务覆盖的人群规模快速扩大，社会保障体系也覆盖了农村工人。

1970—1974年，巴西开始用联邦经费支持民营医院建设和改革，并要求工会提供医疗卫生服务。与此同时，一些慈善机构也开始为农村工人提供医疗服务。收入税优惠替代了政府给民营企业发放的用于提供员工医疗的直接补贴。这些措施，带来了医疗服务供给的扩大和非社会医疗的蓬勃发展。随着社会保障覆盖面扩大，加上民营医疗收费模式为按服务付费，导致社会保障体系经费紧张。值得注意的是，巴西公民在民营医院就医的医疗费用可由社会医保支付。经费紧张等问题，引发了20世纪80年代巴西国内医疗体制改革。

值得注意是，巴西的医疗体制改革推动者并非政府，而是基层民众、左翼党派和医疗专业人士团体等社会各界人士，譬如，1976年成立的巴西健康研究中心和1979年建立的医疗卫生毕业生联合协会（ABRASCO）。这些机构和人士与国会中的进步议员、市卫生部门及社会运动家结成联盟，推动巴西医疗改革进程。

1986年召开的第八次国家卫生大会将卫生健康确定为公民权利，为全民统一医疗体系的建立奠定了基础。1987—1988年国家立宪大会期间，尽管遭到了实力雄厚的民营医疗部门的强烈反对，医疗改革倡导者及其盟友仍成功获得联邦政府关于开展医疗改革的批准。

从1990年开始，巴西建立实施全民统一医疗体系。一度停滞不前的医疗卫生改革在1992年重启，重点放在放权、建立家庭健康项目（Programa de Saúde da Família，简称PSF）上。20世纪90年代，巴西医疗卫生事业的主要进展包括出台国家艾滋病防控规划，加大烟草控制力度，建立国家卫生监督局，建立土著医疗模式等。特别是2003年后，主要成就包括建立国家移动急救服务制度和国家口腔健康政策制度。

2011年以来，政府高度重视并直接推动医疗卫生事业的发展。2013年政府推行"扩充医生计划"（Programa Mais Médicos），主要内容包括加大对医院和医生的投入力度，大力推动医疗卫生人才培养和教育改革，同时从国外引进一些医生以弥补人力短缺。通过该计划，有6 000多名外国医生到偏远地区工作，其中大多数来自古巴。此外还推出一项新的疾病防治计划，为高血压、糖尿病和哮喘患者提供低价或免费药品服务，据估计该计划使全国1 500万人受益。

但是，巴西卫生系统发展改革也并非一帆风顺。受到经济衰退和政治动荡的影响，近期也出现了一些不利于卫生事业发展的改革方向。国会于 2016 年 12 月通过第 95 号宪法修正案（EC 95/PEC 55/PEC 241），就限制了未来 20 年的联邦初级卫生支出，将 2017 年的支出限制在当前净收入的 15%，此后的支出水平，以 2017 年水平为基准，根据通货膨胀进行调整。预计到 2036 年，卫生预算将下降 4 150 亿雷亚尔。卫生部推行的筹资改革取消了全民统一医疗体系（SUS）专项经费制度（如初级保健、监测、药品），修订了家庭卫生战略和精神卫生等 23 项国家卫生政策，出台了旨在减少对公共服务的需求，针对私人健康保险的新规定，并启动了低成本的、待遇有限的"大众健康计划"。

三、巴西医疗卫生体系构成

巴西的医疗卫生体系有多样化的服务供给方。同时，医疗卫生服务的需求方也比较多样化，包括各级政府、公司、个人等。公立医疗和非公立医疗并存，但主要经费来源是非公共经费。卫生体系由三个部分构成：①公立医疗系统（全民统一医疗体系及军队卫生服务），其服务付费方和提供方都是联邦、州和市政府；②非公立医疗系统（盈利性和非盈利性），其筹资方式多样，包括公共经费和非公共经费；③非公立医疗计划和医保系统——该系统包含不同的医疗计划，保费水平和税收补贴水平也不统一。公立医疗和非公立医疗系统相互联系，对公民个人而言，不论是公立医疗还是非公立医疗，只要服务可及、可负担，均可自由使用。

（一）公立医疗系统

1. 特征与原则

从 1990 年开始，巴西建立实施全民统一医疗体系。同时，通过了一部与之配套的，具有框架性意义的《医疗卫生法》（亦称第 8080/90 号法），该法规定了全民统一医疗体系的属性和组织方式。

全民统一医疗体系主要特征是"免费、平等、普遍享有"。由政府为全体公民提供免费的医疗卫生保健服务，按照地区和人群的不同需要公平分配医疗卫生资源，人人平等，按需施治，同时满足不同地区、不同人群的医疗服务需要（如妇女、老年人等）。主要有三项基本原则：①分级管理。全民统一医疗体系规定联邦、州和市三级政府共同承担保障公民健康的责任，所需经费也由三级政府共同承担，州、市政府在医疗卫生管理方面则承担更多职责。②权力下放。将卫生部管理的 5 000 多所医院移交给地方管理。没有公立医院的城市，由卫生部设立医疗点，负责急救和门诊服务等。公立医院向民众提供免费医疗服务（住院患者还免费享受一日三餐）。③社会参与。

2. 体系构成

全民统一医疗体系由全国所有的公立医院、初级卫生保健机构、急救点、医疗点等组成，一些提供公共服务的私立医院也属其网络范围。

公立医院约占所有医院的 53％。所有公民都可享受到公立医院的免费服务。包括贫困和极贫困人口在内的大约 65％的群众经常利用公立医院服务。公立医院人员经费主要由州、市政府负责，联邦政府主要负责日常运行经费（如维修、水电等费用）。公立医院的医疗卫生人员享有较高的福利待遇，资深的大学教授月薪为 5 000 美元左右，但新毕业的医生月薪即可达到 8 000 美元左右，有的医生多点执业，月收入可达 1.5 万美元以上。

初级医疗机构主要由社区卫生站、诊所等组成。在尚未设立公立医院的城市，政府设立的医疗点也属于初级医疗机构。家庭医生在初级医疗机构向辖区居民提供基本医疗卫生服务，患者转诊必须经过家庭医生转介。目前每个家庭都能得到家庭医生服务。初级医疗机构的主要职责包括提供门诊、急诊和首诊、转诊服务，负责公共卫生和预防保健服务，开展健康教育、疾病康复等。

急救点由联邦政府按照人口规模不同设定，由市医疗协调中心负责急救点的日常管理和协调。按照规定，服务 10 万名居民以内的急救点业务用房面积为 700 平方米，日接待病人 150 名左右，配备 2 名医生。服务 10 万～20 万名居民的急救点，业务用房面积 1 000 平方米，日接待病人 300 名左右，配备 4 名医生。服务 20 万名以上人口的急救点，业务用房面积 1 300 平方米，日接待病人 450 名左右，配备 6 名医师。市医疗协调中心负责通过 24 小时急救电话与患者保持联系，在征得患者或家属同意后再决定将患者送往急救点还是医院。鉴于巴西地广人稀，协调中心也提供直升机、海上船只等急救服务。急救点所需各项费用主要由联邦政府负责。在急救点和医院获得急救服务的患者比例分别为 90％和 10％左右。

全民统一医疗体系还建立了基本药物供应体系，向民众免费提供高血压、糖尿病、哮喘等常见疾病所需的 189 种基本药物，年人均所需经费约 10 雷亚尔（约等于 5 美元），其中联邦政府承担 5.1 雷亚尔，其余部分由州、市政府负责。药品采购由各市负责。由于胰岛素只有两家外国制药公司提供，则由卫生部负责统一采购。同时，巴西确定罕见病药物 79 种，经过集中采购后价格已经下降到市场价格的一半左右。近年来，巴西推出"公民药店计划"，列入计划药品由全国 8 万个药店供应，所需费用 10% 由个人支付，90% 由政府承担。

近年来，巴西针对全民统一医疗体系存在的一些问题，从四个方面进行完善。一是改善医疗服务的硬件，如为储运胰岛素提供冷链设备等。二是着力于医疗卫生人才的培养和教育，提升医疗卫生服务水平和能力，如 2012 年已经培养了 5 000 名药剂师。三是推行医疗卫生信息化，放大资源整合和使用效益。四是推动防病治病理念的变化，更加注重"预防为主"，鼓励公民参加健身锻炼，使他们少生病、不生病。

3. 公立系统的成效

巴西全民统一医疗体系推行 25 年来，建立起以政府为主导和市场为补充的基本医疗卫生体系和医疗保障制度，已经覆盖了 90% 以上的人口，加上私人医疗保险的补充，人人都能享有基本医疗服务。全民统一医疗体系虽然在处理公平与效率等方面还存在一些争议，但是为降低人口死亡率、预防控制传染病和流行病，提升人民健康水平作出了重要贡献，受到巴西民众的认可。

1990—2019 年，巴西出生预期寿命不断提高，5 岁以下儿童死亡率和 1 岁以下儿童死亡率持续下降。出生预期寿命，1990 年男性为 63.8 岁，女性为 71.6 岁，2017 年男性为 72 岁，女性为 79.1 岁，预计 2100 年，男性将达到 80.1 岁，女性将达到 85.3 岁。1990 年 5 岁以下儿童死亡率为 6.93%，1 岁以下死亡率为 5.87%。2019 年 5 岁以下儿童死亡率为 2.02%，1 岁以下儿童死亡率为 1.79%。

（二）非公立医疗系统

历史上，巴西一向对私营部门采取保护政策，这就促成了医疗民营化的蓬勃发展，大量专科诊断治疗机构、私立医院、私营保险公司应运而生。非公立医疗部门主要是提供全民统一医疗体系外包的服务、自付的住院和门诊服务、自付药物、私营健康计划和保险。大部分私营健康计划和保险业务需求来自提供私营保险计划的公立和民营公司。

1. 私立医院

巴西的私立医院所占比例约为 47%，主要分成两种：一是承担一定公立医疗服务的私立医院，为"半公立医院"（非营利性医院），由政府认定相应的资格并给予税收减免、延长还贷期限等优惠政策，但医院 20% 的病床或服务必须向公众免费开放，这部分医院约占所有医院的 32%。二是不承担公立医疗服务，也不享受政府有关优惠政策的医院，为"纯私立医院"（营利性医院），占比约为 15%，这些医院没有向公众提供免费医疗服务的义务。在没有公立医院和"半公立医院"的地区，由政府按照规定的价格为民众购买医疗服务。巴西居民一般通过购买商业医疗保险的方式获得私立医院的服务。政府对私立医院实行一定的价格干预，但大多数情况下由私立医院和患者协商服务价格。

非社会医疗计划参加者较为年轻，健康状况也更好。这些计划往往可以提供不同水平的方案和多样的医疗服务提供方供参加者选择。因此，即便是同一家公司向员工提供的医保或医疗计划，其实际待遇也会因员工的社会经济地位的差异而不同。非社会医保参保者预防服务可及性更好，医疗服务使用率也更高。他们往往从全民统一医疗体系接受疫苗接种、高费用服务以及透析、移植等复杂医疗服务。

2. 非公立医疗计划和医保系统

1998 年，巴西 24.5% 的人口有医保，其中 18.4% 的人口享有非社会医保，6.1% 的人口享有公务员医保。2008 年，有非社会医保的人口比例上升至 26%。2017 年，非社会医保口腔医疗保险持有比例也有所上升。非社会医保中，大部分是商业医保（77.5%），其余是民营企业为职工自行举办的医保。商业医保市场主要集中在东南地区，医疗健康公司 61.5% 也都将总部设立在这个地区，该地区的商业医保量占全国的 65.5%。此外，大部分非社会医保和健康计划业务集中在了少数公司，总业务量的 80.3% 集中在 1 017 家医疗公司中的 8.2% 的公司手中。

2000 年，旨在规范非社会医疗保险市场监管的巴西国家补充健康局（Agência Nacional de Saúde Suplementar，ANS）挂牌成立。此外，巴西第 9656/98 号法律规定，保险公司不得拒绝已患有疾病的个人参保，也不得限制其使用某些医疗服务，否则属于违法行为。非公立医疗部门持续扩张，且得到州政府经费补贴，而公立医疗部门往往经费不足，这极可能影响到医疗质量及可及性。

三、医疗卫生治理

（一）放权和参与式管理

巴西医疗卫生治理的突出特点是放权和参与式管理。医疗卫生治理由联邦、州、市三层结构实现。20 世纪 80 年代，巴西掀起了民主政治运动，在卫生系统，则出现了放权（decentralization，亦称作"去中央化"）改革，之后又受到宏观经济调整的助推，放权改革进一步深化。

卫生系统放权与巴西的政治变革和巴西联邦政府改革相关。主要改革方向是给予市政府更大的自主权，并在加强联邦政府的监管力度的同时加大联邦经费支持力度。卫生系统是政府各部门中唯一的一个大力放权的部门，其实现途径主要是联邦财政支付和联邦监管制度改革。

卫生系统放权推动了全民统一医疗体系的建立和实施。政府为配合放权改革，出台了一系列配套法律法规，并对各级政府进行了行政改革，重新划定各级各部门权责范围，建立新的卫生筹资机制，包括为初级卫生设定配额经费，联邦政府向市政府转移用于初级卫生的人均卫生费用等。2006 年出台《卫生协议》，试图改变卫生事业管理层级过多、体系过于复杂的弊病。在该协议安排下，各级政府领导只需签署卫生目标和责任承诺书即可。

为了管理好放权后的卫生体系，政府扩大决策框架，增强了卫生决策的社会参与度。在会议决策过程中，分别在联邦、州、市级召开卫生工作大会。以联邦卫生工作会议为例，邀请卫生部代表、州卫生部长国家委员会、市卫生局长国家委员会参与讨论，以便三方达成共识，产生决策。这样的治理模式使得更广泛的利益相关者参与到决策过程，并且权责更加清晰，确保各级各部门政府能够切实落实卫生政策。

（二）药品可及性

改善药品可及性、鼓励仿制药的使用也是政府的重点工作，国家基本药物目录品种，从 2007 年的 327 种，增加到了 2017 年的 869 种。2004 年启动的人民药房项目（Farmacia Popular），通过提供补贴，降低自付，进一步提高了药品可及性。2011 年国家卫生技术准入委员会（Comissão Nacional de Incorporação de Tecnologias）建立，以便基于证据判定新药和新技术纳入

SUS 的适宜性。SUS 对药品需求量大，促进了许多药品通过公私合营模式国产化制造。尽管灾难性卫生支出在 2004 年以来不断下降，但药品费用仍然是贫困家庭支出的大项。药品和器械供应的可持续性问题，在新的高值药品和手术、操作进入 SUS 后变得突出。一些个人通过法律途径，以自己的宪法赋予权利遭到侵害为由提起上诉，要求将一些高值产品和技术纳入 SUS，SUS 受制于宪法的约束只能将这些产品和技术纳入。医疗器械市场管制效率低下也是医疗费用高企的原因之一。

四、医疗卫生资源分布

近 20 年来，尽管巴西遭受了经济衰退，政局动荡等不利因素，但卫生资源分布总体是在朝着积极的方向发展。从全民健康覆盖（Universal Health Coverage，UHC）有效覆盖指数（该指数体现的是人群健康服务需求覆盖范围，以及提供的服务为改善健康做出的贡献程度）角度看，1990 年巴西全民健康覆盖有效覆盖指数为 41.7；2010 年为 59.1，2019 年为 64.8。UHC 有效覆盖指数 1990—2010 年年均增长 1.8%（统计学显著），2010—2019 年年均增长 1.0%（统计学显著）。但在资源分配上持续的区域不平等和社会不平等，使贫困人口特别是文化水平较低的人口，以及北部地区人口严重缺医少药。

2005 年，共有 5 864 所公立医院，63 662 所社区卫生服务机构。每千人护士和助产士数量为 10.4 人（2018 年），每千人的病床数为 2.1 张（2017 年），每千人内科医生数为 2.2 人（2018 年）。

农村地区和社区医疗卫生机构医生长期短缺，专科医师集中在民营医疗机构，且在全国各地分布不均，地区差异极大。尽管巴西政府出台了一系列政策，试图解决卫生人员地区分布不平衡的问题，但由于在招聘、用人等制度上的问题长期没得到妥善解决，导致边远穷苦地区医生流失率高。

五、医疗卫生支出

总体来看，巴西卫生支出主要来源是个人和非公共部门，政府（即公共部门）支出只占 40%左右。

2017 年卫生总支出为人均 799 美元，其中：预付私人支出为人均 241 美元，占比 30.16％；个人支出为人均 220 美元，占比 27.53％；政府卫生支出为人均 337 美元，占比 42.18％；卫生发展援助为人均 1 美元，占比 0.12％。预期 2050 年卫生总支出为人均 1 221 美元，其中：预付私人支出为人均 378 美元，占比 30.96％；个人支出为人均 238 美元，占比 19.49％；政府卫生支出为人均 603 美元，占比 49.39％；卫生发展援助为人均 1 美元，占比 0.08％[①]。

在 2000—2014 年，巴西卫生总支出从占 GDP 的 7.0％上升到 8.3％，人均卫生支出从 2000 年的 263 美元增加到 2014 年的 947 美元。尽管卫生总支出的水平与拉丁美洲的其他国家相当，但付给 SUS 的公共支出很低，公民个人负担了高额的自付费用。在拉丁美洲和加勒比地区（平均 51.28％）、中等偏上收入国家（55.2％）和经济合作与发展组织国家（62.2％）中，巴西的公共卫生支出比例最低（46.0％）。此外，尽管巴西减少了自付费用（也称为现金支付，out‐of‐pocket payment)[②]，但自付费用仍然为家庭带来了可观的卫生支出负担（占私人卫生支出的近 50％）。

州和市政府卫生支出的份额分别从 2003 年的 22.3％和 25.5％，上升到 2016 年的 27.0％和 32.2％。从 2003 年到 2014 年，人均市级卫生总支出（包括市级的自有经费以及联邦和州划拨经费）增长了 226％，从 315.7 雷亚尔提高至 716.5 雷亚尔（通胀调整后）。但自 2015 年以来，人均支出开始下降，2016 年下降 6.3％，至 617.1 雷亚尔。

联邦政府在卫生筹资中所占的份额从 2003 年的 50.0％下降到 2016 年的 40.8％。这是由于联邦预算主要用于偿还债务，限制了可用于其他领域的财政空间。偿债占 2013 年联邦预算的 50.3％，到 2016 年增至 57.0％，对巴西来说是一个巨大的财务负担。此外，用于社会保障（即养老金）的拨款已从 2000 年占联邦预算的 15.2％增加到 2016 年的 22.9％，进一步损害了卫生经费的可得性。

六、医疗卫生公平性问题

尽管有 SUS 等基本医疗保障制度，但巴西是个区域发展不平衡、社会阶

---

① 资料来源：2019 年全球卫生筹资数据库（Financing Global Health Database 2019）.
② 自付费用计入私人支出卫生费用；私人支出卫生费用中，部分费用由私人保险支付。

层分化严重的国家，在患病率和婴儿死亡率等关键卫生指标上，区域差异、城乡差异和社会因素差异很大。比如，巴西农村人口只占到总人口的 13%[①]，而农村人口自评健康状况良好或非常好的比例低于城市（农村 56.3%，城市67.7%，城乡合计 66.1%，PNS2019 年调查数据），不同年龄组的健康水平也存在明显的城乡差异（图 7-1）。又如，城市化较低的东北地区婴儿死亡率比城市化较高的南部地区高 2.24 倍（2006 年数据）。高血压患病率在不同种族间存在差异。自报肤色或种族为棕色或黑色者患病率较高，且往往收入和教育水平较低。

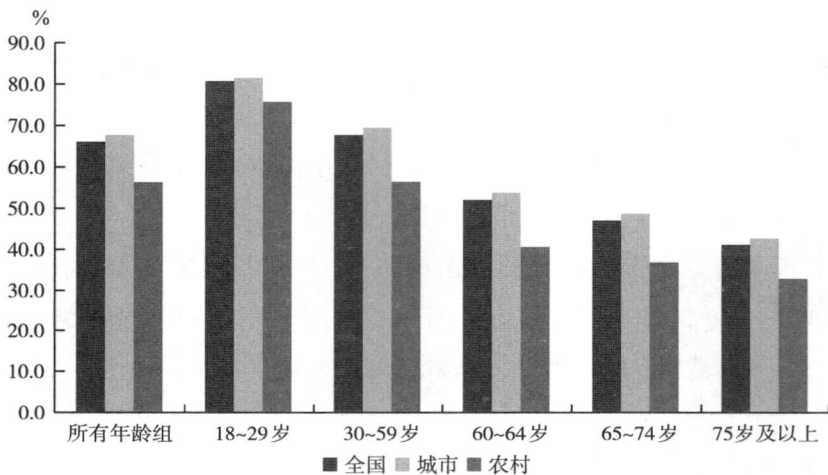

图 7-1 自评健康状况良好及以上人群比例

第二节 农村社会保障体系

巴西是西半球较早建立社会保障制度的国家之一，其社会保障事业始于20 世纪 20 年代。1988 年《巴西联邦共和国宪法》（CF/88）确立"把巴西建立成一个福利国家"。在巴西，提供社会福利指由国家承担满足基本社会需求的责任，包括提供最低的收入、医疗、食物、住房、社会救助、社会保障和教育等。CF/88 第 205 条规定全民有接受公共教育的权利，第 194 条规定社会保障由公共部门和社会共同提供，目的是保障公民的健康、社会保障、社会援助

---

① UNESCO 数据，2019.

等相关权利。与其他国家一样，巴西建立社会保障制度的目的是确保个人由于各种原因无法参加劳动时，仍可维持生计（CF/88 第 201 条）。2016 年，巴西的社会保障预算（OSS）经费为 1 315.6 亿美元，约占 GDP 的 7.2%。

一、社会保险制度

巴西的社会保险制度由强制性的国家社会保险计划和辅助性的私营保险计划构成。从覆盖人群角度看，国家社会保险又分为两类：一是覆盖私营部门雇主、雇员、家庭佣工、自谋职业者和农业工人的"普通社会保障计划"（RGPS），也称私营部门计划；二是覆盖联邦和州各级政府部门职员的社会保险计划（RPPS），也称公共部门计划。国家社会保险采取现收现付制度（CF/88 第 201 条），所需资金由个人、雇主和政府三方负担（第 195 条），个人和雇主按规定缴费，不足部分由政府承担。

私营保险计划是国家社会保险计划的补充，采取基金积累制个人账户计划，又分为封闭式养老基金和开放式养老基金两种。所谓"基金积累制个人账户计划"，即劳动者在工作年龄段，通过个人缴费和雇主缴费，把一部分劳动收入上缴保险经办机构，由经办机构将保费用于投资，待参保人退休后，再以积累的保费和投资所得回报，向参保人发放养老金。

二、农村养老保障制度

养老金制度是巴西社会养老的主要形式。巴西养老金制度于 1923 年建立实施，最初只覆盖铁路工人，后范围逐渐拓展，先后纳入了公务员、矿工、海员、医生、企业职员、银行职员、制造业工人、运输企业工人、公共部门职员等，1971 年纳入农村工人。需要注意的是，与我国不同，巴西农村成年劳动年龄人口相当大的一部分是农村工人，即在农场工作的工人。

此外，与其他拉丁美洲国家不同，巴西的养老金制度具有其自身特点。其他拉美国家的养老金体系逐渐从现收现付制向个人账户积累制转变，巴西却仍然坚持现收现付制。养老保险金由个人缴纳、企业缴纳和政府出资三部分组成。个人缴纳工资的 11%，企业缴纳员工薪酬的 20%，剩余部分由政府财政出资。参保人连续缴纳保费 15 年，男性 65 岁、女性 60 岁可领取全额养老金；

若连续缴纳保费 30 年的男性，可在 53 岁时提前领取养老金。巴西公务员退休后，如本人身故，配偶及子女可以继续领取其养老金。受到巴西国家人口结构和历史传统的影响，巴西农村的养老保险制度采取普遍保障制度，覆盖所有农村居民。居民无需缴纳任何费用即可获得政府发放的养老金。

目前巴西农村人口养老保险主要由 1971 年巴西政府颁布法令规定的普遍保障型农村年金计划构成。该计划旨在解决贫困和贫富两极分化问题，由农村劳动者社会保障基金经办管理，保障对象为农村 65 岁及以上的年老、残疾、鳏寡人群，采取均一型给付模式，即所有符合条件的对象都能获得相同的金额。其覆盖面在 1971 年建立后逐年扩大。养老金由户主领取，待遇水平为最低工资的 50%。资金的主要来源为政府的税收和国债收入，外加约占农产品初次销售额 2% 的税收和城镇雇主缴纳的 3% 的工薪附加税。1992 年巴西农村年金计划进行了一次重大改革，政府将领取人的范围扩大到参加计划者配偶，并将领取年龄下限由男性 65 岁、女性 60 岁分别降至男性 60 岁、女性 55 岁。此外，还放宽了领取养老金的条件，并将养老金给付标准提高至法定最低工资。此次改革提高了公共养老金在农村家庭收入中所占的比例，也在很大程度上改善了巴西农村家庭的生活水平。

三、农村医疗保障制度

巴西的医疗保障制度是指通过立法在全国范围内建立的 SUS，该体系于 1986 年被载入巴西宪法，规定在 SUS 面前，人人平等，按需要进行治疗，同时要满足不同地区、不同人群的医疗服务需要（妇女、土著人、老年人），因地制宜、因人而治。巴西的全民免费医疗制度已覆盖超过 75% 的人口，覆盖水平排在发展中国家的前列。

巴西农村农民医疗保险的保费由税收附加费和国家财政补贴组成。农业工人的医疗保险费由本人交纳工资的 8.5%～10.0%，农场主交纳农业工人工资的 17.5%。巴西的医疗保险中政府投入较多，国家税收和财政补助约占保险基金总数的 22.0%。

医疗保险基金的缴费和拨付方式在城镇和乡村无太大差别。保费由联邦社会福利部通过银行和财政渠道收取。经费拨付则根据各州和地区上报的实际就诊人次和医疗需要，经社会福利部审计规划，将经费拨给各州，各州在经州长批准后，根据预算下拨至各医疗机构。

除农民医疗保险外，巴西还专门针对农村地区推出了"家庭保健计划"。该计划从 1994 年开始实施，由联邦政府出资，重点关注农村妇幼保健。2014年该计划停止实施。

近年来，为了改善偏远地区印第安人部落医疗，巴西政府采取鼓励印第安部落居民搬出丛林，鼓励公立和私立医疗机构医护人员到偏远地区执业，对偏远地区私人诊所给予经济补贴等一系列积极措施。

四、农村社会救助制度

社会救助也是巴西社会保障体系的重要组成部分。社会救助所需资金主要来源于联邦政府，运作则完全由国家社会保障协会（Instituto Nacional do Seguro Social，INSS）负责。由于城乡二元经济结构的影响，巴西的社会救助项目仍然有着显著的城乡差异。社会救助项目中，针对农村地区的主要有逐渐消除童工项目（Erradicación Progresiva de Trabajo Infantil，EPTI）和农村养老金项目（Previdencia Rural，PR）。家庭补助金项目（Bolsa Familia），虽然主要受益者是城镇居民，但也极大地改善了农村贫困居民的生活水平。此外还有社会救助年金计划。这些社会救助项目在帮助农村解决极度贫困、改善贫困农村居民生活水平和保护农村儿童方面发挥了积极的作用。

家庭补助金项目是全球发展中国家中规模最大的现金转移支付项目，于2003 年正式在巴西城乡实施。该项目整合了巴西原有的多个有条件现金转移支付项目。家庭补助金项目中，制定了对接受救助的家庭在教育、医疗卫生上的一些监测机制，只有完成约定的教育和医疗卫生方面的责任义务的家庭才能得到补贴。在教育方面，具体责任包括必须让家庭中的儿童接受教育并保证其出勤率；在医疗卫生方面，具体责任包括让儿童适时接种疫苗、让孕妇接受国家规定的产前及产后保健等。该项目由巴西社会发展和反饥饿部统筹管理，卫生部和教育部则分别负责在各自的职权范围内对补贴对象实施监督，并负责将州政府上报的信息整合后提交给社会发展和反饥饿部。Caixa 联邦储备银行（一个隶属联邦的金融机构）负责开展转移支付。根据人均收入和家庭人员的构成，每月每户补助金从 22 雷亚尔到 200 雷亚尔不等（2010 年，支付给受益家庭的平均额度为 94 雷亚尔）。但是由于受到拨付预算额度、州政府与联邦政府之间的协调等方面的制约，并非所有符合条件的家庭都能获得补贴。

逐渐消除童工项目（EPTI）由巴西联邦政府于1996年启动。该项目最初在个别州试行，在试点州初见成效后，于1999年起，在全国各地正式推广实施。EPTI的主要目的在于逐渐消除雇佣童工这种对儿童健康造成极大危害的恶劣用工形式，尤其是在农村地区减少童工数量，提供儿童教育和培训，提高农村儿童入学率。只有人均收入低于最低生活标准的家庭才能享受EPTI补贴。此外，接受救助家庭须签订协议，承诺不得让孩子参加工作，保证孩子每天至少80%的时间用于上学。若受救助家庭能够遵守上述协议规定，每月可获得一定的政府补助，具体金额由各州根据其财政能力确定。该项目提高了农村儿童入学率和出勤率，减少了童工雇佣，为无法承担孩子教育费用的家庭提供了经济支持。但由于该制度不要求家庭中所有儿童进入救助系统，因此，在一些家庭父母会让部分孩子接受教育，部分孩子继续做童工，这对于无法进入救助系统的儿童来说是不公平的。

农村养老金项目针对在农村地区至少工作满15年的60岁以上男性和55岁以上女性，发放的养老金水平为最低工资水平[①]。

社会救助年金计划（BPC计划）由1993年颁布的新版巴西《社会救助法》确立实施，在1995年修正后，于1996年开始实施，后于1998年再次修正。国家社会保障协会（INSS）负责该计划的运作。BPC计划保障对象是67岁以上的农村（或城镇）老年人及无法独立生活或工作的残障人士。保障对象需要接受收入调查，只有家庭人均收入低于最低收入（即法定最低工资）的1/4，约200雷亚尔（约50美元）者才能获得救助，每两年对救助资格进行一次重新评估。救助经费全部来自联邦财政。BPC计划的救助金发放形式和一般养老金发放形式相同，均由国家社会保障协会在同一天通过相同的渠道（商业银行或邮局）完成。该计划实施后数年内，领取社会救助的人数大幅增加，其支出在巴西社会救助总支出中占据了较大比例。BPC计划在提高农民保障水平、降低贫困率等方面发挥了积极作用，但由于其与社会养老保险的最低发放标准相同（均为法定最低工资），低收入人群参加社会养老保险的积极性受到抑制，因为参加社会养老保险需要缴费。

---

① OECD，Pension at a glance 2019 country - profile：Brazil. https：//www.oecd.org/els/public - pensions/PAG2019 - country - profile - Brazil. pdf.

五、农业保险和补贴制度

巴西的农业保险保障范围包括财产安全、人身安全、农作物安全、牲畜安全等四个方面。由于巴西农村居民主要从事农业耕种，因此对农作物的保障也是农村社会保障的重要组成部分。农业保险通过不断完善法律制度、优化政策环境，实现了更好的保障效果，为农民脱贫提供了更好的保障。巴西从1954 年开始启动政府主导的多重风险农作物保险（Multi‑peril Crop Insurance，MPCI）；1973 年针对农业贷款大规模违约的情况，巴西政府开始出台农业生产保障计划（Program of Guarantee for Agriculture activities，PROAGRO），将农业保险保障拓展到所有地区和农作物。农业生产保障计划由农业部、财政部等部门联合管理，政府每年从财政预算中拨出一笔专项基金。2003年，巴西立法部门继续颁布农业保险相关法律及系列补充法案。

从 1985 年到 1995 年，巴西政府给农业的直接补贴由 142 亿美元减少到60 亿美元，农业支持政策由直接补贴转变为价格支持，通过最低价格保证政策（MPP），确保农民具有稳定的收入。除 2003 年巴西国会通过的系列法律以外，2004 年政府下令实施农业保险保费补贴计划，政府提供部分补贴用于保费。该计划于 2005 年正式实施，当年政府针对七种农作物提供 35％～45％的保险补贴[①]。2006 年，该计划保障的农作物范围扩大，将所有的牲畜、农作物和水产都包含其中。不断扩大的农业保险范围，有利于提高农民生产积极性，使农民生产活动更有保障，进一步提高了农民收入，实现了缩小贫富差距、反贫困的目的。

此外，巴西政府还将"绿箱"政策[②]与保费补贴计划相结合，充分发挥农业保险对农民收入的稳定作用，促进农业创新性研究和重要设施配置水平的提高，进而保障本国农业持续、协调、绿色发展。

巴西政府主要通过上述社会养老保险金制度、医疗保障制度、社会救助以

---

① 数据来源：巴西地理统计局，2020.
② 绿箱政策：WTO《农业协定》中将各国农业支持措施，按其对生产和贸易影响程度，划分成三个类别："绿箱"政策、"黄箱"政策和"蓝箱"政策，并对三类政策的内容做出明确规定。"绿箱"政策是在乌拉圭回合《农业协定》中确立的，泛指不需要作出减让承诺的国内支持政策，具体指对生产和贸易不造成扭曲性影响或者影响非常微弱的，且对贸易只产生极小影响的政策，包括科研、技术推广、食品安全储备、自然灾害救济、环境保护和结构调整计划等方面的政策。

及农业保险和补贴制度为农村居民提供必要的社会保障。这些社会保障制度在调节巴西的收入分配、缩小城乡收入差距方面发挥了一定的积极作用，且具有项目较为齐全、覆盖群体广泛，公共社会保险与补充保险相辅相成，全国统一机构负责社会保险的经办管理等优点。然而，该社会保障体系在就业结构、经济形势变化和人口老龄化等因素的影响下，也暴露出一些问题，如相当一部分灵活就业和自谋职业者被排除在公共社会保障之外，大量非正规就业者由于收入较低、缴费比例高等原因没有参加公共社会保险因而无法享受到社会保障待遇，形成社会保障体制内外的利益不公。此外，政府的社会保障开支不断增加，人口老龄化使政府的社会保障负担日益加重，社会保障资金也出现入不敷出的问题。

第三节　巴西的减贫战略与社会平等

巴西是一个具有巨大发展潜力的国家，经过 20 世纪的扩张和经济周期性增长，巴西从一个农村和农业社会，转变成为由工业综合体、现代化农业部门和充满活力的城镇构成的社会。目前，巴西是世界第八大经济体，但是，经济的增长也伴随着社会不平等的加剧，贫困人口并未充分受益于经济增长带来的好处。

一、巴西贫困现状

（一）贫困人口分布和特征

根据联合国人类住区规划署官网信息[①]，巴西 87% 的人口生活在城市，是世界上第十大不平等国家，贫困率（26.5%）和极端贫困率（7.4%）不断上升。尽管全球和区域农村地区的贫困率较高，但巴西的贫困主要发生在城市，72% 的穷人生活在城市地区，平均 6.9% 的城市人口生活在非正规居住区，其中里约热内卢达到 22.15%，贝伦更是高达 54.47%。

根据 2010 年巴西人口普查数据，按每户人均收入计算，巴西有 1 500 万极端贫困人口（每月不足 35 美元），其中 65 岁以上男性极端贫困人口占 2.3%，女性占 2.82%。如果按照每月 70 美元以下的收入标准，贫困人口达 3 093 万，

---

①　https://unhabitat.org/brazil. 2020.

65 岁女性贫困人口占比仍然高于男性。当然从巴西人口总数看，65 岁女性人口占比也比男性高（女性 8.19%，男性 6.55%）。巴西对老年人口的保障较高，所有收入不足最低工资四分之一的老年群体，每年均可获得一个月的最低工资。2010 年有 160 万人受益。2015 年巴西 3 600 万人摆脱了极端贫困。

（二）农业生产者的性别差异与贫困现状

根据巴西 2017 年农业普查数据，农业生产者分性别统计显示还存在较高的文盲率，女性为 24.8%，略高于男性的 22.6%。受教育水平性别差异不大，约 15% 的农民从未上过学，60% 只受过初等教育，只有 5% 左右接受过高等教育。整体看，超过 80% 的农业生产者是男性。分区域看，在生产较为落后的北部和东北部地区女性农业生产者比例略高，在农业较为发达的中部和南部各州则偏低。东部的巴伊亚州和伯南布哥州女性农业生产者比例最高，在 25%～30% 之间；北部各州均超过 20% 的平均水平，中部圣保罗州、戈亚斯州和南部巴拉那州、圣卡塔琳娜州等地女性农业生产者比例最低，只有 10%～15%。就巴西整体而言，最贫困的农户中，贫困女性占比 20%，最不贫困农户中占比 15%。可见，家庭或者地区越贫困，女性从事农业生产的可能性就越大。贫困女性的文盲率为 28%，远高于巴西总人口 7% 的水平。

二、巴西的减贫战略

巴西经历了 20 世纪 90 年代的金融危机和经济危机后，政府开始重视包容性的经济增长，推进社会平等进程、社会保障项目，以提高工资水平，促进贫困人口的发展为主要目标。进入 21 世纪，联邦政府相继提出了"零饥饿"战略（ZH）和消除极端贫困计划（BWEP），并通过家庭救助金计划（BF）得以实施，有效推进了巴西的社会平等进程。

（一）"零饥饿"战略

1. 背景和目标

20 世纪 90 年代中期，政府转移支付是社会再分配的主要手段。1994 年，巴西坎皮纳斯市率先试行了"有条件的转移支付"项目（CCT），以提高贫困儿童的入学率为目标，条件是必须用于儿童的教育。1995 年巴西利亚联邦区实施了类似的奖学金项目。2000 年政府推行 CCT 项目，覆盖领域逐渐从教育发展到卫生、能源等领域。但是，当时的 CCT 项目覆盖人群有限，贫困人口纳入到转移支付范围的比例不高。

2003 年，为了保障贫困人口的食物获取，扩大健康食品的生产和消费，改善健康状况和教育，政府又提出了"零饥饿"战略，标志着联邦政府从单一关注食物营养与安全，发展到食物安全和减贫并重。一方面要保证公民获得足够的食物，另一方面要保障健康的饮食，这就要求人民必须有体面的收入，至少要达到最低工资收入标准。"零饥饿"战略的三大目标是：①提高人民生活水平；②将食物和营养安全纳入公共政策；③确保所有人都可以产得出、用得上和买得到质量有保障的食物。

同年，政府提出了"家庭救助金计划"。这是一项面向贫困和极端贫困家庭的联邦政府现金转移计划，根据家庭人均收入确定哪些家庭符合进入计划，每个进入计划的家庭都并必须注册一个专有账号。2004 年社会保障部将"家庭救助金计划"纳入"零饥饿"战略。该战略涉及到联邦政府 19 个部委，并且把与民间团体的协作作为重要内容。为此，联邦政府建立了政府间协调机构国家食物与营养安全委员会（Consea）以及与民间团体对接的协调机构部际食物与营养安全商会（Caisan），前者是政府中十分有影响力的机构。

2006 年，《联邦食物和营养安全法》获得通过并实施，确保所有人获得有质量保障的充足的食物，同时从环境、文化、社会和经济等层次满足可持续性。2010 年，第 64 条宪法修正案使食物获得权成为一项公民权力。截至 2010 年，家庭救助金（BF）和有条件转移支付（CCT）两项计划覆盖了巴西 1 280 万家庭和超过 5 100 万的人口。

2. 食物安全方面的主要措施

"零饥饿"战略是一项综合性的计划，涵盖的范围和涉及的政府行动十分广泛，包括促进收入提高的政策、社会保障政策、最低工资、农业改革和家庭农场激励措施等。其中食物安全方面的措施包括：

（1）消除饥饿计划。主要内容包括面向特定人群的食物分配、提倡健康饮食、提倡母乳喂养、维生素 A 和铁补充计划，以及推进公共设施建设，建立食品和营养服务网络等。其中食品和营养监测系统（SISVAN）用于监测家庭补助金计划覆盖情况或接受家庭健康服务的儿童情况，拥有 300 万零至四岁儿童的营养状况数据。该系统在制定相关领域的公共政策，评估政府行动和监督政府推进食品和营养政策等方面发挥了作用。

（2）学校营养餐计划（PNAE）。学校营养餐计划设立于 1955 年，由州政府提供资源为公立学校中的基础教育学生提供午餐，覆盖人群包括幼儿、小学、高中以及补充课程教育青年和成人，后来被纳入"零饥饿"战略。2011 年，用于学校营养餐计划的预算总额为 31 亿美元。同时，为了促进其他经济部门的发展，联邦政府规定，将预算总额的 30％用于从家庭农场购买食物，这一举措有利于刺激和发展社区经济。

（3）工人食品计划（PAT）。工人食品计划为工人提供有质量保障的足够的食品，优先保障低收入工人的健康，低收入工人指工资水平处于第五档最低工资的人。各公司自愿参加工人食品计划。事实证明，该计划的实施，使工人减少了患病和事故风险，提高了工人生产率和出勤率。参加该计划的公司也可以获得所得税方面的优惠。

3. "零饥饿"战略的减贫成效

"零饥饿"战略实施过程中，采用的贫困标准是：在世界银行每天 1 美元贫困线的基础上，根据农村地区和城市地区的生活成本进行调整，1999 年的贫困线定为 68.48 雷亚尔。

按照"零饥饿"计划实施的贫困标准，1999 年巴西有贫困人口 4 404.3 万，占总人口的 27.8％。这些贫困人口来自 932.4 万个家庭，占巴西家庭总数的 21.9％。从城乡分布看，19.1％来自大都市（900.3 万），25.5％来自一般城市（1 501.2 万），46.1％来自农村地区（2 002.7 万）。

2009 年，按照 1999 年的贫困标准，在"零饥饿"计划实施 6 年后，巴西的贫困人口降到了 2 960 万。"零饥饿"计划有效阻止了巴西贫困人口的增长。1999—2003 年，巴西贫困人口从 4 400 万增加到了 5 000 万。2003 年以后，巴西贫困率逐年下降，2009 年下降到 15.4％。

从城乡分布看，大都市的贫困率从 2003 年的 22％下降到了 2009 年的 11％；一般城市的贫困率从 2003 年的 25.5％下降到了 2009 年的 14.4％；农村地区的贫困率从 2003 年的 45.4％下降到了 2009 年的 28.4％，下降 14.4 个百分点，是降幅最大的地区。分地区看，最不发达的东北地区是贫困人口减少最多的地区，2003—2009 年，共有 900 万人摆脱了贫困。

（二）消除极端贫困计划（BWEP）

"消除极端贫困计划"于 2011 年提出，目标是 2014 年在巴西消除极端贫困。该计划是前任政府社会保障项目的延续，主要由联邦政府出资，包括 120 项公共行动，面向巴西 1 630 万极端贫困人口。

BWEP 计划涉及以下五个方面：①促进社会发展，不让任何一个人掉队；②促进社会公平，消除歧视，减少黑人、原住民和边远地区人口的贫困；③创造机会，为儿童、青年、老人和妇女创造人力资本发展的机会。④提高现有运行模式的质量，目前贫困人口面临的最大问题是不能获得高质量的公共服务，最高效的干预手段是整合公共和私营部门的力量，在现有的法律框架下扩大服务网络，在受益者、政府和公众之间建立沟通网络。⑤开发可持续的政策。在政策创设过程中要同时考虑影响政策可持续性的内部因素和外部因素。

与"零饥饿"战略相比，"消除极端贫困计划"以"能力发展"理念为核心，致力于实现有利于穷人的包容性增长，关注最脆弱人群的基本需求。因此，农村人口、包括农村贫困妇女得以在此项计划中受益。从规模看，"消除极端贫困计划"覆盖了"零饥饿"战略计划中一半的人口。"家庭救助金计划"在 BWEP 中的地位变得更加重要，其实行的注册制和银行卡挂钩制度，在所有 BWEP 项目中都得以推行实施。

在治理方面，2010 年社会保障部设立了消除极端贫困特别秘书处。此外还新建了三个机构：BWEP 国家管理委员会、BWEP 执行委员会和部际监测小组。国家管理委员会包括财政部长、总统办公厅主任、规划部长和社会发展部长，他们负责在部委层面整体协调。该机构负责制定整个政策议程，包括家庭救助金等所有可能与 BWEP 相关的计划。执行委员会由 21 个部的副部长组成。部际监测小组由 21 个部委的代表组成。可见 BWEP 的治理策略高度制度化，与民间团体、社会组织的联系不如"零饥饿"战略广泛。

三、巴西的性别平等进程

（一）妇女赋权历程

巴西历史上也是一个家长制盛行、父权至上的国家。19 世纪中期巴西女性意识开始觉醒，19 世纪 70 年代起女性获得了普通教育和高等教育的权利。"女性从属于家庭"的思想十分普遍。巴西女性于 1932 年获得投票权，走出家庭工作的女性开始增多。

巴西妇女传统上不具备财产继承权，一般是男性继承土地和父母的财产，妻子和女儿一般不继承财产。巴西的农业改革历程中，也遵循了将土地和相关资源，比如获取信贷和技术援助的权利，分配给家庭中的男性户主的传统。直到 1988 年，"男性和女性拥有平等的财产权和土地使用权"作为法律条款写入宪法（第 189 条），妇女才有了地权。土地可以个人名义分配给妇女，也可以分配给夫妻双方。妇女的地权是独立的，不受所处婚姻状态的影响。

在农村地区，受文化习俗影响，尽管《宪法》《民法典》《劳动法》中均增加了性别平等的条款，但是由于缺少使法律条款得以有效执行的机制，在婚姻地位、出生权等方面的性别差异仍然存在。

（二）从性别差距看妇女赋权

2020 年，巴西在世界经济论坛（WEF）《全球性别差距报告》[①] 的 153 个国家中排名第 92，性别差距得分 0.691（女性与男性完全无差距，得分为 1）。尽管得分比上一个报告期（2018 年）增长了一个百分点，巴西在报告的 25 个拉丁美洲国家中排名第 22 位，离该区域表现最好的国家尼加拉瓜（排名第 5，得分 0.804）相差甚远。分项看，巴西在教育和健康方面的性别差距最小，识字率、中高等教育入学率得分均为 1。中等和高等教育中，女性学生的比例超过男性学生，为 1.4∶1。女性预期平均寿命比男性长 5 年（因此得分为 1.06）。经济维度的性别差距较大，女性劳动参与率仅为男性的 76%，工资和收入同工不同酬也拉低了巴西的性别平等得分。女性立法、高级官员和管理人员的数量为男性的 66%，但在专业和技术从业者领域，女性数量略高于男性。最大的减分项是政治赋权领域，得分仅为 0.133，截至 2019 年 6 月，22 个内阁成员中只有 2 名女性，女性议员比例仅占 18%。

---

① 《全球性别差距报告》由世界经济论坛（WEF）发布，从经济参与和机会、教育可及性、健康与生存以及政治赋权四个维度运用 14 个二级指标测度一国的性别差距。2020 年报告覆盖全球 153 个国家。

第八章 CHAPTER 8
中国和巴西农业合作 ▶▶▶

一、中国对巴西的农业投资

（一）投资合作概况

1. 巴西吸引外资情况

在巴西与世界其他国家的经济和金融关系中，外国直接投资（Foreign Direct Investment，FDI）① 是最为重要的投资类别。由于吸引了石油和天然气开采以及电力行业的投资者，2019 年巴西 FDI 流入额达到 719.89 亿美元，同比增长 25.5%。这一显著增长也推动了拉丁美洲和加勒比海地区的 FDI 增长了 10%。在联合国贸易和发展会议（UNCTAD）发布的 2020 年联合国世界投资报告（World Investment Report 2020）中，巴西吸收外资排名位列 20 个主要经济体的第 6 位，较 2018 年提高了 3 位。

巴西中央银行 2020 年发布的直接投资报告（Direct Investment Report）从不同角度反映了巴西吸引外资的情况。报告称，按照直接投资者标准（immediate investor criterion）② 进行统计时，2019 年欧洲是巴西最大的直接投资来源地区，约占外国直接投资总额的 67.9%，其中前五大伙伴经济体分别是

---

① 根据国际货币基金组织 IMF 和经合组织 OECD 的定义，直接投资反映了一个经济体的居民实体（直接投资者）对另一个经济体的居民企业（直接投资企业）获得持久利益的目的。直接投资既包括建立投资者和企业之间关系的初始交易，也包括投资者和企业之间以及附属企业（包括公司和非公司）之间的所有后续资本交易。

② 根据国际方法标准，当一个经济体的投资者在另一个经济体的公司或投资基金中拥有等于或大于 10% 的投票权时，就形成了直接投资关系。

荷兰、卢森堡、西班牙、法国和瑞士。在按照最终投资者标准进行计算时，直接投资来源国的情况与前述统计结果则有较大差异，前五大伙伴经济体分别是美国、西班牙、比利时、法国和中国。数据显示出这些经济体作为"最终投资国"[①] 在巴西持有的直接投资股权更高。这些经济体往往是作为某个企业的最大控股公司，通过中间经济体进行引导投资。

从吸引外资的行业领域看，报告显示煤炭、石油衍生产品、生物燃料、采矿、农业和畜牧业在直接投资信贷和摊销方面都有大量记录。此外，可再生能源成为拉丁美洲和加勒比地区外国直接投资的热点领域。这一趋势在巴西尤为凸显，外国投资者宣布了 42 个与可再生能源相关的项目，占拉丁美洲和加勒比地区总数的近 40%。

为吸引外国公司到巴西各个行业进行投资，巴政府设有专门负责对外招商引资的主管部门——贸易与投资促进局，各州也设立了地方一级的投资促进机构。贸易与投资促进局目前在中国北京和上海均设有商务办公室。

2. 中国对巴投资情况

（1）投资概况。根据中国商务部发布的《中国对外投资发展报告 2019》显示，2018 年巴西是中国在拉美地区第三大直接投资目的地国，前两位分别是英属维尔京群岛和开曼群岛。据中国商务部统计，2019 年中国对巴西直接投资流量 8.60 亿美元；截至 2019 年末，中国对巴西直接投资存量 44.35 亿美元。从境外设立企业情况看，中国企业在拉丁美洲的并购投资活动以巴西为主。2018 年，在中国企业对外投资并购额前十位国家排名中，巴西位列第三位，吸引中国企业并购投资近 60 亿美元。近十年约有 200 余家中国企业落户巴西。

巴西经济部的数据显示，自 2003 年至 2019 年第三季度，中国在巴西投资额累计达 805 亿美元，成为巴西在这十几年间最大的外资来源国。在此期间，中国在巴西投资的行业有所变化，以前集中于农业、矿业和石油，而最近几年转向运输、通信、金融服务、工业，以及电力行业。

中巴双方自 1974 年建交以来，在农业领域已经建立良好的合作伙伴关系并从政府层面签署了多项协议（表 8-1）。

[①] 由于近年来跨国公司复杂的组织架构和股权结构，国际统计方法界定了两个概念以确定直接投资的来源国：直接投资国和最终控制国。以巴西为例，直接投资国是直接投资其巴西子公司的非居民企业的注册国；最终投资国是在巴西投资的企业中拥有有效控制权和经济利益的投资者的居住国。

表 8 - 1　中巴农业投资合作协议及文件

协议及文件	签署时间
中巴贸易投资领域合作谅解备忘录	2004 年 11 月 12 日
中华人民共和国农业部与巴西联邦共和国农业、牧业和食品供给部关于加强农业合作的战略规划	2012 年 6 月 21 日
中华人民共和国农业农村部与巴西联邦共和国农业、畜牧业和食品供给部农业合作行动计划（2019—2023 年）	2019 年 11 月 13 日
中华人民共和国商务部与巴西联邦共和国经济部关于加强投资领域合作的谅解备忘录	2019 年 11 月 13 日

资料来源：根据外交部网站整理。

（2）中资企业农业投资概况。在中国 21 世纪初"走出去"战略的推动下，基于对农产品的强劲需求，中国同巴西等拉美国家之间的合作日益增强。在此背景下，促使一部分中国企业相继进入巴西探求农业领域的发展空间。

从现有的投资案例看，中国对巴西的农业投资是从多个方面进行的：一是建立农产品生产基地和加工基地；二是兴建农业大型基础设施；三是参与当地贸易和物流。投资主体在早期多以政府层面推动的国有企业（包括省部和地方所属）为主，而后逐渐趋于多元化，包括一些股份制企业、私营企业、外贸公司、生产性企业和国际信托投资公司等。

从投资方式看，进入巴西农业的中资企业也历经了一番尝试和探索：从直接购买或租赁土地从事海外种植，到间接的资产并购以及对基础设施的建设投资。2010 年以前，一些先行企业，如浙江福地农业公司、重庆粮食集团等将投资兴趣点着眼于巴西的土地资源，通过直接购买或长期租赁等方式取得土地的所有权或使用权，并以此为资源拓展海外种植基地。2010 年巴西收紧外资购地政策，一些中企赴巴投资大多以合资形式展开，但在合资企业中所占的股权比例相对较低。从 2014 年以后至近两年的投资情况看，中资企业的投资主旨和战略考虑有所转变。一些企业转向代表性案例如中粮集团、大康农业等采取并购或合资方式间接在巴投资，利用其他企业已有的农业优势资源从而布局全球农业产业链条。

从投资成本看，早期进入巴西市场的中国企业通过购地的方式在当地发展农业可能并不经济。相较于中资企业早期的购地办厂模式，ADM 公司、嘉吉、邦吉等国际粮商在巴西拓展粮食业务时并未通过这种方式，而是以订单农业的模式向巴西农民采购，并从生产、加工、仓储运输到分销环节都有所把控，如向农户提供肥料、仓储甚至贷款。这样做既可以节省买地资金，也规避了种植的风险，同时也给当地农民保留了就业空间。近年来，日本和韩国也有企业赴巴西拓展大豆基地，同样未采取购地的方式开展投资。例如，日本三井物产集团与美国 CHS、巴西 PMG 贸易公司合资成立了 Multigrain 公司，进而通过该合资公司参与到巴西大豆产业的各环节。

上述投资方式是根据企业的实际需求并基于当时的大背景而做出的战略选择，并无优劣之分。就被投资国巴西方面而言，一些观点认为购买土地往往易引起其政府层面的敏感度，相比之下，采取并购或合资参股的方式接受度更高一些。

（二）主要投资合作企业及案例

1. 重庆粮食集团

重庆粮食集团（以下简称"重粮集团"）系重庆市政府出资的、由全市 370 多家国有粮食企业通过资产重组整合而成的国有大型粮食企业，成立于 2008 年，主要业务包括油脂、稻谷、玉米和小麦为主的粮食购销等。重粮集团在成立后一直寻求拓展海外大豆业务的机会。2010 年 4 月，重粮集团宣布投资 57.5 亿元人民币，通过购置土地与巴西合作共建 20 万公顷大豆生产基地，一期拟投资 22.03 亿元人民币在巴伊亚州科伦蒂娜市（Correntina）建设 10.8 万公顷。但由于巴西政府于 2010 年强化了外资购地禁令，使得该项目并未完成之前宣布的土地转让，而是转为与当地生产商合作进行。2011 年 4 月金砖五国峰会期间，在历经近两年努力后，重粮集团正式签约在巴西的大豆压榨工厂项目。该项目将由一家合资公司管理，该公司 70% 的股份由重粮集团持有，30% 由巴西投资者持有，合作方是当地生产商。

目前，重粮集团主要依托 2010 年成立的全资子公司——巴西格林天地农业有限责任公司（Universo Verde Agronegócios Ltda.）在当地开展大豆、高粱和饲料草籽生产，以及粮食和农机设备的进出口贸易。

2. 中粮集团

中粮集团的全球资产中有 60% 都位于南美洲。巴西是中粮集团在南美洲业务开展最广泛最深入的国家，投资金额超过 19 亿美元。

历时近四年，中粮集团通过并购方式间接完成了对巴农业的起步投资。2014年下半年，中粮集团先后收购了尼德拉集团（Nidera）51％的股权和来宝集团旗下来宝农业（Noble Agri）51％的股权，并与来宝农业成立了"中粮来宝"合资公司。借助这两大集团在拉美已有的农业业务资源，中粮以最直接而快速的方式迈出了在巴农业投资的第一步。2016年3月，中粮集团旗下中粮国际有限公司完成了"中粮来宝"其余49％的股权收购并将公司更名为"中粮农业"；2017年2月，中粮国际收购Cygne公司所持有的全部尼德拉农业剩余股权。至此，中粮国际拥有中粮农业和尼德拉农业两家全球领先农业企业的全部所有权。中粮集团方面表示，这两起并购总计投资约28亿美元并创下了中国粮油业有史以来海外并购之最。

上述两家被并购的企业均在巴西的农业市场占据优势地位，同时在阿根廷、黑海地区、印尼等世界粮食核心产区也拥有战略性资产。尼德拉公司创始于1920年，其业务从阿根廷已拓展到欧美国家，兼具农业原产地的优势和领先的种子贸易优势。尼德拉通过仓储、物流设施投入在巴西发展迅速，并与当地农民和合作社建立了稳定的粮食供应关系。来宝农业成立于1988年，以从事农产品加工和贸易等业务为主，涉及谷物油籽产品（玉米和大豆等）、可可、棉花、咖啡、糖等；同时也种植甘蔗，建有糖厂、乙醇生产设施和咖啡加工设施。在巴西中西部地区拥有三个玉米和大豆仓库，在圣保罗州的桑托斯港拥有货运码头。利用这些优势，中粮能够向巴西当地农民直接进行采购，从而得到相对充足和低成本的粮食。

自2014年9月成立中粮国际以来，中粮有关海外农业版块的业务均由中粮国际开展和进行。完成上述两家企业并购后，通过全面整合中粮农业和尼德拉农业，形成了以糖、棉花、谷物和油籽、咖啡为主的产品业务布局，并涵盖加工、贸易、分销、仓储及货运中转。目前中粮国际是巴西最大的糖和乙醇生产商之一。在巴西拥有4家年压榨能力1 550万吨的糖厂、1家年压榨能力130万吨的大豆压榨厂、2个位于桑托斯港的中转码头，以及19个仓储粮库。

除前期的并购整合外，中粮国际将继续与巴西企业开展农业投资合作。2019年8月，中粮国际董事长约翰尼·奇（Johnny Chi）在"2019年巴西农业综合企业大会"上公开表示将在未来五年内从巴西购买25％的大豆，同时还将为巴西超过2 428万公顷的大豆生产基地扩张提供资金。此外，中粮国际还计划在未来几年内增加对巴的新基础设施投资，投资的大部分将用于物流和仓储。同时，也有意愿寻找途径筹集长期资金以支持在退化土地上扩大大豆生产，从而支持巴西向更可持续农业转型。

3. 袁隆平农业高科技股份有限公司

袁隆平农业高科技股份有限公司（以下简称"隆平高科"）亦通过股权收购的方式，在巴西种业、农化行业拓展产业链。隆平高科是由湖南省农业科学院、湖南杂交水稻研究中心、袁隆平院士等发起设立、以科研单位为依托的农业高科技股份有限公司，公司成立于 1999 年。

2017 年 7 月，隆平高科联合中信农业产业基金管理有限公司（以下简称"中信农业基金"）以 11 亿美元收购美国陶氏化学集团旗下子公司——陶氏益农（Dow AgroSciences）在巴西的玉米种子业务的部分股权，收购资产包括在巴西的玉米种质资源库、优势品牌所有权（Morgan 种子品牌的使用权以及 Dow Sementes 品牌的有期限使用权），以及种子加工厂和种子研发中心。2017 年 11 月，双方正式完成交割，交易后的公司更名为 LP Sementes，意为隆平种子公司。

业界普遍认为，本次收购的达成对于隆平高科和中信农业基金具有重要意义。隆平高科作为中国本土市场的龙头农业高新技术企业，主营业务以杂交水稻为核心，玉米和蔬菜则是其力图拓展的另两个核心种业品类，而陶氏益农作为南美第三大玉米种子供应商，在巴西拥有丰富的种业资源和高水平技术，因此该并购有利于提升隆平高科在玉米种业方面的研发能力。

中信农业基金是中信集团下属子公司，于 2016 年成为隆平高科项目投产后管理工作的主体责任人和最大股东，自成立以来一直专注于投资现代农业科技和品牌农业的转型升级，参与隆平高科战略规划制定、政府关系支持、公司治理完善等重大管理工作。此次帮助隆平高科拓展海外市场，将助推中国企业在世界种子行业中获取更多市场份额，同时有助于推动国内外优质资产整合，为进军南美洲农业市场打开通路。同时，对于中资企业进入全球农化产业拓展产业链、参与全球竞争也具有重要的借鉴意义。

4. 大康国际粮食农业有限公司

作为一家民营企业的湖南大康国际粮食农业有限公司（以下简称"大康农业"，系上海鹏欣集团旗下子公司），同样通过投资并购的方式布局巴西粮食市场，两年间收购了两家巴西农业企业的多数股权。2016 年 5 月，大康农业收购巴西谷物公司 Fiagril 股份有限公司（以下简称"Fiagril 公司"）57.57％的股权。Fiagril 公司成立于 1989 年，是一家专门从事谷物、农业生产资料的经销商，业务范围涉及大豆、玉米、生物柴油的生产，以及化肥和农药的供应，总部设在巴西中西部粮食主产区马托格罗索州。双方投资合作的内容包括大豆、玉米等粮食作物的贸易，农业科技的交流以及仓储、物流等农业配套设施。Fiagril 公司在发表的声明中表示，此次收购将有助于促进公司发展壮大。业界认为这也将有效提高大康农业在国际大豆市场的议价能力，同时拓宽其采购优质粮源的海外通路，形成互利共赢的局面。

2017 年 6 月，大康农业又以 2.53 亿美元收购了巴西农产品生产贸易商 Belagrícola 公司 53.99％股权。Belagrícola 公司位于巴拉纳州北部和圣保罗州南部，是巴西有一定影响力的农业生产资料销售平台之一，在产地的大豆市场占有率达 20％，玉米市场占有率达 15％。该公司向农户提供种子、农药、化肥等农业生产资料的一站式采购方案，与当地农户有良好的合作基础。

大康农业拟将 Belagricola 和此前收购的 Friagril 进行整合，充分利用两家公司的经营优势，从而实现农资与粮食资源的双向流动，推动公司在巴西大宗农产品贸易业务的横向深化。

二、巴西农业对外投资合作

（一）投资概况

1. 巴西对外投资概况

巴西总体对外投资流量（Outward Foreign Direct Investment，OFDI）远低于吸引外资流量，但 2019 年的投资情况较 2018 年有所增加。根据联合国贸易和发展会议（UNCTAD）公布的数据，2019 年巴西外资流出 155.15 亿美元，同比增长 5.5％；在全球 20 个主要经济体中排在最末位，在拉丁美洲和加勒比海地区排在首位。

2. 巴西对中国（华）投资概况

巴西经济部发布的数据显示，2020 年巴西对华出口逆势增长，达到 676.9 亿美元，占巴西全年出口总额的 32.3％。全年双边贸易额达 1 017.28 亿美元。数据显示，2019 年前 11 个月，巴西出口农产品中的 34.8％销往中国，其中 74％（约 6 000 万吨）的大豆出口到中国，同比增长 13.56％。

在巴西和中国的双边经贸投资关系中，中国对巴西的投资部分相对更多。巴西对中国投资在前期基数相对较小，近年来呈现出增长的良好态势，巴政府层面十分重视中巴农业领域的投资合作。巴西农业、畜牧和食品供应部部长卡蒂亚·阿布鲁（Katia Abreu）曾在 2015 年的一次新闻发布会上强调了中巴农业领域投资合作的重要性。他认为中国市场对其农业部门的增长至关重要，中巴双方应扩大农业领域的合作，不仅要促进直接贸易，还要交换更多高附加值产品。此外，一些巴西企业也开始积极开拓中国市场，利用两国农业之间的互补优势拓展业务。

（二）主要投资合作企业及案例——巴西食品公司

2011 年，巴西肉类食品生产巨头 BRF－Brasil Foods（以下称"巴西食品公司"）在中国开设了办事处，积极推动两国间的贸易发展。巴西食品公司拥有"从农场到餐桌"的食品全产业链体系，其总部位于圣保罗，生产和销售业务覆盖南美洲、欧洲、中东和亚洲，每年生产超过 500 万吨的肉制品，旗下的 Sadia、Perdigão、Qualy 等畅销食品品牌销往世界 140 多个国家和地区，在中东、土耳其、欧洲和中国均设有采购团队。

中国国家领导人于 2015 年 5 月访问巴西，此行促进了两国肉类进出口恢复正常化（2012 年，为防止疯牛病的传播，中国曾禁止销售巴西出口到中国的肉类）。在此背景下，巴西食品公司也开始了向亚洲地区扩大市场的计划，如通过开发更高附加值的产品组合，在其他国家建立和发展多元化业务，创新新产品品类等。

巴西食品公司旗下创始于 1944 年的冷冻食品品牌"Sadia 享聚"于 2015 年登陆中国消费市场，产品范围覆盖冷冻鸡肉、冷冻猪肉、速食产品和点心。2016 年起，巴西食品公司与苏宁家乐福开展了肉类供销。2021 年初，双方举行签约仪式，进一步深化公司之间的战略合作，达成了有关巴西食品公司工厂为"Sadia 享聚"品牌全线产品供货的深度合作协议，协议总金额 5 000 万元人民币。在该合作协议下，巴西食品公司将按季度锁价锁量保证苏宁家乐福的门店供应需求。同时，双方将以店中店的新型联合经营模式加深合作。巴西食品公司为苏宁家乐福中的"Sadia 享聚"店中店提供广告宣传、联营维护等一系列品牌支持，苏宁家乐福则通过覆盖大中型城市的 210 多家门店将巴西直采的产品供应给中国消费者。

此外，巴西食品公司也通过收购活动寻求在全球市场的增长空间。根据巴西食品公司官网报道，自 2015 年已完成了三次收购交易，包括收购泰国家禽加工公司 Golden Foods Siam Ltd.，经营阿根廷猪肉业务的公司 Eclipse Holding Cocperatief UA，以及总部位于英国的食品分销商 Universal Meats。

2016 年 11 月，随着中粮集团旗下的中粮肉食控股有限公司首次在香港联合交易所上市，巴西食品公司投资 2 000 万美元购买约 2％ 的公开募股。2017 年 11 月，双方在中国国家质量检验检疫总局的支持下签署了谅解备忘录，以扩大在食品质量和安全领域的合作。据此，双方达成了有关不定期加强双方公司管理和运营实践的交流共识，从而促进巴西食品公司能够更多地进入中国市场，增加相互投资和合作的机会。

第二节　巴西的外商投资营商环境、法律和政策

一、投资营商环境

（一）营商环境分析

巴西拥有优越的自然条件和相对丰富的自然资源，在农业、加工业、林业方面均展现出巨大的投资吸引力。从巴西的经济发展状况看，在 2015—2016 年经济的严重衰退之后，巴西正不断做出努力使其经济复苏，虽然从 2017—2019 财年的 GDP 增长情况反映了经济复苏十分缓慢，但良好的政策和改革措施为其未来几年的经济复苏奠定了基础。例如，巴政府近年来正通过税制改革，简化繁琐的流程来改善商业环境。在基础设施建设方面，调动更多的财政资金改善公路和铁路运输条件，提高运输的服务效率。在贸易方面，南共市—欧盟自贸协定（巴西所在的南方共同市场与欧盟于 2019 年 6 月达成了贸易协议政治框架）的缔结将破除欧盟与南方市场之间的贸易壁垒，尤其是增加牛肉、鸡肉、糖等主要农产品进入欧盟国家的贸易流量，有助于巴西更好地融入世界经济。巴西经济总体预测稳定并呈现可持续增长的趋势，营商环境也在各项政策的调整下得到改善，总体具有很大的投资潜力。

1. 营商便利度

巴西商业和投资环境总体看有所改善，营商便利度进一步提高。由世界银行发布的《2020 年营商环境报告》是评价各个经济体内开展营商活动便利程

度和友好程度的权威报告，评价指标涵盖开办企业、财产登记和经营等十个方面。在被评估的 190 个经济体中，巴西营商环境 2020 年排名第 124 位，较 2019 年排名下降了 15 位。在金砖国家中，巴西的排名位于最末，俄罗斯排第 28 位、中国排第 31 位、印度排第 63 位、南非排第 84 位。

10 个分项指标排名分别为：开办企业（第 138 位）、办理施工许可证（第 170 位）、获得电力（第 98 位）、财产登记（第 133 位）、获得信贷（第 104 位）、保护少数投资者（第 61 位）、纳税（第 184 位）、跨境贸易（第 108 位）、执行合同（第 58 位）、解决破产（第 77 位）。

根据上述指标报告分析，巴西在以下几个方面做得较好：一是在为企业家解决商业纠纷时，司法程序设置较为合理，个案管理质量方面较好，但从开始诉讼到审判结束花费的时间偏长，在圣保罗和里约热内卢分别需要 731 天和 911 天；二是对于中小股东的保护措施力度方面，企业透明度指数和董事责任范围指数较高，以减少滥用风险的股东权利。同时也有一些表现不佳或有待提升的方面：一是在缴纳各项税务过程中花费的时间太长，在圣保罗和里约热内卢，中型公司平均每年需要花费 1 501 个小时来处理纳税前后事项；二是企业在建立标准化仓库时办理施工许可证的时间太长，以圣保罗为例，平均需要花费 384 天完成办理事项；三是在企业依法转让不动产所有权的程序上较为繁琐，以圣保罗为例，共需要 14 项手续，远低于拉丁美洲和加勒比地区的平均数量 7.4 项。

与 2019 年相比，虽排名有所下降，但巴西总体营商环境便利程度增加了 0.5 个百分点，可以看到巴西在开办企业、登记财产方面均有所改进。具体表现在以下两方面：一是通过加快企业注册时间和降低数字证书的成本，提高开办企业的便利程度；二是通过提高土地管理系统的质量，简化了财产登记的程序，例如在圣保罗引入在线支付系统，在里约热内卢创建了一个在线系统用来获取财产证书。

2. 国际竞争力

世界经济论坛发布的《2019 年全球竞争力指数排名》中，巴西的全球竞争力指数在 141 个被统计的经济体中排名第 71 位，较 2018 排名上升 1 位。在拉丁美洲和加勒比地区的 21 个经济体中，排在第 7 位。

新发布的《2020 年全球竞争力报告》（2020 年排名尚未公布）表明，作为发展中的新兴经济体，巴西在 2019—2020 年间的市场生产力和盈利能力表现出平缓的增长趋势，预计市场主导地位将随着国家经济的复苏进一步增强。在评估经济体"为经济转型在 11 个优先领域中的作为"中，巴西在升级基础设施、加快能源过渡、扩大电力和通信技术覆盖面方面做出较大努力，在满分为 100 分的评估中取得了 79.4 分；但在"促进未来市场发展中的公私合作领域"方面得分较低，100 分中仅取得 36.2 分，表明公共部门和私营部门的合作仍需进一步加强。

（二）风险分析

1. 政治环境与制度风险

巴西的民主制度健全，政治环境稳定。自 20 世纪 80 年代初恢复民主制度以来，巴政府一直寻求改善问责制，确保行政、立法和司法部门之间的严格分权。1988 年，巴西通过了新宪法，规定巴西实行自由民主，注重保障个人权利，社会公民身份、言论和新闻自由。在外交方面，巴西的外交政策倡导和平、发展、人权、多边主义和南美一体化。

需要注意的是，巴西行政办事效率较低，注册开办企业、缴纳税务和进行企业司法诉讼等程序所需要的时间远高于同水平的发展中国家和发达国家。海外投资者同时需要注意巴西税收制度的复杂性，关注购地限制性政策、新劳工法律等与投资相关政策的变化。

2. 安全风险

巴西失业率长期居高不下，且政府削减相关投资，致使罢工运动时常发生，大规模罢工活动中暴力冲突事件时有发生，造成社会秩序混乱，外国投资者在巴西要谨防安全风险。

3. 自然环境风险

巴西自然环境和生态系统多样而复杂，其经济增长很大一部分依赖于对自然资源的利用。近年来受到气候变化和人为因素的影响，巴西面临着森林砍伐、酸雨、旱情和洪涝灾害的威胁，这些自然环境状态变化对巴西农业生产影响较大。

4. 其他风险

巴西在基础设施方面缺乏足够的投资，且现有的基础设施比较薄弱。公路、铁路、水路、管道等交通基础设施通行运载能力不足，易造成交货不及时、拥堵、运输成本偏高、物流服务质量难以得到保证。

二、外商投资政策

（一）市场准入规定

巴政府推行私有化并鼓励外资特许经营。2016 年推出的"投资伙伴计划"规定不对外资国有化。外资进入一般无须中央银行审批，只需在央行宣示性登记（Registro Declaratório）。只要在央行注册登记，除亏损部分不得撤回原始国外，外资收益分配和汇出不受限制。巴西各州有权制定有利于地方发展和引进外资的鼓励政策，如给外资企业一定的减免地方税收政策包括免费出让土地。

在农业相关投资领域方面，巴西禁止或限制外国资本进入远洋捕捞业。外资进入渔业领域，需与巴西本地企业组成联合体，并且仅允许在大陆架和专属经济区内作业。其他禁止或限制外资进入的领域还包括核能开发、医疗卫生、养老基金、邮政、国内特许航空服务以及航天工业等。

投资方式上，巴政府支持通过以下几类方式开展：①外国"自然人"投资合作；②外国货币投资；③外国信贷转化的投资；④以实物投资；⑤股权收购（外资并购、竞买公共项目特许经营权）。

（二）农业相关投资政策

1. 土地投资政策

巴西总体鼓励外国企业和个人在巴西投资农业，但出于对国土安全、环境保护和抑制土地投机的考虑，在法律方面对于外资购买和租赁土地均有限制性政策。

最初的有关外国投资者获取土地的规定是 1971 年 10 月 7 日颁布的第 5.709 号法令。近年来，随着世界粮食危机的出现，巴西政府重新审视土地财产安全和农村土地问题，故而对于外资购买土地的相关法律法规进行了多次修订或颁布补充法令。如 1979 年颁布第 6.634 号法律对边境地区土地买卖作出了规定。1993 年颁布第 8.629 号法律对外国居民和法人在巴租赁土地做出相关调整。2010 年 8 月，巴西政府收紧购地政策，对 1971 年第 5.709 号法令进行了重新解释，对有关外资购地的面积和审批增加了相关规定。2011 年 3 月，巴西政府出台新政进一步强化了 2010 年 8 月有关外资限购土地的规定。

针对外国投资者在巴西购置土地的问题，巴政府仍在讨论新的修改法案。2020 年 12 月，据巴西媒体报道，一项允许外国个人或公司在巴西农村地区购买和租赁土地的提案正在巴西参议院讨论。这项法规提出，外国投资者可以拥有自治区不超过 25％面积的土地，且购置的土地必须符合《宪法》中规定的"社会功能原则"，如合理利用现有自然资源及保护环境。此外，如果要在亚马孙地区购买土地，最终还必须得到国防委员会的许可。如果巴政府通过此项法规，预计将吸引农业、采矿业等投资。提出此项法案的参议员曾公开表示，希望通过这项法规的实施能够每年吸引大约 500 亿雷亚尔（98 亿美元）的投资。

在新政确定之前，当前关于外资在巴西购买农村土地进行生产和经营的情况，可参照巴西现行的涉外土地买卖的法律规定（表 8－2）。

表 8－2　外国居民和法人在巴西购买土地的相关规定

土地投资限制事项	具体规定	依据的法律	颁布时间
购地面积	（1）外国自然人可以购买整块或分散的农村土地不得超过 50 个 MEI*（不定目的开发地块）；相当于从 250～5 000 公顷的面积 （2）外国企业最多可购买 100 MEI，相当于从 500～10 000 公顷的面积，超过 100 MEI 须经国会批准	第 5.709 号	1971 年 10 月，2010 年 8 月对法令重新解释
购地面积占所在市镇比例	外国自然人或法人购买的土地面积不能超过该城市总面积的 1/4；同一国籍的外国自然人不得在一个城市拥有所在市面积的 10％以上的土地	第 74.965 号	1974 年，2010 年 8 月对法令重新解释
在边境地区购地	如果购买的土地距边境 150 千米以内，或者距联邦公路 100 千米以内，必须经巴西国防委员会（巴西总统的国防事务咨询机构）批准	第 6.634 号	1979 年 5 月
租赁土地	根据 1993 年 2 月 25 日颁布的第 8.629 号法律第 23 条第 1 款的规定，外国投资者可以在巴租赁土地；租赁土地与外国投资者购买农村土地受到同样条件的制约；参照农村土地购买限制相关规定	第 8.629 号	1993 年 2 月
拥有土地的巴西企业股权转让规定	不允许拥有土地的巴西企业将控股权转让给外国人、外国企业或外资控股的巴西企业	第 5.709 号	2011 年 3 月

资料来源：根据 www.gov.br；中国驻巴西经商参赞处资料整理。

　＊"MEI"是一个测量单位，单位为公顷，用于设置外国投资者在巴西各市购买或租赁土地的限额。具体面积需要根据土地的地理位置进行测算，1 个 MEI 相当于 5～100 公顷不等。由 INCRA（国家拓殖和土地改革管理局）根据各市的领土面积、地理位置和经济开发情况确定。巴西农用土地价格为 5 000～10 000 雷亚尔/公顷。

一是对于外国投资者，在巴西购买土地有面积上的限制，这一限制根据投资主体不同而不同。

外资在巴购买或租赁土地所需手续较为繁琐，一般需要聘请律所或律师进行办理。1995—2008 年 13 年间，所有企业在购买土地时均享受国民待遇，巴西各市公证处并未登记土地产权国籍归属。因此，2010 年新规定出台后，各市因无法考证外国居住者和法人已购所在市土地比例及同一国籍居住者和法人所购土地比例，导致新规定实施后土地购买审批手续更为复杂，办理周期更加冗长。目前，在巴进行土地交易均需要通过"全国土地信息管理系统"（National System of Territorial Information Management，简称 Sinter）进行土地登记，该系统由联邦行政管理部门负责管理。

2. 农业相关税收政策

巴西税收规定较为复杂，税目种类多、税率高。巴西在联邦层面和州政府层面均有不同的征税类别。在联邦税目中，与农业投资相关的税收主要有企业所得税、个人所得税、工业产品税、进口税、出口税、临时金融流通税和农村土地资产税。其中，农村土地资产税（ITR）的征收根据土地面积与使用程度的不同，税率在 0.03%～20% 之间。例如，5 000 公顷以上的土地，使用程度为 80% 以上，税率为 0.45%；如使用程度在 30% 以下，税率为 20%。州政府税目中，与涉农投资领域相关的主要是商品服务流通税，以及包含社会贡献税、社会保险金、社会一体化税和工会费等在内的社会性开支（表 8-3）。

表 8-3　巴西农村土地资产税收费率计算

土地资产总面积（公顷）	土地使用程度（%）				
	80 以上	65～80	50～65	30～50	30 以下
小于等于 50	0.03	0.20	0.40	0.70	1.00
大于 50，小于等于 200	0.07	0.40	0.80	1.40	2.00
大于 200，小于等于 500	0.10	0.60	1.30	2.30	3.30
大于 500，小于等于 1 000	0.15	0.85	1.90	3.30	4.70
大于 1 000，小于等于 5 000	0.30	1.60	3.40	6.00	8.60
大于 5 000	0.45	3.00	6.40	12.00	20.00

资料来源：巴西经济部税务局。

3. 农业投资优惠

关于行业性鼓励政策，巴西现行法律中并未提出专门的针对农业行业的优惠政策，但从部分地区的投资规定中，可看到一些行业通用的或与农业相关的鼓励性政策。

巴西三级政府（联邦、州和市）在各自的管辖范围内对于优惠政策具有较高的自主权。部分地区会根据具体情况为引进重点产业、发展地方经济提供税赋减免等优惠政策。如在巴西北部和东北部地区，为鼓励开发这部分地区，在该地区投资的企业可申请减免联邦税种——主要是由东北发展管理局（SU-DENE）管理征收的企业所得税，符合条件的企业可申请减免一定比例的所得税。

巴西对于在经济特区投资的企业也会实行一些优惠政策。根据第288/1967法令，在亚马孙州的马瑙斯自贸区，企业如符合基本生产流程标准（PPB）可享受联邦和州政府制定的税收减免政策。该区内建有农牧业区和工业区，可从事农业生产经营活动和商贸活动，因此在该区进行相关农业投资，只要符合PPB亦可依法享有税收减免权利。

4. 劳工就业和保障

巴西在劳工就业和保障方面有严格细致的法律法规，目前以1943年颁布的《统一劳工法》为政策基础。本地劳工和国际劳工均受到此项法律的约束和保护。为适应巴西经济发展和社会劳动关系的新变化，政府不断修订和完善该法律。2017年7月，巴西颁布了"劳动法改革修正案"（第13.467/2017号），对劳工的工作时长、休假时间、雇佣协议解除、医疗保险缴款和旅行津贴等权利和责任义务均提出了新的规定。相比雇主，巴西的劳动法总体更偏重于保障劳工权益。

巴西国内一直面临着就业压力，因此为保护本国劳工权益，对于引进外籍劳工就业十分严格，总体倾向于引进专业技能劳动者。根据巴西法律，只有当国内没有充足的专业人才可供使用，企业才允许雇佣更高比例的外籍劳动者。《统一劳工法》允许所有的企业都可以雇佣外籍人到巴西短期工作，但雇佣的外籍工作者须是有专业技能的人员，且持有工作签证。巴西劳工部移民局在审批外籍工作者时有以下要求：①有高等学历者需具备两年以上专业工作经验，中等学历的专业人员则需三年以上的工作经验；②外籍工作者的人数不得超过企业职工人数的1/3，在外籍工作者不到1/3的情况下，其工资也不得超过企业工资总额的 1/3。

在巴西政府主管部门进行审批时，将外资项目能否为本国人提供就业岗位作为重要的审批依据。根据规定，本国劳工人数不得低于企业全部劳工人数的 2/3，本国劳工的工资收入不得低于企业全部劳工工资总额的 2/3。

第三节　巴西参与多双边农业合作

一、巴西与金砖国家农业合作机制

金砖国家，英文简称 BRICS，来自巴西（Brazil）、俄罗斯（Russia）、印度（India）、中国（China）和南非（South Africa）的英文首字母组合。因该词与英语单词 bricks 类似，因此被称为"金砖国家"。2009 年，金砖国家领导人在俄罗斯叶卡捷琳堡举行首次会晤。

（一）金砖国家农业部长会议

金砖国家作为世界重要的新兴经济体，其农业产能合作对世界和金砖国家均具有重要意义。2010 年第一届金砖国家农业部长会议在俄罗斯莫斯科举行，自此拉开了金砖国家农业产能合作的序幕，无论是在农业合作体制机制建设，还是在农产品贸易、农业产业投资以及农业科技合作方面，均取得了显著成效。

目前，金砖国家已经形成了以农业部长会议为主体，以国家级农业基础信息交流数据库和国家级农业研究平台为信息支撑，以粮食安全和应对气候变化影响、农业产业投资、农产品贸易和农业科技合作等为着力点的"自上而下"的合作机制。

2010 年以来，共召开了 10 次金砖国家农业部长会议，历届会议主题有"建立信息交流机制、应对气候变化、保障粮食安全、加强农业科技合作及促进农产品贸易与投资"等五大领域。目前已提出《2012—2016 年金砖国家农业合作行动计划》和《金砖国家农业合作行动计划（2017—2020）》。在公开的第二届和第七届金砖国家农业部长共同宣言中，都着重提到粮食安全和营养保障的重要性及各国政府高度重视贸易和投资合作，将在农业重点领域开展互利合作和贸易投资，实现互利共赢。

（二）金砖国家农业贸易往来

世界银行数据显示，2018 年金砖国家人口占到了世界总人口的 41.57％。2019 年金砖国家谷物产量达到 11.91 亿吨，比 2009 年增长了 30.2％，占世界总产量的比重由 36.79％增至 39.99％；另一方面，联合国粮食及农业组织的连续两任总干事分别来自巴西和中国，这提高了金砖国家在全球粮食安全领域的话语权。

2009 年以来，金砖国家农产品贸易额显著提升。2009—2019 年，金砖国家出口农产品从 1 220 亿美元增长至 2 010 亿美元，增加 64.8％；农产品进口额 1 110 亿美元增长至 2 080 亿美元，增加 87.4％。金砖国家内部农产品贸易额增长显著，从 185 亿美元增长至 426 亿美元，增加 130.3％。巴西跟金砖国家的农产品贸易往来也更加频繁，出口额从 130 亿美元增长到 309 亿美元；进口额从 3.49 亿美元增长到 5.53 亿美元，2013 年达 9.97 亿美元。

（三）巴西在金砖农业合作机制中的作用

金砖国家成立以来，其议程已扩大到包括农业、社会福利、互联网安全等全球性问题。在农业领域，巴西负责粮食安全。金砖国家农业合作的成功不只作用于金砖五国农业部门，还对社会和政治局势的变化产生影响。巴西作为一个新型经济体，可以为金砖其他四位成员国提供与众不同的经验。巴西拥有丰富的自然资源，有发展农业的潜力，有助于实现粮食安全这一议程。尽管巴西经济增长率低于某些金砖国家，但其经济不平等程度较小，为该国的农产品提供了良好市场。巴西农业部长在金砖国家农业部长会议时承诺会加强巴西农业在金砖国家中的影响力，并加强成员国内部的贸易。

二、巴西与联合国粮食及农业组织

过去二十年，巴西在粮食和营养安全、消除饥饿、农村发展和巩固小农经济方面制定了数不胜数的公共政策。巴西农业也因此得到了长足发展。这也促使巴西成为拉丁美洲和加勒比地区农业发展的典范。

2008 年，联合国粮食及农业组织与巴西达成合作方案，向拉丁美洲及加勒比地区分享巴西经验。巴西政府投资 5 000 万美元，由巴外交部合作局负责协调巴西其他部委（教育部、环境部、公民部、国家土地改革研究所、农业部）的参与，粮农组织负责激励、促进、组织、执行和监测伙伴国家的项目进度。这种包括国际组织的合作方式，可更好地利用项目缔约方之间协同作用，扩大了南南合作倡议规模，也利于扩大项目的影响力。

（一）拉丁美洲和加勒比地区 2025 无饥饿倡议

2025 无饥饿倡议于 2017 年启动，旨在促进拉丁美洲和加勒比地区的粮食和营养安全，帮助该地区弱势群体战胜贫困，提高应对灾害以及应对粮食和营养安全危机的能力，在南南合作框架下，为处于紧急状况的国家、人民或者农村社区提供技术协助，在考虑其生活方式和文化习俗的前提下帮助人民复工复产。

无饥饿倡议的短期目标是：恢复农业生产链和生产系统，保障人民能在遭受自然灾害时的粮食获取；中长期目标侧重于国家层面的结构性改革。现阶段项目实施期限至 2022 年 12 月 31 日。

（二）棉花项目

拉丁美洲的棉花种植已有数千年的历史。棉花是该区域关乎农民家庭生计的重要作物，为拉丁美洲的粮食安全作出了重大贡献。棉花项目由巴西政府与 FAO 和 7 个伙伴国（阿根廷、玻利维亚、厄瓜多尔、哥伦比亚、巴拉圭、海地和秘鲁）联合实施，于 2013 年正式启动，截至目前已投资超 1 000 万美元。这个由南南合作促成的三边合作，根据实际经验为不同的区域和国家制定了不同的行动路线，其目的是增加棉农的市场竞争力，并让它们与市场保持可持续的联结；挖掘小农经济的内在价值，创造更多收入。目前，总动员了 70 多个公共和私营部门机构，一同为提升区域棉花价值链努力。

棉花项目从整体棉花价值链的角度促进棉花的可持续发展和包容性生产体系，通过促进棉花增值、公平贸易和棉花纺织体系来推动农村的发展。技术创新在棉花项目中发挥了核心作用，例如，在厄瓜多尔棉花田使用无人机，帮助秘鲁使用巴西农牧业研究公司开发的原型机，对巴拉圭的农民进行培训，为巴拉圭和厄瓜多尔的轧棉厂建设提供帮助等。

三、巴西参与减缓气候变化

在 2009 年联合国气候变化框架公约第 15 届缔约方会议上，巴西政府宣布自愿承诺到 2012 年将温室气体排放减少 36.1%～38.9%，排放量减少约 10 亿吨二氧化碳当量，显示了巴西对世界环境问题的参与度。低碳农业是巴西近些年来积极鼓励发展的农业模式，以保护巴西的土地资源，促进巴西农业的可持续发展。2010/2011 年农业和畜牧业计划规定创建 "ABC 计划（低碳农业计划）"。2010 年 8 月 17 日，巴西农业、畜牧业和食品供应部（MAPA）设立了总计 20 亿雷亚尔的信贷额度，为有助于减少温室气体排放的适当做法、适应性技术和高效生产系统提供资金。该项目以每年 5.5% 的利率提供贷款，为实施和扩大作物—牲畜综合系统或作物—牲畜—森林综合系统，施肥和实施土壤保持措施，实施和维持商业森林，恢复保护区和森林保护区，以及其他涉及可持续生产和降低温室气体排放的措施提供资金。

2011 年，巴西批准了 ABC 计划。作为巴西减缓温室气体排放和应对全球变暖战略的一部分，ABC 计划重视减缓温室气体排放和应对全球变暖相关的可持续农业技术的使用，从而巩固农业低碳经济。

ABC 计划框架包括七个项目：①退化牧场的恢复；②作物—畜牧业—林业综合系统（ICLF）和农林复合系统（AFS）；③免耕耕作系统；④生物固氮；⑤人工林；⑥动物粪便处理；⑦适应气候变化。

根据 ABC 计划的重要性和范围，巴西重新细化和修改了在第 15 次缔约方会议上作出的农业方面的承诺：利用适当的管理和施肥，恢复 1 500 万公顷退化牧场；在 400 万公顷的土地上更多地采用作物—牲畜—森林综合系统（ICLFS）和农林复合系统（AFS）；增加 800 万公顷免耕耕作面积；扩大生物固氮面积 550 万公顷；支持重新造林行动，将目前用于生产纤维、木材和纤维素的种植森林面积扩大 300 万公顷，从 600 万公顷扩大到 900 万公顷；提升畜禽养殖废弃物处理技术水平，将 440 万立方米的废弃物用于生产能源和有机堆肥。上述承诺已在《国家气候变化政策法》（PNMC）第 12 条中得到批准。

在 ABC 计划的范围内，巴西所有州和联邦区都成立了州管理小组，这些州又组织了州计划，实施区域行动。如采用规定技术、转让技术、培训农村技术人员和生产者、加强技术援助和农业推广（ATER）服务、创建技术参考单位（URT）等。这将极大提高生产部门人员的能力，提升采用减少温室气体排放的可持续生产系统的能力，增加生产者收入。

巴西政府积极鼓励低碳农业发展，农民和合作社可申请参加低碳农业计划，经过审核后获得低利息的信用贷款。同时，鼓励农业生产者采用农作物轮作、免耕直播、生物固氮以及农林牧一体化等先进方式来减少碳排放，并积极探索化肥、农药、农用薄膜的减量、替代。40 年来，巴西的农作物产量增长了 385％，而农业面积只增加了 32％，巴西已从一个食品进口国转变为全球主要的供应商之一。在这种生产模式下，该国仅使用了 30％的土地用于农牧业，保留着 66％的原生植被，这一做法保护了重要的生态系统。

第四节   中巴农业合作政策建议

一、中巴农业合作概况

1993 年，中巴两国就建立长期稳定、互利的战略伙伴关系达成共识。2004 年，两国建立中巴高层协调与合作委员会（以下简称高委会）。作为两国政府机构间主要合作机制，高委会为推动双方长期全面深入合作做出了积极贡献。2010 年，中巴两国元首签署《中华人民共和国政府与巴西联邦共和国政府 2010—2014 年共同行动计划》，加强对两国战略伙伴关系相关领域发展的战略指导。2012 年，两国关系提升为全面战略伙伴关系。

中巴之间农业合作的顺利展开得益于两国国内政治稳定以及在双边和多边框架内的有利因素。在地区和国际舞台上，中巴两国也在南方共同市场、金砖五国及南南合作等框架内加强互利合作，并联手共同帮助其他国家和地区发展现代农业，以解决当地的农业和粮食问题。

（一）双边合作机制

2012 年 6 月 22 日，中巴两国领导人签署《中华人民共和国政府和巴西联邦共和国政府十年合作规划》。规划中强调了在农业领域的研发，增加附加值、提升生产率。对相关农产品贸易开展联合评估，努力扩大双边贸易，优化贸易结构。鼓励农产品直接贸易并扩大在农业领域的相互投资。促进粮食、食品加工等农业领域和铁路、高速公路、港口扩建和建设新港口设施等农产品运输后勤领域的双向投资。在中国农业科学院、中国科学院和中国热带农业科学院和巴西农牧业研究院建立的联合实验室内就优质植物、动物种质、生物技术、沼气技术、农业生产技术（大豆生产、水果加工、养牛、水产品和动物疾病控制）交流信息和开展联合研究。就实用农业技术、农业政策、农村信贷、合作社、农村基础设施、城乡关系等双方共同感兴趣的议题推动专家代表团互访、开展联合技术研讨会。此外，规划中还提到在农村通信、农业机械等领域的合作。

2014年7月17日，中巴两国政府发表《中华人民共和国和巴西联邦共和国关于进一步深化中巴全面战略伙伴关系的联合声明》。两国元首强调农业领域合作是中巴关系主要支柱之一，两国均从中受益。双方在中巴高委会第三次会议期间成立了生物安全和生物技术工作组，并签署巴西输华玉米植物检验检疫议定书。两国在质检领域也开展了合作。中方宣布解除巴西牛肉输华禁令，以恢复双方牛肉贸易，并承诺将加快解决巴宠物食品进口问题。双方承诺对中方水产和肠衣出口企业在巴注册和巴西牛肉、猪肉、禽肉出口企业在华注册工作给予特别重视。巴西承诺修订进口牛羊肠衣卫生要求，以便保障中国输巴牛羊肠衣贸易正常开展。双方对巴西农牧业研究院和中国农业科学院间合作表示支持，再次强调设立虚拟实验室、开展种质资源交换联合计划及在上述平台开展生物技术合作的重要性。一致认为，农业研究和农业发展领域的双边合作十分重要。重申将致力于强化涉及生物多样性保护和可持续利用、遗传资源获取及成果分享的国际机制。双方强调，两国在生物多样性大国联盟框架下保持良好协调。两国元首重视在南美地区建设可持续的、综合性的基础设施网络方面展开合作。在此背景下，双方同意促进在农业交通基础设施建设、农产品供应链等领域的投资。为此，双方鼓励中方企业参与巴西有关项目招标。

2015年5月19日。两国政府再次发表联合声明。两国领导人指出，农业是双边经济关系的重点领域之一，开展合作具有重要的意义。双方续签两国政府关于动物卫生及动物检疫的合作协定，以切实保护各自国内农业资源和公共卫生。巴西牛肉产品输华采取新的国际卫生证书，并签署了巴西牛肉输华检疫和兽医卫生条件议定书，中方立即恢复2012年对巴输华牛肉实施禁令以前已注册巴西企业对华出口。重申双方质检机构将完善巴西牛肉、猪肉和禽肉企业注册程序，以扩大双边贸易，确保生产商和出口商的产品供应。此外，巴西规划、预算和管理部与中国国家发展和改革委员会签署了关于开展产能投资与合作的框架协议，该框架协议将进一步促进两国在农业贸易等领域的投资和合作。

2018 年 11 月，中国海关总署署长与巴西农牧业和食品供应部部长举行双边会谈，就加强中巴食品安全和动植物卫生合作，继续拓展双边互惠准入合作，促进中巴农产品贸易等议题深入交换意见，并共同签署《中巴水果检疫技术合作谅解备忘录》和《中巴关于进出口水产品安全卫生的谅解备忘录》。

2019 年 11 月双方制定并签署了《中华人民共和国农业部与巴西联邦共和国农业、畜牧业和食品供应部农业合作行动计划（2019—2023 年）》，明确了在加强农业政策交流、农业科技创新合作、农业投资合作，以及促进农业贸易合作等方面的进一步合作计划。

（二）中国—拉丁美洲和加勒比农业部长论坛

中国—拉丁美洲和加勒比农业部长论坛于 2013 年 6 月在北京召开。论坛通过了《中国—拉丁美洲和加勒比农业部长会议论坛北京宣言》，并确定此论坛为中国与拉丁美洲和加勒比国家就农业经贸、农业研发创新等开展建设性对话的有效机制，特别提到要充分利用中国政府设立的 5 000 万美元中拉农业合作专项资金，引导中拉农业合作项目的开展。自首届论坛以来，双方在农业人员互访、农业科技交流、农业投资、农产品贸易、农业人力资源开发等方面合作成果丰硕，为促进各自经济发展和提高人民生活水平发挥了重要作用。

2021 年 2 月，第二届中国—拉丁美洲和加勒比农业部长论坛以视频会议方式举行。论坛通过了核心成果文件《第二届中国—拉丁美洲和加勒比农业部长论坛联合宣言》。中方提出三条合作建议：一是加强战略对接与政策对话，规划引领农业合作务实开展；二是强化农业科技合作，共同推进农业高质量发展；三是扩大农业经贸合作，推动农业产业链价值链深度融合。力争到 2030 年中拉农产品贸易总额突破 1 000 亿美元，中国对拉美农业投资存量突破 50 亿美元。

（三）金砖国家合作框架

2017 年 6 月 16 日，第七届金砖国家农业部长会议召开。与会各方联合发布了《金砖国家农业部长会议共同宣言》和《金砖国家农业合作行动计划（2017—2020）》等成果文件，表明了加强农业合作的坚定决心和共同意愿。

2020 年 9 月 23 日，第十届金砖国家农业部长视频会议召开。中方强调，金砖国家是全球重要农业生产、贸易和消费国，携手应对新冠肺炎疫情、深化农业领域务实合作十分及时，也十分必要。中方对深化金砖农业合作提出三点倡议：一是协商制定行动计划，共同明确新阶段金砖国家农业合作方向。二是加强农业科技创新推广，携手推进农业现代化。三是畅通农业投资贸易往来，密切农业合作互鉴。加强贸易对话和政策协调，建立健全金砖国家农业投资对话机制，中方热诚欢迎金砖国家涉农企业到中国投资发展。

二、中巴农业合作政策建议

中巴农业互补性很强，合作潜力很大、前景广阔。双方农业在市场需求、资源要素、产品结构、资本构成、技术集成等方面各有优势，进一步加强合作符合双方的根本利益，有利于促进中巴经济社会发展，造福两国人民。

（一）立足中巴合作机制，科学开展务实合作

当前，中巴两国正进一步深化全面战略合作伙伴关系，在双边农业合作联委会、工作组，以及中国—拉丁美洲和加勒比农业部长论坛和金砖国家农业部长会议等国际多边机制和对话论坛中的合作日益密切，中巴农业合作机制得到不断完善。今后两国应继续立足多双边合作机制，加强政策和信息交流，为开展务实合作创造条件和机会，同时科学规划合作领域，创新合作方式方法，务实制定并扎实落实各项合作计划。

（二）加强农业经贸合作，推动中巴产业链深度融合

企业是农业合作的主力军。积极推动中方有实力的企业赴巴投资农业，建立农业产业园区，开展农作物品种选育、农资生产经营、农业机械制造、种植养殖，以及加工和仓储物流等农业产业链合作。同时欢迎巴方有实力的企业到中国投资农业。政府层面，积极推动贸易自由化和投资便利化，减少贸易壁垒和投资政策限制，积极共同举办两国农业投资对接促进活动，发布有针对性的投资合作项目，为两国农业企业开展投资合作搭建平台。相互邀请组团参加重要涉农展会或举办农业贸易促进活动，向两国消费者和进口商展示推介各自优质农产品、先进农业机械设备和农资等，进一步优化贸易结构、扩大贸易规

模，助推两国农业贸易迈上新台阶。

（三）瞄准重点领域，挖掘合作潜力

2019 年，巴西超越美国成为中国最大的农药出口目的地。巴西是农药使用大国，随着近年来耕地的不断开拓，自 20 世纪 90 年代开始，巴西的农药年使用量快速增长，对进口的需求也不断加大，尤其是 2000 年以后，巴西农药年进口量和进口额在不到 20 年内增幅均超过 10 倍，市场增长很快，对中国农药行业吸引力巨大。同时，巴西农业部和国家卫生监督局对农药的批准登记和使用进行严格监管，并于近年来推出了鼓励生物农药研发与应用的系列措施，获批的生物农药数量猛增。在此背景下，中巴可以瞄准农药领域的贸易、投资和科技合作，由政府牵头建立农药对话机制，充分交流中巴农药生产、登记及贸易等监管措施信息，并积极推动农药管理技术等方面合作协议的签署，切实推进该领域的务实合作。

（四）科企联合，加强农业科技创新和高层次人才合作

鼓励和支持中巴农业企业深化与科研院所的合作，在国家层面牵头建立科企合作联盟或机制，充分利用已有的科技合作平台，继续互派专家，开展种质资源交换，重点开展玉米、大豆和水稻等主要农作物品种选育，以及智慧农业、全程机械化生产、种业加工技术等的联合科研攻关、示范推广和成果转化。共同举办农业政策和技术培训班，培养高素质的农业生产者和管理者人才队伍。

（五）完善农业基础信息交流系统，发挥信息支撑作用

根据金砖国家农业部长会议精神，为建立健全金砖国家间信息交流机制，我国承担了金砖国家农业基础信息交流系统的建设与运维工作。该信息系统涵盖农业发展环境、农业生产、农产品贸易与投资、农业政策信息、农业展会与企业信息等五大方面内容，实行专人负责、动态采集与更新。未来，通过不断优化并充分利用该信息系统功能，及时获取与分享重要涉农信息，可切实为增进金砖国家相互了解、促进中巴在金砖国家框架下开展多双边合作，发挥积极的信息支撑作用。

参考文献

References

奥斯马尔·特拉，汤蕾，李英，等．2019．儿童早期发展入户项目和公共政策：巴西经验［J］．华东师范大学学报（教育科学版），37（3）：134-148.

陈锋正．2009．中国、巴西：城市反贫困的比较及其启示［J］．经济与管理（6）：37-41.

陈思行．2003．巴西海洋渔业概况［J］．海洋渔业（2）：98-103.

陈天金，柯小华，任育锋，等．2020．金砖国家农业产能合作进展与未来展望［J］．农业贸易展望，2020（9）：122-127.

陈薇静，吕煌，倪科卿．2016．巴西社保制度的发展与启示［J］．科技创业月刊，29（18）：109-111.

陈喜荣．2013．中国巴西科技合作影响因素及前景［J］．中共福建省委党校学报（1）：107-112.

陈晓婉，2018．巴西经济复苏背后的"近喜"与"远忧"［N］．经济参考报，2018-03-08.

程晓宇，杨光，朱增勇．2016．美国嘉吉公司在巴西的发展战略研究及对中国企业的启示［J］．世界农业（11）：192-195.

崔宁波，郑雪梅．2018．转基因作物产业化风险管理的国际比较及其借鉴［J］．江苏农业科学（23）：9-13.

单杨，李文斌，何建新．2004．巴西柑橘产业的现状及发展［J］．湖南农业大学学报（社会科学版）（6）：1-5.

丁宏术．2017．德国和巴西农村医疗保险制度及其对中国的启示［J］．世界农业（3）：153-158.

杜国明，匡文慧，孟凡浩，等．2015．巴西土地利用/覆盖变化时空格局及驱动因素［J］．地理科学进展，34（1）：73-82.

房连泉．2009．20世纪90年代以来巴西社会保障制度改革探析［J］．拉丁美洲研究，31（2）：31-36，62，79.

符宁，向梦航，程显通．2020．人均预期寿命影响因素研究——基于193个国家相关数据的分

析 [J]. 人口学刊, 42 (5)：47-56.

傅章彦. 2017. 中资企业赴巴西投资的风险及应对策略 [J]. 对外经贸实务 (12)：76-78.

高月, 吴奇, 陈美玲, 等. 2018. 性别不同导致人类寿命差异的机制研究进展 [J]. 生命科学, 30 (3)：293-301.

葛佳琨, 刘淑霞. 2017. 数字农业的发展现状及展望 [J]. 东北农业科学 (3)：58-62.

顾昕. 2018. 走向全民覆盖——金砖五国健保筹资体系的制度与治理变革 [J]. 中国医院院长 (Z1)：78-85.

郭洁, 2016. 中国企业在拉美的农业投资——案例与评析 [J]. 中国国际战略评论 (9)：136-149.

郭越, 郑莉. 2014. 巴西海洋产业发展现状 [J]. 海洋经济, 4 (3)：44-52.

何春丽. 2019. 从咖啡经济看巴西现代化 [J]. 文化学刊 (2)：48-51.

赫伯特·克莱因, 弗朗西斯科·卢纳. 2019. 巴西农业现代化发展的经验与结构性问题 [J]. 拉丁美洲研究 (5)：60-84.

胡乃军. 2014. 发展中国家社会保障发展思索——以中国、巴西和东南亚四国为例 [J]. 中国社会保障 (7)：38-40.

姜莉. 2020. 金砖国家农业保险财政补贴制度比较研究 [D]. 重庆：西南大学.

康鹏辉. 2016. 巴西农业支持政策的研究 [D]. 长春：吉林大学.

兰昌贤, 张波. 2017. 巴西农业支持政策对我国的启示 [J]. 价格理论与实践 (12)：74-77.

雷光和, 张海霞. 2018. 国际健康的公平性探析 [J]. 中国全科医学, 21 (8)：882-887.

李建军, 方海萍, 宋志刚. 2018. 巴西肉类安全管理体系分析 [J]. 肉类研究 (9)：72-76.

联合国粮农组织, 联合国环境规划署. 2020 年世界森林状况：森林、生物多样性与人类. [EB/OL]. https：//doi.org/10.4060/ca8642zh.

联合国粮农组织. 2015. 联合国粮农组织 2015 年森林资源评估报告 [EB/OL] http：//www.fao.org/3/i4793c/i4793c.pdf.

林熙. 2010. 巴西的社会救助项目 [J]. 社会工作 (上半月), (1)：52-54.

林义. 2006. 农村社会保障的国际比较及启示研究 [M]. 北京：中国劳动社会保障出版社：97.

刘爱民, 等. 2017. 巴西大豆生产特点分析及对中国的启示——基于对巴西农场主问卷调查数据 [J]. 世界农业 (7)：24-32.

刘刚. 2008. 巴西的酒精产业 [J]. 地理教育 (3)：18.

刘明, 原珂. 2014. 中国与巴西农业合作发展的现状与前景 [J]. 对外经贸实务 (12)：26-30.

刘培良. 2005. 从国家"能源安全"的战略高度认识发展我国的燃料酒精的重要性和必要性——巴西成功推行的《燃料酒精计划》给我们的启示 [J]. 轻工科技 (2)：15-17.

刘岩. 2009. 巴西医疗保障制度研究及启示 [J]. 生产力研究 (12)：131-133.

刘影春．2013. 农村社会养老保险制度建设的国际经验及启示 [D]. 武汉：华中师范大学：66-70.

鲁苏娜．2019. 巴西畜牧业分析 [J]. 中国畜牧业 (23)：47-48.

罗屹，宋雨河，武拉平．2020. 巴西农业信贷政策及其补贴水平测算——兼论中国农业信贷政策调整方向 [J]. 农业经济问题 (6)：75-86.

罗屹，肖莺，武拉平．2018. 巴西现行农业支持政策及近年支持水平分析 [J]. 世界农业 (6)：77-85.

马琳．巴西女性文学：历史与现实 [N]. 文艺报，2017-5-10.

马颖，谢莹莹，Mello Victor. 2016. 巴西食品安全政策综述及对我国的启示 [J]. 武汉理工大学学报（社会科学版）(1)：14-20.

莫志军．2020. 巴西杂交水稻发展现状及前景 [J]. 杂交水稻 (6)：94-97.

牧光．2020. 巴西畜牧业的亮点 [J]. 中国畜牧业 (8)：40-41.

农业部赴巴西柑橘考察团．2003. 巴西柑橘产业成功因素分析 [J]. 世界农业 (6)：12-15.

钱福凤，杨军．2016. 我国、美国和巴西玉米生产成本比较及启示 [J]. 农业科学与技术 (3)：731-736.

强文丽，成升魁，刘爱民．2011. 巴西大豆资源及其供应链体系研究 [J]. 资源科学 (10)：37-44.

商务部美洲大洋洲司．欧盟—南共市自贸协定谈判达成原则性协议 [EB/OL]. (2019-07-12) [2021-02-19]. http://www.mofcom.gov.cn/article/jiguanzx/201907/20190702881384.shtml.

孙倩，邹枚伶，张辰笈，等．2021. 基于 SNP 和 InDel 标记的巴西木薯遗传多样性与群体遗传结构分析 [J]. 作物学报 (1)：42-29.

孙志刚．2014. 阿根廷、巴西医疗卫生体制考察报告 [N]. 中国改革报，2014-01-17 (003).

唐智彬，胡媚．2019. 教育权利与个人能力的双重发展：巴西教育扶贫透视 [J]. 河北师范大学学报（教育科学版），21 (6)：77-84.

田立文，林涛，田聪华，等．2016. 巴西棉区自然资源及棉花发展现状与历史回顾分析 [J]. 世界农业 (11)：128-135.

王飞．南方共同市场发展机遇与挑战 [EB/OL]. (2019-09-28) [2021-02-18]. http://ex.cssn.cn/zx/bwyc/201908/t20190819_4958807.shtml.

王建梁，武炎吉．2020. 后发未至型教育现代化研究——以印度、巴西、南非为中心的考察 [J]. 社会科学战线 (3)：215-224.

王丽薇，朱续章．2014. 美国与巴西农业生产风险管理比较 [J]. 人民论坛 (10)：251-253.

韦伽．L.B.E.，朱庆云．2014. 巴西水资源管理政策实施情况回顾 [J]. 水利水电快报，35

（5）：14 - 18.

武建平，李若钝 .1988.1986—1987 年厄尔尼诺—南方涛动事件形成发展过程分析［J］. 热带海洋（4）：27 - 35.

夏琦 .2019. 中国在巴西投资耕地的涉税法律风险及其防范［J］. 武汉交通职业学院学报，21（2）：26 - 30.

谢辉，2006.“绿箱”政策的国际比较及对我国的启示［J］. 经济问题探索（3）：37 - 40.

徐超华，邓玉龙，刘新龙 .2020. 巴西蔗糖产业特点及对我国蔗糖业的借鉴［J］. 中国糖料（2）：70 - 74.

徐萌，徐钰娇，杨梅 .2018. 技术变革、创新体系与巴西农业发展：内生动力及中巴合作领域［J］. 科技管理研究（22）：128 - 133.

徐文芳 .2010. 国外农村养老保障实践及对我国的启示［J］. 社会保障研究（2）：8 - 15.

徐振宇，王海燕 .2016. 巴西农业支持政策的演进及对我国的启示［J］. 商业经济研究（5）：155 - 158.

颜小挺，王伟新，祁春节 .2014. 巴西、南非柑橘产业发展经验及中国与其合作设想［J］. 中国果业信息（3）：39 - 45.

杨惠芳，陈才庚 .2004. 墨西哥和巴西的农村医疗保险制度及其对中国建立农村新型合作医疗制度的几点启示［J］. 拉丁美洲研究（5）：50 - 53，58 - 64.

叶攀 .2015.1980 年代以来发展中国家巴西和印度城市化研究举要［J］. 中国名城（4）：46 - 53.

叶伟，闵宽洪，张成锋，等 .2015. 巴西水产养殖概况及中巴渔业合作建议［J］. 科学养鱼（5）：13 - 16，30.

张涛，李晓辉 .2018. 美国、日本、巴西农业补贴政策对中国农业政策的启示［J］. 粮食科技与经济（8）：38 - 44.

张新红 .2017. 英巴两国城市贫困治理实践及其对我国的启示［J］. 经贸实践（4）：49 - 50.

郑军，孙翔宇 .2019. 农业保险反贫困的农村社会学反思——中国与巴西的比较及启示［J］. 山东农业大学学报（社会科学版），21（3）：1 - 8，169.

郑颖，陈方 .2020. 巴西生物安全法和监管体系建设及对我国的启示［J］. 世界科技研究与发展（3）：298 - 307.

中国畜牧业协会牛业分会 .2019. 巴西牛业考察报告［J］. 饲料与畜牧（4）：57 - 61.

ABIA. ABIA anuncia resultados do setor em 2020 em coletiva de imprensa［EB/OL］.（2020 -02 - 02）［2021.01.18］. https：//abia. org. br/noticias/abia - anuncia - resultados - do - setor - em - 2020 - em - coletiva - de - imprensa.

ABIA. Relatorio Annual 2019［R/OL］.（2020 - 04 - 24）［2021 - 01 - 18］. https：//www.

abia. org. br/downloads/relatorioAnual _ 2020. pdf.

Adriano M, Thomas H, Gomes L, et al. 2018. The Brazilian health system at crossroads: progress, crisis and resilience [J]. BMJ Global Health, 3 (4): e000829.

Average Sunshine a Year in Brazil [OL]. (2021). https://www. currentresults. com/Weather/South - America/Brazil/sunshine - annual - average. php.

Botelho L H F, Costa T M T. 2020. Financial Analysis of Social Security in Brazil in Fiscal Reform Times [J]. Revista Catarinense Da Ciência Contábil: 19.

Brazilian Agricultural Research Corporation - Embrapa. Embrapa Portal [EB/OL]. [2020 - 12 - 04]. https://www. embrapa. br.

Brazilian government. Trade Policy Review [EB/OL]. (2017 - 7 - 12) [2021 - 3 - 10]. https://docs. wto. org/dol2fe/Pages/SS/directdoc. aspx? filename=q: /WT/TPR/G358. pdf&Open=True.

Brazilian Institute of Geography and Statistics, Monitoramento Da Cobertura Uso Da Terra Do Brasil 2016 - 2018 [EB/OL]. (2020) [2020 - 01 - 12]. https://biblioteca. ibge. gov. br/index. php/biblioteca - catalogo? view=detalhes&id=2101703.

Brazilian Institute of Geography and Statistics. Indicadores IBGE: estatística da produção agrícola dezembro 2019 [EB/OL]. (2020 - 01 - 08) [2020 - 10 - 28]. https://biblioteca. ibge. gov. br/index. php/biblioteca - catalogo? view=detalhes&id=72415.

Brazil MAPA. Guia De Seguros Rurais [R/OL]. (2020 - 02 - 03) [2021 - 01 - 08]. https://www. gov. br/agricultura/pt - br/assuntos/riscos - seguro/seguro - rural/publicacoes - seguro - rural/guia - dos - seguros - rurais.

Brazil MAPA. Plano Safra 2019/2020 é lançado [EB/OL]. (2020 - 02 - 02)[2021 - 01 - 08]. https://www. gov. br/agricultura/pt - br/assuntos/noticias/com - r - 225 - 59 - bilhoes - plano - safra - 2019 - 2020 - e - lancado.

Brazil MAPA. plano trienal do seguro rural 2019 - 2021 [R/OL]. (2018 - 11 - 09) [2021 - 01 - 08]. https://www. gov. br/agricultura/pt - br/assuntos/riscos - seguro/seguro - rural/publicacoes - seguro - rural/plano - trienal - do - seguro - rural - 2019 _ 2021. pdf.

BRF. BRF Signs Memorandum of Understanding with COFCO Meats [EB/OL]. (2017 - 11 - 08). https://imprensa. brf - global. com/en/news/brf - signs - memorandum - of - understanding - with - cofco - meats.

BRF. Our Brands [EB/OL]. (2020). https://www. brf - global. com/en/our - brands.

Camargo FAO, Silva L S , Merten G H, et al. 2017. Brazilian Agriculture in Perspective [J]. Advances in Agronomy (141): 53 - 114.

Carlos Eduardo Frickmann Young. The Green Economy in Brazil: disappointments and possibilities [EB/

OL]. https：//www. researchgate. net/publication/308905779 _ The _ Green _ Economy _ in _ Brazil _ disappointments _ and _ possibilities

Cesar G V，Mauricio L B，Maria C L，et al. 2011. Health conditions and health－policy innovations in Brazil：the way forward ［J］. The Lancet，377（9782）.

Commodity. Brazil's Economy：Foreign Trade Figures Reveal Why They're a Major Global Player ［EB/OL］.（2021－3－14）［2021－3－20］. https：//commodity. com/data/brazil.

Comunicação do Serpro. Infovia Brasil revoluciona comunicação de dados no governo ［EB/OL］.（2020－9－29）［2021－1－22］. https：//serpro. gov. br/menu/noticias/noticias－2020/infovia－brasil－dados－governo.

Conselho Nacional das Entidades Estaduais de Pesquisa Agropecuária ［EB/OL］.（2020－12－11）. https：//consepa. org. br/snpa.

Danielle Siqueira. Women in Brazilian Agriculture ［EB/OL］.［2020－2－18］. https：//ocj. com/2020/02/women－in－brazilian－agriculture.

E. Bradford Burns. Encyclopædia Britannica. Brazil ［EB/OL］.（2021－1－11）. https：//www. britannica. com/place/Brazil.

Emilio Lèbre La Rovere. Low－carbon development pathways in Brazil and 'Climate Clubs' ［EB/OL］.（2016－11－16）. https：//doi. org/10. 1002/wcc. 439.

Environmental Information. IBGE ［OL］.（2020）. https：//www. ibge. gov. br/en/geosciences/environmental－information. html.

Fact Sheet－Brazil in Numbers ［EB/OL］.（2018－1）［2020－12］. http：//www. brazil. gov. br/about－brazil/fact－sheet.

FAO Gender and Land Rights Database，Country Profile，Brazil ［EB/OL］.［2021－01－14］. http：//www. fao. org/gender－landrights－database/country－profiles/countries－list/general－introduction/en/? country _ iso3＝BRA.

FAO. Global Forest Resources Assessment. 2010 ［EB/OL］.［2021－1－10］. http：//www. fao. org/3/i1757e/i1757e. pdf.

FAO. Program of Brazil－FAO International Cooperation ［EB/OL］.［2021－03－11］. http：//www. fao. org/in－action/program－brazil－fao/program－summary/en.

Food and Agriculture Organization of the United Nations. Country profile－Brazil ［EB/OL］.（2015）. http：//www. fao. org/3/CA0213EN/ca0213en. pdf.

Food and Agriculture Organization of the United Nations. Soil classification ［EB/OL］.（2020）. http://www. fao. org/soils－portal/data－hub/soil－classification/en/.

Gibbs，H. K.，et al. 2007. Monitoring and estimating tropical forest carbon stocks：making

REDD a reality [EB/OL]. Environmental Research Letters 2; doi: 10. 1088/1748 – 9326/2/ 4/0450023

Havard review of Latin America. Health Inequalities in Brazil [EB/OL]. [2020 – 12 – 10]. https: //revista. drclas. harvard. edu/book/health – inequalities – brazil.

Havard review of Latin America. Universal Health Care. [EB/OL]. [2020. 12. 10]. https: // revista. drclas. harvard. edu/book/universal – health – care.

Imposto sobre a Propriedade Territorial Rural——ITR [EB/OL]. (2020). http: //receita. economia. gov. br/acesso – rapido/legislacao/legislacao – por – assunto/itr.

Infraestrutura de telecomunicações [EB/OL]. (2011 – 02 – 14). https: //www. senado. gov. br/ noticias/Jornal/emdiscussao/banda – larga/mercado – telecomunicacoes/infraestrutura – de – tele- comunicaoes. aspx.

Institute for Health Metrics and Evaluation. GBD PROFILE: Brazil [EB/OL]. 2010. [2020 – 12 – 10]. https: //www. healthdata. org/sites/default/files/files/country _ profiles/GBD/ihme _ gbd _ country _ report _ brazil. pdf.

Instituto De Economia Agricola. Assistência Técnica e Extensão Rural no Brasil: um pouco de sua história [EB/OL]. (2016 – 05 – 05). https: //www. gov. br/agricultura/pt – br/assuntos/a- ter/o – que – є – assistencia – tecnica.

International Centre for Trade and Sustainable Development. Low – Carbon Agriculture in Brazil 2014 [J/OL]. (2014 – 12) [2014 – 12]. https: //www. files. ethz. ch/isn/186475/Low – Car- bon Agriculture in Brazil _ ENG. pdf.

International Citizens Insurance. Healthcare Systems in Brazil [EB/OL]. [2020 – 12 – 20]. https: //www. internationalinsurance. com/health/systems/brazil. php.

Joao Pedro Pietrzaki Cerutti. Biblioteca de temas de Alimentos [R/OL]. (2020 – 09 – 17) [2021 – 01 – 18]. http: //antigo. anvisa. gov. br/documents/33880/4967127/Biblioteca + de + Alimen- tos _ Portal. pdf/f69da615 – cd56 – 44f0 – 850e – cd816221110d.

José, Roberto, Postali, et al. 2019. Applied Biological Control in Brazil: From Laboratory Assays to Field Application [J]. Journal of Insect Science.

Jose G S, Mauro E D G, Caio G F, 2010. The Fome Zero (Zero Hunger) program: The Brazilian Experience [M]. Brazil: MDA, 10 – 11, 106 – 108, 160 – 161, 298 – 299.

Leopoldi M A P. 2009. Reforming Social Security under Lula: Continuities with Cardoso's Policies [J]. Brazil under Lula: Economy, Politics, and Society under the Worker – President: 221 – 239.

Marcos J, Pei G, Sílvia M. China – Brazil Partnership on Agriculture and Food Security [EB/ OL]. São Paulo: Esalq/USP [2021 – 01 – 20]. http: //www. livrosabertos. sibi. usp. br/portaldelivrosUSP/catalog/book/468.

Matsuura Y. 1998. Brazilian sardine (Sardinella brasiliensis) spawning in the southeast Brazilian Bight over the period 1976 – 1993 [J]. Revista Brasileira de Oceanografia, 46 (1): 33 – 43.

Miguel Petrere. 1989. River fisheries in Brazil: a review [J]. Regulated Rivers: Research & Management, 4 (1): 1 – 16.

Ministério da Agricultura, Pecuária e Abastecimento. Desde 1860, Mapa acompanhou a transformação do setor agrícola brasileiro [EB/OL]. (2020 – 07 – 28) [2021 – 01 – 22]. https: //www. gov. br/agricultura/pt – br/assuntos/noticias/desde – 1860 – mapa – acompanhou – a – transformacao – do – setor – agricola – brasileiro.

Ministério da Agricultura, Pecuária e Abastecimento. Infraestrutura Rural [EB/OL]. [2021 – 01 – 22]. http: //www. agricultura. mg. gov. br/images/documentos/Infraestrutura%20Rural. pdf.

Ministério da Agricultura, Pecuária e Abastecimento. O que é Assistência Técnica? [EB/OL]. (2018 – 10 – 29). https: //www. gov. br/agricultura/pt – br/assuntos/ater/o – que – e – assistencia – tecnica.

Ministry of Agriculture, Livestock and Food Supply. Guidelines For The Sustainable Development of Brazilian Agriculture 2020 [ER/OL]. (2020 – 01) [2020 – 01]. https: //www. gov. br/agricultura/pt – br/assuntos/noticias/semana – verde – na – alemanha/Agendaestrategicaingls2. pdf.

Modor Intelligence. Agriculture in Brazil – Major Crops and Cereals with Production, Trade, and Consumption Analysis – Growth, Trend, COVID – 19 Impact and Forecasts 2021 – 2026 [EB/OL]. [2021 – 3 – 20]. https: //www. mordorintelligence. com/industry – reports/agriculture – in – brazil.

Multidisciplinary Digital Publishing Institute. Precision and Digital Agriculture: Adoption of Technologies and Perception of Brazilian Farmers 2020 [EB/OL]. (2020 – 12 – 17) [2020 – 12 – 21]. https: //www. mdpi. com/2077 – 0472/10/12/653/pdf.

Mundo Educação, Geografia. Geografia humana do Brasil, Agricultura no Brasil atual [EB/OL]. [2021 – 01 – 22]. https: //m. mundoeducacao. uol. com. br/amp/geografia/agricultura – no – brasil – atual. htm.

Nexojornal. Como a pandemia afeta a infraestrutura da internet [EB/OL]. (2020 – 04 – 07) [2021 – 01 – 22]. https: //www. nexojornal. com. br/expresso/2020/03/29/Como – a – pandemia – afeta – a – infraestrutura – da – internet.

OECD. Agricultural Policy Monitoring and Evaluation 2020 [M/OL]. Paris: OECD Publishing, 2020: [2021 – 01 – 08]. https: //doi. org/10. 1787/928181a8 – en.

Paes – Sousa Romulo, Vaitsman Jeni. 2014. The Zero Hunger and Brazil without Extreme Poverty programs: a step forward in Brazilian social protection policy [J]. Ciência & Saúde Coletiva, 19 (11): 4351 – 4360.

Paim J, Travassos C, Almeida C, et al. 2011. The Brazilian health system: history, advances, and challenges [J]. Lancet, 377 (9779): 1778 – 1797.

Parra José Roberto Postali. 2014. Biological Control in Brazil: an overview [J]. Scientia Agricola. 71 (5): 420 – 429.

Paulo Carneiro, John B. Kaneene. Food inspection services: A comparison of programs in the US and Brazil [EB/OL]. (2017 – 05 – 16) [2021 – 01 – 28]. https: //doi. org/10. 10/j. foodcont.

Perez A A, Pezzuto P R, Wahrlich R, et al. , 2009. Deep – water fisheries in Brazil: history, status and perspectives [J]. Latin American Journal of Aquatic Research, 37 (3): 513 – 541.

Ranking Das 10 Melhores Faculdades De Agronomia [EB/OL]. [2020 – 01 – 17]. https: // www. comprerural. com/ranking – das – 10 – melhores – faculdades – de – agronomia.

Raul Amaral Rego, Airton Vialta, Luis Fernando Ceribelli Madi. Indústria de alimentos 2030: ações transformadoras em valor nutricional dos produtos, sustentabilidade da produção e transparência na comunicação com a sociedade [M/OL]. 1. ed. São Paulo: ITAL, 2020. [2021 – 01 – 18]. https: //ital. agricultura. sp. gov. br/industria – de – alimentos – 2030/28.

Raul Amaral Rego, Airton Vialta, Luis Madi. Alimentos Industrializados: a importancia para a sociedade brasileira [M/OL]. 1. ed. Campinas: ITAL, 2018: [2021 – 01 – 18]. http: //alimentosindustrializados. com. br/.

Rodolfo G B, Ingrid C C A, Brian C, 2019. Assessing the spatial burden in health care accessibility of low – income families in rural Northeast Brazil [J]. Journal of Transport & Health (14) .

Samla Da Rosa. What is Brazil's agricultural influence in BRICS 2017? [EB/OL]. [2021 – 02 – 27]. http: //www. focus – comm. com/en/2017/06/20/brazil – agricultural – influence – brics – 2017.

Secretaria do Trabalho/ME – RAIS 2019 [EB/OL]. (2020 – 02 – 13) [2021 – 01 – 15]. https: // snif. florestal. gov. br/en/government – plan – for – forest – protection.

Statista. Soybean exports from Brazil from 2006 to 2020 [EB/OL]. (2021 – 02 – 8) [2021 – 03 – 20]. https: //www. statista. com/statistics/721215/soybeans – export – volume – brazil.

Stein A T, Ferri C P, 2017. Innovation and achievement for primary care in Brazil: new challenges [J]. BJGP open, 1 (2).

The Brazilian Agricultural Research Corporation. ABC Sector Plan – Sector Plan for Mitigation and Adaptation to Climate Change for the Consolidation of a Low – Carbon Economy in Agriculture

［ER/OL］．（2018－12）［2020－12］．https：//www. embrapa. br/en/tema－agricultura－de－baixo－carbono/sobre－o－tema.

UNCTAD. General Profile：Brazil［OL］．2020．https：//unctadstat. unctad. org/CountryProfile/GeneralProfile/en－GB/076/index. html.

UNDP Climate Change Adaptation. Brazil［OL］．2021．https：//www. adaptation－undp. org/explore/south－america/brazil.

Unhabitat，Brazil Overview［EB/OL］．［2021－01－12］．https：//unhabitat. org/brazil.

United Nations Conference on Trade and Development（UNCTAD）（EB/OL）．（2020）［2020－03－16］．World Investment Report 2020．https：//unctad. org/system/files/official－document/wir2020 ＿ overview ＿ en. pdf.

United States Department of Agriculture. Brazil：Agricultural Biotechnology Annual 2019［EB/OL］．（2019－12－12）［2020－11－09］．https：//www. fas. usda. gov/data/brazil－agricultural－biotechnology－annual－3.

图书在版编目（CIP）数据

巴西农业 / 王晶，聂凤英主编 . —北京：中国农业出版社，2021.12
（当代世界农业丛书）
ISBN 978-7-109-28434-0

Ⅰ.①巴…　Ⅱ.①王…②聂…　Ⅲ.①农业经济—研究—巴西　Ⅳ.①F377.73

中国版本图书馆 CIP 数据核字（2021）第 127219 号

巴西农业
BAXI NONGYE

中国农业出版社出版
地址：北京市朝阳区麦子店街 18 号楼
邮编：100125
出版人：陈邦勋
策划统筹：胡乐鸣　苑　荣　赵　刚　徐　晖　张丽四　闫保荣
责任编辑：赵　刚
版式设计：王　晨　　责任校对：沙凯霖
印刷：北京通州皇家印刷厂
版次：2021 年 12 月第 1 版
印次：2021 年 12 月北京第 1 次印刷
发行：新华书店北京发行所
开本：787mm×1092mm　1/16
印张：15.25
字数：235 千字
定价：78.00 元